UM MUNDO
SEM JUDEUS

Alon Confino

UM MUNDO SEM JUDEUS

Da Perseguição ao Genocídio, A VISÃO DO IMAGINÁRIO NAZISTA

Tradução
MÁRIO MOLINA

Editora
Cultrix
SÃO PAULO

Título original: *A World Without Jews*.
Copyright © 2014 Alon Confino.
Copyright da edição brasileira © 2016 Editora Pensamento-Cultrix Ltda.
Texto de acordo com as novas regras ortográficas da língua portuguesa.
1ª edição 2016.
Todos os direitos reservados. Nenhuma parte desta obra pode ser reproduzida ou usada de qualquer forma ou por qualquer meio, eletrônico ou mecânico, inclusive fotocópias, gravações ou sistema de armazenamento em banco de dados, sem permissão por escrito, exceto nos casos de trechos curtos citados em resenhas críticas ou artigos de revistas.

A Editora Cultrix não se responsabiliza por eventuais mudanças ocorridas nos endereços convencionais ou eletrônicos citados neste livro.

Editor: Adilson Silva Ramachandra
Editora de texto: Denise de Carvalho Rocha
Gerente editorial: Roseli de S. Ferraz
Preparação de originais: Alessandra Miranda de Sá
Produção editorial: Indiara Faria Kayo
Assistente de produção editorial: Brenda Narciso
Editoração eletrônica: Fama Editora
Revisão: Nilza Agua

Dados Internacionais de Catalogação na Publicação (CIP)
(Câmara Brasileira do Livro, SP, Brasil)

Confino, Alon
    Um mundo sem Judeus : da perseguição ao genocídio, a visão do imaginário nazista / Alon Confino ; tradução Mário Molina. — São Paulo : Cultrix, 2016.

    Título original: A world without Jews : the Nazi imagination from persecution to genocide.
    ISBN 978-85-316-1345-6
    1. Alemanha — História — 1933-1945 2. Alemanha — Relações étnicas — História 3. Alemanha — Política e governo - 1933-1945 4. Holocausto judeu (1939-1945) - Alemanha 5. Judeus — Alemanha — História - 1933-1945 6. Judeus — Perseguições — Alemanha I. Título.

15-10353   CDD-940.5318

Índices para catálogo sistemático:
1. Holocausto judeu : Guerra Mundial, 1939-1945 : História 940.5318

Direitos de tradução para o Brasil adquiridos com exclusividade pela
EDITORA PENSAMENTO-CULTRIX LTDA., que se reserva a propriedade literária desta tradução.
Rua Dr. Mário Vicente, 368 — 04270-000 — São Paulo, SP
Fone: (11) 2066-9000 — Fax: (11) 2066-9008
http://www.editoracultrix.com.br
E-mail: atendimento@editoracultrix.com.br
Foi feito o depósito legal.

Para Paolo e Davidi
e seus mundos

Um grupo de nazistas cercou um judeu idoso de Berlim e lhe perguntou: "Diga lá, judeu, quem provocou a guerra?" O pequeno judeu não era tolo. "Os judeus", ele respondeu; depois acrescentou: "...e os ciclistas". Os nazistas ficaram confusos. "Por que os ciclistas?" "Por que os judeus?", respondeu o velhinho.

Piada judaica contada durante a Segunda Guerra Mundial

Sumário

Lista de Ilustrações 8
Agradecimentos 11
Introdução: Um Conto Nazista com Alemães, Judeus e o Tempo 13

Parte I   **1933-1938: O Judeu como Origem da Modernidade** 39
1   Um Novo Começo pela Queima de Livros 41
2   Origens, Eternas e Locais 72
3   Imaginando os Judeus como em Toda Parte e como
    Quem Já Partiu 107

Parte II   **1938-1941: O Judeu como Origem do Passado Moral** .. 133
4   Queimando o Livro dos Livros 135
5   A Vinda do Dilúvio 164

Parte III   **1941-1945: O Judeu como Origem da História** 207
6   Imaginando uma Gênese 209
Epílogo   Um Mundo com Judeus 263

Notas 277
Créditos das Ilustrações 297
Índice Remissivo 299

Ilustrações

A queima dos livros na Praça da Ópera em Berlim, 10 de maio de 1933   57

Praça da Ópera na queima dos livros em Berlim, 10 de maio de 1933   58

"É irrelevante no que o judeu acredita, pois o caráter velhaco se encontra na raça" (Was der Jude glaubt ist einerlei, in der Rasse liegt die Schweinerei), Bamberg, 18 de agosto de 1935   78

"Conhecer o judeu é conhecer o Diabo" (Wer den Juden kennt, kennt den Teufel), Recklinghausen, 18 de agosto de 1935   78

"Conhecer o judeu é conhecer o Diabo" (Wer den Juden kennt, kennt den Teufel), cidade alemã não identificada, 1933-1939   79

"Eu, o judeu Siegel, nunca mais registrarei uma queixa contra os nacional-socialistas" (Ich der Jude Siegel werde mich nie mehr über Nationalsozialisten beschweren), Dr. Michael Siegel, Munique, 10 de março de 1933   95

"Eu violei uma mulher cristã!" (Ich habe ein Christenmädchen geschandet!), Marburg, 19 de agosto de 1933   100

Parada do Dia de Ação de Graças, Altenahr, Renânia, 1937   101

Parada do Dia de Ação de Graças, Altenahr, Renânia, 1937   102

"Judeus não são bem-vindos aqui" (Juden sind hier nicht erwünscht), Francônia, 1935   108

"Os judeus são nossa desgraça!" (Die Juden sind unser Unglück!), Düsseldorf, 1933-1938   109

"Quem compra de judeus está roubando os ativos da nação" (Wer beim Juden kauft stiehlt Volksvermögen)   109

"Os Judeus são nossa desgraça" (Juden sind unser Unglück), Mannheim, 1935-1939   110

"Judeus não são bem-vindos aqui" (Juden sind hier nicht erwünscht), entrada do Nürnberger Tor [Portão de Nuremberg] para a Universidade de Erlangen, 10 de novembro de 1938 — 110

"Judeus não são bem-vindos em Tölz!" (Juden in Tölz unerwünscht!), 1935 — 111

"Esta casa está e continuará livre de judeus" (Dieses Haus ist und bleibt von Juden frei), Grüne Tanne Guesthouse, Halle an der Saale, 1935-1939 — 111

"Este será o fim de todo membro da comunidade nacional que compra de judeus e de qualquer judeu que invada esta cidade!!"(So muß es jedem Volksgenossen gehen der bei Juden kauft und jedem Jude der diese Stadt betritt!!), 1935-1939 — 112

"Nas seguintes casas de Werl moram judeus" (In folgenden häusern in Werl wohnen Juden), Werl, 1933 — 112

"Temos 3 dúzias de judeus para mandar embora" (Wir haben 3 dtz Juden abzugeben), Reichenberg bei Würzburg, 1935-1939 — 113

Aldraba em prefeitura, Lauf an der Pegnitz, 1937 — 113

"Não Confie na Raposa em Prado Verde nem no Juramento de um Judeu" (Trau keinem Fuchs auf grüner Heid und keinem Jud bei seinem Eid!), mural em agência dos correios, Nuremberg, 1933-1939 — 114

"Judeus não são bem-vindos aqui" (Juden sind hier nicht erwünscht), estrada Munique-Landsberg, 13 de maio de 1935 — 115

"Praia alemã Mainz-Ginsheim. Praia judia só no rio Jordão — 1933 quilômetros" (Deutsches Strandbad Mainz-Ginsheim. Jüdisches Strandbad nur am Jordan—1933 klm), Mainz, 1935-1939 — 115

"Façam suas trilhas longe daqui, judeus, fora! Não queremos vocês em Neuhaus!" (Zieh weiter Jud, zieh aus! Wir wünschen dich nicht in Neuhaus!), Rennweg am Neuhaus, 1935-1939 — 116

Os objetos da sinagoga são queimados na Praça do Mercado de Mosbach, em Baden, 10 de novembro de 1938 — 136

A sinagoga, em Euskirchen, com o rolo da Torá pendurado no telhado, 10 de novembro de 1938   138

"Deus, não nos abandone!" (Gott, vergiss uns nicht!). A parada dos judeus em Baden Baden, 10 de novembro de 1938   143

"Êxodo dos judeus" (Auszug der Juden). A parada dos judeus na Maximilianstrasse, Regensburg, 10 de novembro de 1938   158

Tropas de assalto posam para foto diante da sinagoga destruída em Münster, 10 de novembro de 1938   159

Civis rindo na frente da destruída sinagoga Hörder, em Dortmund   160

Carnaval em Neustadt an der Weinstrasse apresentando um carro alegórico da sinagoga local em chamas, 19 de fevereiro de 1939   171

A deportação dos judeus de Regensburg, 2 de abril de 1942   241

Agradecimentos

Acabei achando que escrever um livro de história tem uma afinidade com tocar uma música. Uma peça musical tem, em certo sentido, uma estrita narrativa na forma das notas que a compreendem e não pode ser mudada. Mas cada vez que é tocada — isto é, cada vez que sua história é contada — a partitura parece pelo menos um pouco diferente. Apertar e soltar as notas, ir mais devagar ou mais depressa, desconectar ou encadear as frases — isso e outras coisas se combinam numa gama de expressões possíveis e de diferentes interpretações. A história também possui, num certo sentido, uma estrita narrativa na forma de fatos. Aconteceram coisas no passado e não podemos mudá-las (embora, ao contrário do que acontece numa composição musical, possamos acrescentar novos fatos à história à medida que novos arquivos são abertos e nova informação é revelada). Esses fatos são os elementos básicos de toda narrativa histórica. Mas cada vez que o historiador constrói uma história a partir dos fatos, ela é pelo menos um pouco diferente. O historiador ou a historiadora escolhem contextos, métodos ou meios diferentes de relacionar causa e efeito — e o resultado é uma interpretação diferente.

Assim como o músico tenta captar a sonoridade e o sentimento de uma determinada peça, o historiador escuta as pessoas no passado, tentando captar seus valores e motivações, os ritmos de suas vidas, com frequência fragmentadas entre contradições, imprevisibilidade e as limitações impostas pelas estruturas da história. E assim como há diferentes tipos de música, da marcha militar ao *jazz*, há diferentes tipos de história, da econômica à cultural. Cada tipo, quando adequadamente feito, nos conta algo diferente, mas valioso, sobre música e sobre as pessoas no passado, sobre o músico e o historiador e, às vezes, quando tocado pela beleza e encantamento da arte, sobre nós mesmos.

Que prazer é agradecer aos amigos e colegas que compartilharam comigo sua sabedoria, críticas e tempo enquanto eu trabalhava neste projeto. Amos Goldberg compartilhou comigo a lucidez de suas ideias e a amizade, que me enriqueceram. Paul Betts e Monica Black leram todo o manuscrito final e estou muito grato por seus comentários e conversas no decorrer dos anos. Dan Stone leu a primeira versão e compartilhou comigo o conhecimento que tem da história e da historiografia do Holocausto. Mark Roseman compartilhou comigo sua sagacidade durante muitas conversas. Ilana Pardes, que leu uma primeira versão, encorajou-me a continuar pensando sobre Freud. No meio do projeto, tive a sorte de conhecer Tom Kohut, cujas ideias sobre história e psicologia foram importantes. Estou igualmente agradecido a Asher Biemann, Alexandra Garbarini, Jeffrey Grossman, Allan Megill e Dirk Moses por suas percepções.

Estou profundamente grato à John Simon Guggenheim Memorial Foundation por uma generosa bolsa de estudos que deu força a este projeto. Escrevi a primeira versão do livro como Professor Visitante do Departamento de História e Civilização do European University Institute, em Florença, em 2009--2010. Agradeço a Gerhardt Haupt e Bartolomé Yun-Casalilla por tornar isto possível e aos membros do departamento pela amável hospitalidade. Uma bolsa de residência no Institute for Advanced Studies in Culture da Universidade da Virgínia, em 2012-2013, me permitiu concluir o livro num esplêndido ambiente. Estou grato a Jennifer Geddes, James Hunter e Josh Yates. Agradeço à Universidade da Virgínia por duas bolsas de pesquisa de verão, em 2011 e 2012, que me ajudaram a tocar o projeto, ao reitor do College of Arts and Sciences e ao vice-presidente de Pesquisa e Estudos de Pós-Graduação por uma bolsa para cobrir custos fotográficos.

Estou muito grato à talentosa equipe da Yale University Press, que tornou possível a produção deste livro, e a Laura Jones Dooley, que o editou com cuidado.

Tenho uma tremenda dívida de gratidão com duas pessoas que acreditaram neste projeto e proporcionaram contínua assistência e apoio. Will Lippincott, meu agente, encorajou-me desde o início e Jennifer Banks, minha editora na Yale University Press, aplicou sua notável competência ao manuscrito. Foi um grande prazer trabalhar e criar laços de amizade com eles.

O livro é dedicado a meus dois mundos mais importantes, Paolo e Davidi.

INTRODUÇÃO

♦

Um Conto Nazista com Alemães, Judeus e o Tempo

Cenas de fúria bíblica combinando audácia e transgressão ocorriam por toda a Alemanha.

A pequena cidade de Fürth poderia ser um destino turístico. Localizada a não mais que algumas milhas de Nuremberg, no norte da Baviera, é um pitoresco assentamento medieval de casas altas, espigadas e cobertas de telhas vermelhas, com uma prefeitura construída com base no Palazzo Vecchio, de Florença. Na cidade velha, em torno da Igreja de São Miguel, encontram-se prédios com fachadas ornamentadas que datam dos séculos XVII e XVIII. O centro histórico se aninha entre os rios Rednitz e Pegnitz; a oeste da cidade, na extremidade do Canal Meno-Danúbio, fica a floresta municipal e ao norte se acha uma área fértil conhecida como terra do alho.

Por volta das duas da manhã da quinta-feira, 10 de novembro de 1938, grupos de rapazes locais vestindo uniformes marrons percorreram as ruas de Fürth batendo nas portas de seus vizinhos, colegas e antigos amigos judeus. Entravam nos apartamentos, quebrando móveis e objetos, atirando coisas pessoais pelas janelas e rasgando livros. Oskar Prager, então com nove anos e meio, recordou que viu os homens pegarem "meus livros, rasgá-los e atirar os pedaços pelo quarto. Não eram livros hebraicos, mas livros alemães comuns que as crianças tinham na época".[1]

Por toda a cidade, alemães forçavam judeus a abandonar suas casas e os faziam marchar para a Praça Schlageter, onde antes ficava, orgulhosa, a velha estação ferroviária; no início daquele ano, os nazistas a tinham demolido para criar um local de exercícios militares. A praça é conhecida hoje como Fürther Freiheit, Praça da Liberdade de Fürth. "Minha mãe estava empurrando o carrinho de bebê onde os gêmeos choravam ou gritavam", recordou o jovem Oskar. "As perguntas que eu não parava de fazer a meu pai eram respondidas com um áspero 'cale a boca'". Se a noite já estava fria e nevoenta, como seria de esperar em meados de novembro, havia mais alguma coisa no ar. "Cheirava a queimado e pude ver que o céu estava meio vermelho. Por causa da neblina eu não pude ver muito bem se alguma coisa estava pegando fogo, porque ficava um pouco longe."[2]

Em 1938, cerca de 2 mil judeus moravam em Fürth, uma cidade de aproximadamente 80 mil habitantes. Os judeus tinham residido na cidade desde 1440. No século XVII havia uma Yeshiva local, ou academia talmúdica, de considerável reputação e, em 1617, foi erguida uma sinagoga. Em 1653, o primeiro hospital judaico da Alemanha foi construído na cidade. O cemitério judaico na rua Weiher, criado em 1607, é um dos mais antigos da Alemanha. Agora havia quatro grandes sinagogas na cidade; algumas já estavam ardendo em chamas quando os judeus, acompanhados pela ameaçadora presença de seus vizinhos, fizeram a silenciosa marcha pelas ruas da cidade natal. Os nazistas, membros das Tropas de Assalto (a SA dos camisas pardas ou Sturmabteilung, grupo paramilitar), recolheram judeus de todos os cantos da cidade, tirando inclusive pacientes do hospital judaico e cinquenta crianças do orfanato judaico. A caminho da praça, alguns judeus foram desviados para uma das sinagogas, onde foram obrigados a cantar o hino nazista "Horst Wessel" e o rabino forçado a ler um trecho de *Mein Kampf*, de Hitler.

No meio da manhã, alguns judeus reunidos na praça foram conduzidos para um teatro das proximidades, situado no centro comunitário (que, ironicamente, até 1933 ostentava o nome de seu doador judeu), onde num salão escuro, sobre um palco fortemente iluminado, os homens foram chicoteados. Outros homens judeus foram levados para a delegacia de polícia e de lá para Dachau, o campo de concentração perto de Munique. Quando uma nova manhã saudou os habitantes de Fürth, muitos moradores se enfileiraram nas ruas para ver os judeus desfilarem. "Com os camisas pardas de ar desportivo regulando a marcha", recordou Edgar Rosenberg, que na época tinha 13 anos, "a caminhada da Praça Schlageter ao centro comunitário — que passa pelo Park

Hotel [e] o cinema do centro da cidade... — não leva mais que dez minutos; deixa muito tempo e espaço para meus intrometidos conterrâneos se amontoarem nas ruas, cuspindo, cantando à tirolesa, gritando: "'É, agora vai!', 'a hora é essa!' Explodindo num coro de 'porcas judias' e 'pau no Judas'. Um dos engraçadinhos de nossa cidade chegou a avançar para o diretor do Hospital Judaico, o conselheiro médico Frank, perguntando se ele não tinha esquecido de trazer o estetoscópio."[3]

No início dessa quinta-feira, quando a aurora irrompeu sobre as elegantes casas da cidade, alguma coisa acontecera na praça Schlageter. Já agora todos os judeus tinham sido reunidos. Alguns, como Oskar e sua família, tinham ficado em pé por cerca de quatro horas. Um número considerável de cidadãos também havia se concentrado ali. No centro da praça, os nazistas tinham empilhado objetos rituais judaicos tirados das sinagogas, juntamente com artigos da casa comunitária judaica, que tinha sido destruída mais cedo. Claramente visíveis no poste no meio da praça estavam os rolos da Torá das sinagogas. Ali, após abrir os rolos na praça e forçar os rabinos a caminhar sobre eles, os nazistas penduraram a Torá. Depois, diante de toda aquela gente, puseram fogo na pira (ao mesmo tempo, ao que parece, fazendo o mesmo com uma das sinagogas): a Bíblia hebraica, um dos símbolos mais sagrados da civilização europeia-cristã, foi assim publicamente queimada.

Por que os nazistas queimaram a Bíblia hebraica?

É uma boa pergunta porque na civilização cristã-europeia a incineração da Bíblia não pode deixar de ser significativa. No entanto, não importa como se prefira encará-lo, o ato exige explicação. Mas a teorização sobre a *Kristallnacht* — a Noite dos Cristais de 9 de novembro de 1938, quando os nazistas incendiaram centenas de lojas de judeus e sinagogas — e o Holocausto, assim como relatos do Terceiro Reich ignoraram o fato. Ele é mencionado apenas esporadicamente como ilustração da brutalidade nazista, mas não é integrado como parte da história. Também este silêncio merece uma explicação.

Narrativas recentes do Terceiro Reich, embora sofisticadas, não abordam essa questão porque encaram a ideologia racial nazista como a fonte fundamental das motivações, crenças e valores que levaram ao Holocausto. Segundo essa visão, as motivações nazistas brotavam do objetivo de construir uma sociedade biológica racial. Não há dúvida sobre a importância da ideologia racial para a compreensão do nazismo, mas a identidade antijudaica que os nazistas criaram era mais complexa. Ao queimar a Bíblia, os nazistas direcionavam sua ira contra um símbolo religioso, não racial. Outras tendências dominantes na pesquisa do Holocausto também não têm sido úteis, vendo as motivações alemãs incorporadas no processo estatal e administrativo de extermínio que culminou em Auschwitz. Essa visão tem investigado em detalhes meticulosos a maquinaria burocrática do Estado alemão que tornou possível o Holocausto, dos trens usados para deportar os judeus ao funcionamento dos campos de trabalho e campos da morte. Outra abordagem importante enfatiza o embrutecimento da Segunda Guerra Mundial, que levou os soldados alemães a perpetrar assassinatos em massa. A teorização sobre esses tópicos certamente nos ajuda a captar e compreender aspectos do Holocausto, mas não pode nos auxiliar a interpretar a queima da Bíblia.

Quando encaramos o Holocausto como algo que emerge de ideologia racial e de um processo administrativo conduzido pelo Estado durante uma guerra brutal, torna-se difícil situar a *Kristallnacht* e a queima da Bíblia dentro desse arcabouço. Os historiadores têm encarado o 9 de novembro de 1938 como uma ruptura dramática nas políticas nazistas, uma torrente de violência louca que não se ajusta inteiramente nem à ideologia racial e discriminação legal dos anos de pré-guerra nem ao extermínio burocrático, conduzido pelo Estado, durante a guerra. Não se ajusta porque raça e religião, que frequentemente têm sido encaradas como categorias distintas, se mesclaram na *Kristallnacht*; porque ao queimar a Bíblia os alemães manifestavam uma preocupação com antigas raízes e autoridade moral que não pode fazer sentido dentro de uma explicação exclusivamente racial; e porque a queima dramática de um livro sagrado também para o cristianismo dificilmente parece ajudar a esclarecer o extermínio de judeus nos campos da morte. A questão não é que os relatos raciais e outros relatos do Terceiro Reich retratem a *Kristallnacht* inadequadamente, mas que a história que contam da perseguição e extermínio dos judeus se articule muito melhor quando a *Kristallnacht* é excluída. A queima da Bíblia não se encaixa nesses relatos.[4]

Um campo de significado se perde quando essas visões de ideologia racial, de embrutecimento da guerra e de processo de extermínio conduzido pelo Estado dominam nossa compreensão do Holocausto, porque a pergunta: "Por que os nazistas e outros alemães queimaram a Bíblia hebraica?" pede uma imaginação histórica que capte a cultura, as sensibilidades e as memórias históricas dos alemães. Quando alteramos nossa perspectiva e vemos a queima da Bíblia como parte da criação pelos nazistas e outros alemães de uma nova identidade alemã, quando reconhecemos que este ato envolvia um conjunto de emoções que não podem ser ignoradas ou separadas do Holocausto, então novas possibilidades que desafiam nossas percepções emergem para nos ajudar a compreender o Holocausto. Queimar a Bíblia era um ato intencional: aconteceu por toda a Alemanha, em público para todos verem e tanto os que perpetravam o ato quanto os que assistiam a ele percebiam-no como uma transgressão, quer apoiassem, quer se opusessem à queima. O ato era parte de uma história maior que os alemães contavam a si mesmos durante o Terceiro Reich sobre quem eles eram, de onde vieram, como tinham chegado lá e para onde estavam indo.

Essa narrativa colocava o Terceiro Reich dentro da história alemã, europeia e cristã, fornecendo uma justificativa moral e um significado histórico, esboçando a criação de uma civilização europeia com um novo senso de moralidade e humanidade. Precisamente porque se via como uma saída histórica nova, radical, o nazismo prestava uma atenção particular ao passado, esse fator multiforme e essencial da vida em todas as sociedades. Quanto mais radical o rompimento com a conduta e a moralidade passadas — visto que os nazistas se propunham a construir um império baseado na perseguição e no extermínio sistemáticos de grupos de pessoas — maior a necessidade de uma nova história nacional para dar sentido ao que estava acontecendo. Segundo essa história, os judeus refletiam um passado histórico — origens históricas, para ser exato — que precisava ser extirpado para uma nova Alemanha surgir. Para criar uma civilização nazista, uma nova ordem europeia e uma nova forma de cristianismo, a civilização judaica tinha de ser removida. As origens históricas da Alemanha precisavam ser purificadas, incluindo o passado que os judeus compartilhavam com o cristianismo por meio do texto canônico.

Devemos nos deter um momento para levar em conta que, ao contar uma história sobre si mesmos, os nazistas e outros alemães se comportavam essencialmente como nós. Todos nós contamos histórias sobre nós mesmos, enquanto indivíduos e enquanto coletividades nacionais, para dar a nossas vidas propósito e sentido. Essas histórias são o alicerce de nossa identidade, embora com frequência contemos nossas histórias nacionais "não para ter os fatos certos, mas para tê-los errados", para explicar nossa história e justificar nossas motivações para fazer coisas, as boas ações e principalmente as más (o mesmo também se aplica às histórias individuais, é claro). Podemos imaginar a história americana como uma radiante cidade numa colina que é um farol de liberdade e uma terra de oportunidade, uma narrativa que com frequência atenua a conquista dos índios, a escravidão, Jim Crow e o imperialismo, que também fazem parte da história americana. Frequentemente embelezamos nosso passado; nós o reprimimos, alteramos ou mentimos sobre ele. É por isso que nossas histórias nacionais são seletivas na escolha dos fatos, saltando do passado ao presente, usando anacronismos e evitando a cronologia. Contar histórias nos torna humanos, mas nem todas as nossas histórias são humanas. Esse é o tipo de história nazista que estamos buscando.

Queimar a Bíblia mexia com emoções e imaginações. Uma história do Holocausto tem de incluir a história das emoções e da imaginação dos alemães durante o Terceiro Reich, basicamente pelo fato de a perseguição e o extermínio terem sido construídos na fantasia, no sentido de que as crenças antijudaicas não tinham base na realidade. Ao perseguir e exterminar os judeus, os alemães travavam uma guerra contra um inimigo imaginário que não tinha intenções beligerantes contra a Alemanha nem possuía exército, Estado ou governo. As motivações essenciais para esta guerra não eram práticas, pois alemães e judeus não tinham o conflito acerca de território, terra, recursos, fronteiras ou poder político que frequentemente caracteriza casos de limpeza étnica e genocídio no mundo moderno. Na mente dos nazistas, era uma guerra acerca de identidade. O antissemitismo nazista era pura fantasia: nada em torno dele estava guiado pelo desejo de fornecer um relato verdadeiro da realidade. Contudo, foi ainda assim objeto de crença para muitos alemães, sendo para eles, portanto, real e verdadeiro.

O fundamental para compreender esse mundo de fantasias antissemitas não é mais explicar o que aconteceu — o processo administrativo de extermínio, a doutrinação ideológica racial pelo regime e a guerra embrutecedora —, pois temos agora relatos suficientemente bons dessas realidades históricas. Em vez disso, o fundamental é explicar o que os nazistas *pensavam* que estava acontecendo, como eles imaginavam seu mundo. Que fantasia foi essa criada pelos nazistas e outros alemães durante o Terceiro Reich e qual foi a história que a acompanhou para tornar a perseguição e o extermínio dos judeus justificável, concebível e imaginável?

O Holocausto foi um acontecimento multifacetado com múltiplas causas que não podem ser reduzidas a uma explicação única. A interpretação apresentada neste livro deve ser posta ao lado de outros relatos que enfatizam a história política, militar ou ideológica. A pesquisa sobre o Holocausto se tornou tão vasta que é agora uma tenda suficientemente grande para diferentes interpretações que, de variados ângulos, lançam luz sobre o Holocausto. Contudo, a história contada nestas páginas sem dúvida difere, sob alguns pontos essenciais, das interpretações correntes do Holocausto e eu gostaria de deixar claras essas diferenças.

Uma inovação na teorização do Holocausto na última geração foi a ênfase na ideologia racial do regime e em sua visão de mundo biológica, científica, que classificava os seres humanos segundo supostos genes raciais, com arianos no topo e judeus na base. Não há dúvida quanto à importância da ideologia racial no Terceiro Reich, mas essa visão se tornou agora tão predominante que obscurece uma série de identidades, crenças e memórias que fizeram a Alemanha nazista. É inconcebível que um conjunto de ideias raciais, que estavam presentes mas não eram dominantes antes de 1933, fosse, a partir dessa data, recebido e internalizado com tanta rapidez pelos alemães, enquanto a marginalização de outras identidades importantes era realizada com tanto êxito. Não é assim que as identidades funcionam. Nos assuntos humanos, mesmo as transformações mais radicais são sustentadas por memórias, crenças e hábitos mentais anteriores. Os alemães não jogaram simplesmente fora as crenças religiosas, nacionais e locais que anteriormente cultivavam.

A visão das crenças nazistas como guiadas pela moderna ciência racial deu ao antissemitismo nazista um viés racional, embora ele fosse pura fantasia. De fato, a ciência racial nazista, como acontece com toda ciência, tinha um elemento de mistério, um lado poético, de que os próprios nazistas tinham consciência. Quando olhamos mais de perto, vemos que a ideia que faziam de raça tinha nuances, era multifacetada e ultrapassava a ciência e a biologia. J. Keller e Hanns Andersen, dois peritos alemães na Questão Judaica com formação universitária, escreveram num livro de 1937, *The Jew as a Criminal [O Judeu como um Criminoso]*: "Assim como as bactérias espiroquetas que transmitem a sífilis, os judeus são os transmissores da criminalidade em sua forma política e apolítica... O judeu é o verdadeiro oposto de um ser humano, o membro depravado de uma mistura sub-racial... É a encarnação do mal que se ergue contra Deus e a natureza. Seu miasma, onde quer que chegue, provoca a morte. Aquele que briga com os judeus, briga com o diabo".[5] Esse texto alucinatório, fantasmagórico, move-se desarticulado entre a ciência moderna, a ideia de raça, Deus e o diabo, combinando metáforas científicas, morais e religiosas numa fantasia sobre o passado, o presente e o futuro.

Assim que abrimos espaço para outras ideias além de raça na construção da identidade nazista, sentimentos religiosos, cristãos, ganham um forte relevo. As relações entre nazismo e cristianismo têm sido extensamente debatidas. A ênfase na ideologia racial frequentemente põe raça e religião como antinomias, já que, em princípio, o antissemitismo racial contradizia a doutrina religiosa, pois o cristianismo havia dado suporte à conversão dos judeus, enquanto o nazismo, baseado na imutabilidade de traços biológicos, negava tal possibilidade. Essa oposição de fato existe na doutrina formal da Igreja e regime dogmático, mas a vida real é mais complicada (e portanto mais interessante). Muitos alemães encontraram meios de mesclar de modo proveitoso sentimentos raciais e religiosos. Defendo a existência de um laço íntimo entre nazismo e cristianismo além do que propõe a teorização atual: ser um (certo) bom nazista e ser um (certo) bom cristão andavam de mãos dadas no Terceiro Reich, visto que, sob muitos aspectos, ideias antijudaicas raciais e cristãs se complementavam umas às outras. A ideia de raça não poderia ter sido acolhida pelos alemães e não os poderia ter impelido a cometer tais crimes em tão curto espaço de tempo sem a legitimidade que recebeu de sentimentos cristãos, religiosos. Se os alemães apoiaram o nazismo, isso também aconteceu porque o nazismo lhes permitia continuar sendo cristãos de um certo tipo enquanto se tornavam um novo tipo de alemães, já que nazistas.

"Sentimentos" e "sensibilidades" são palavras fundamentais no livro para captar a imaginação nazista porque são suficientemente sutis para captar nuances. Na discussão da relação entre raça e religião, por exemplo, elas transmitem uma postura mental acerca do cristianismo que ultrapassa saber se alguém ia à missa todo domingo ou qual era a posição oficial das igrejas durante o Terceiro Reich (embora isso também faça parte de nossa narrativa). Revelam uma cultura cristã na sociedade alemã que identificava nacionalidade alemã com cristianismo e que proporcionava legitimidade, derivada de tradição antissemita, aos preconceitos antijudaicos dos nazistas.

Um problema fundamental na interpretação do Holocausto tem sido como explicar o impressionante fosso entre a perseguição antijudaica dos anos de pré-guerra e o quase inimaginável extermínio durante a guerra. Se procurarmos Auschwitz na cultura nazista do pré-guerra, estaremos presumindo que Auschwitz já era nitidamente concebível, o que não era o caso. Se enfatizarmos a ideologia racial, estaremos presumindo uma relação causal que explica muito pouco porque ainda não está claro como foi dado o salto do ódio ao extermínio. Algumas abordagens do nazismo simplesmente evitam esse problema concentrando-se no processo estatal e administrativo da perseguição e extermínio, como se isso revelasse o significado do evento, como se um processo pudesse matar e não seres humanos que amam, odeiam e cometem assassinatos.

Debates sobre as motivações dos assassinos têm também mostrado uma tendência a se esquivar do problema de como a perseguição dos anos 1930 transformou-se no genocídio da guerra. Alguns estudiosos encaram o Holocausto como resultado de uma obsessão antijudaica alemã profundamente arraigada, historicamente única e secular; presumem assim que o genocídio já estava inscrito na história alemã séculos antes de Auschwitz.[6] Nem pode o problema ser esclarecido se nos concentrarmos nos processos psicossociais e de dinâmica de grupo dos soldados na Segunda Guerra Mundial. Segundo essa visão, os alemães foram transformados em assassinos muito mais pelas circunstâncias da guerra que por sua experiência nazista entre 1933 e 1939 ou por um suposto antissemitismo atávico que remonta a centenas de anos. Entre os fatores fundamentais estariam o embrutecimento do período de guerra, a pressão de grupo, a rotinização da matança, o carreirismo, a obediência a ordens e a deferência pela autoridade. Mas a concentração exclusiva nas condições extremas de uma guerra brutal isola severos perpetradores da cultura alemã que criou essas condições. Se os perpetradores foram produto de condições extremas de combate e da dinâmica de grupo dos soldados no cadinho da guerra, pouca coisa então os ligaria à cultura nazista dos anos pré-guerra.[7]

Minha abordagem é diferente. Investigo neste livro de que modo os alemães imaginavam um mundo sem judeus. Essa é a metáfora principal que conduz nossa história. Nosso ponto de partida são as intenções dos nazistas e a política do Estado alemão a partir de 30 de janeiro de 1933: a construção de uma Alemanha, e depois de um mundo, sem judeus. Esta perspectiva capta a busca no Terceiro Reich de uma Alemanha sem judeus, enquanto toma conhecimento das diferentes políticas (como emigração ou segregação), opiniões e sentimentos acerca do projeto, sua complexidade, probabilidade e incerteza. Alguns defenderam a ideia, outros se opuseram a ela, enquanto outros ainda permaneceram indiferentes, mas ela foi e continuou sendo um objetivo do Terceiro Reich desde o início, um todo mais amplo que a soma das opiniões dos alemães sobre os judeus. Quando acompanhamos a história de uma Alemanha sem judeus nos anos 1930, não precisamos conhecer a derradeira conclusão da história (o extermínio que começou em 1941); devíamos, de fato, acompanhar a história praticamente do mesmo modo que os alemães fizeram após 1933, quando não sabiam onde sua imaginação os levaria. Nosso único ponto firme é 30 de janeiro de 1933: uma ruptura moral, histórica, pós-iluminista foi feita então, não pelo planejamento de um extermínio final, mas pela ideia de que um mundo alemão sem judeus pudesse, de alguma forma, se transformar em realidade.

Pôr a imaginação de uma Alemanha sem judeus no centro da história do Holocausto significa deslocar o foco de uma história que termina em Auschwitz para a criação gradual de uma cultura em que uma Alemanha e mais tarde um mundo sem judeus faziam sentido para os alemães. É chocante falar em "fazer sentido" do Holocausto, mas é a expressão correta e a investigação correta se quisermos descobrir como os alemães deram sentido a seu mundo no Terceiro Reich, por mais moralmente censurável que fosse este mundo. "Deram sentido" também não significa que todos concordassem com ele. Significa, mais exatamente, que os alemães foram capazes de imaginá-lo, internalizá-lo, torná-lo parte de uma visão do presente e futuro, quer concordassem, se opusessem a ele ou lhe fossem indiferentes. Porque na realidade não é Auschwitz que se encontra no centro do estudo do historiador sobre o antissemitismo nazista, mas a criação de um mundo alemão sem judeus. Imaginar esse mundo não foi uma consequência da guerra; Auschwitz foi. A ideia de uma Alemanha sem judeus estava em vias de ser concebida desde 1933, antes mesmo da guerra: teria sido produzida com ou sem Auschwitz. Como ela se encaixava na imaginação dos alemães?

A imaginação de uma Alemanha sem judeus liga ações e ideias antissemitas nos anos de pré-guerra e de guerra porque descreve o antissemitismo nazista como uma obra em progresso, construída gradualmente, ano após ano, entre 1933 e 1945. Recuso assim a visão dominante na compreensão popular e acadêmica do Holocausto, segundo a qual o assassinato em massa dos judeus durante a guerra não tinha sido previsto, que tanto vítimas quanto perpetradores mal acreditavam no que estava acontecendo, que era algo inimaginável e de impossível representação. Primo Levi expressou a ideia numa das mais profundas declarações do século XX: "Hoje, no exato momento em que me sento à mesa escrevendo, eu mesmo não estou convencido de que essas coisas realmente aconteceram".[8] O sentimento não pode ser negado. Ao mesmo tempo, os historiadores sabem que tudo que aconteceu foi, de certo modo, de alguma maneira, imaginado, não literalmente, não exatamente, mas foi posto em imagens e palavras que o tornaram possível. Nenhum acontecimento histórico brota do ar, nenhum é exclusivo, porque isso implicaria não ter laços com o contexto, o passado e o presente. Naturalmente, em 9 de novembro de 1938 ninguém poderia imaginar a câmara de gás de Auschwitz, nem mesmo o próprio Hitler. Mas nesse dia se poderia imaginar um mundo alemão em que judeus e judaísmo tivessem chegado ao fim pelo fogo e pela violência. Nosso objetivo é procurar padrões de significado e propósito num mundo de fantasias que tornou o extermínio possível precisamente porque ele era, de alguma forma, imaginável e representável.

Os nazistas imaginavam os judeus usando ideias antissemitas da sociedade alemã de seu tempo. Esta afirmação pode parecer óbvia, mas tem consequências para nossa compreensão do Holocausto. Uma abordagem fundamental do Holocausto tem sido se concentrar no antissemitismo como a motivação primária dos nazistas e encarar a ideologia racial nazista como a forma moderna do velho ódio. Num certo nível, este argumento é incontestável, pois qualquer explicação do Holocausto que negue ou subestime o antissemitismo não pode deixar de ser insatisfatória. Mas além desse amplo consenso, meu argumento aqui é, sob certo aspecto, fundamentalmente diferente de algumas tendências na abordagem do Holocausto pelo antissemitismo. Um princípio central de muitos estudos dessa abordagem tem sido, explícita ou implicitamente, que um acúmulo do antigo ódio através dos séculos pavimentou o caminho e acabou produzindo o Holocausto. Sustento o oposto. Não é que o passado (de antissemitismo) tenha *produzido* o presente (do extermínio), nem que o antigo ódio tenha levado ao Holocausto. Na realidade os nazistas interpretaram de novo o passado das relações judaicas, alemãs e cristãs para que elas se ajustassem à sua visão de criar um novo mundo. Os nazistas, como veremos, contavam uma história de origens nacionais no centro da qual estavam os maléficos judeus. Mas ao contá-la selecionavam e destacavam da história das relações judaicas, alemãs e cristãs elementos que se ajustavam à sua narrativa, enquanto criavam de novo seu próprio presente. Eram antes os nazistas que davam sentido e atribuíam novo significado ao antissemitismo do passado, não o contrário. São sempre as pessoas no presente que dão sentido ao passado, pois o passado em si nunca pode dar sentido a um futuro que ainda não surgiu.

Ao mesmo tempo, o Holocausto não pode ser compreendido sem considerarmos a história do colonialismo europeu. Os genocídios coloniais dos séculos XIX e XX foram parte de um processo de acelerada violência relacionada à construção doméstica da nação e à expansão territorial imperial no exterior. As noções nazistas de raça e grupos inferiores que não tinham direito à vida faziam parte da tradição do colonialismo europeu que, muito antes de 1933, forneceu legitimidade popular, "científica" e política para que britânicos, franceses, holandeses, belgas e outros dominassem e matassem milhões ao redor do globo. O que preparou o cenário para os genocídios nazistas foram os tabus quebrados de décadas anteriores: o Holocausto era concebível devido, para dar apenas um exemplo, ao prévio extermínio alemão dos hererós e namaquas entre 1904 e 1907 no Sudoeste Africano (a atual Namíbia) e à percepção de que exterminar povos era uma possibilidade.

Do mesmo modo, a inimizade aos judeus e seu extermínio eram parte de um universo nazista de inimigos raciais e extermínios. O genocídio judaico estava inseparavelmente ligado a um conjunto de ideias raciais que produziram outros assassinatos em massa e genocídios nazistas de, entre outros, pacientes mentalmente enfermos, ucranianos e russos. Os nazistas estavam determinados a construir um império que se estenderia do Atlântico, no Ocidente, às costas da Sibéria no Pacífico, no Oriente, um império dedicado à expansão e ao aniquilamento de populações inteiras. O Holocausto foi apenas um numa série de genocídios cometidos pelos nazistas e só pode ser compreendido quando situado dentro da história comparativa dos genocídios modernos.[9] Ajusta-se perfeitamente ao gênero dos genocídios e não foi um acontecimento histórico excepcional, autônomo (tem, não obstante, suas próprias particularidades, pois nem todos os genocídios são idênticos, embora todos compartilhem certos denominadores comuns que os agrupam como genocídios).

Mas as tradições europeias de colonialismo moderno e ideias raciais não podem, por si mesmas, explicar o Holocausto e a certa altura me separo das teorizações sobre genocídios comparativos e sobre o império nazista. Alguns estudiosos questionam de variadas maneiras até que ponto o Holocausto era crucial para compreendermos o nacional-socialismo. Na construção do império nazista, afirmam alguns, o Holocausto foi antes um resultado que um objetivo do nazismo, brotando das circunstâncias específicas da guerra.[10] Outros integram o Holocausto numa história de genocídios totalitários cometidos por Hitler e Stalin na Europa oriental, sugerindo que o Holocausto foi um resultado das políticas conectadas dos dois ditadores, um instigando o outro a cometer crimes cada vez piores.[11]

Os limites dessas argumentações também devem ser deixados claros. Se o Holocausto foi resultado de assassinatos em massa na Europa oriental repartidos entre Hitler e Stalin, porque os nazistas optaram por exterminar os judeus de Corfu e, por extensão, da Europa ocidental, que não tinham relação direta com este conflito? Se o Holocausto fosse essencialmente apenas uma parte de assassinatos em massa, como a fome imposta premeditadamente por Stalin aos camponeses ucranianos no início dos anos 1930, por que a NKVD, a polícia secreta de Stalin, não procurou matar todos os ucranianos na União Soviética ou até mesmo no mundo, enquanto a Gestapo cuidava para que cada judeu da Europa ocupada fosse morto e, além disso, pedia que o rei da Bulgária e o sultão do Marrocos entregassem aos nazistas "seus" judeus para serem enviados a Auschwitz (os dois governantes não o fizeram)? Os genocídios cometidos na Europa oriental por Stalin e Hitler eram restritos por território, espaço e tempo, tendo motivações políticas e sociais na mente de seus perpetradores. Por que os nazistas tinham em mira os judeus como único grupo a ser caçado por todo o continente, uma espécie de inimigo sem espaço e atemporal, enquanto outras vítimas de genocídio neste período, por exemplo os mentalmente enfermos ou os grupos antissociais, não foram considerados ameaças existenciais que impusessem deportação para Auschwitz de Atenas ou Roma? O problema com os argumentos de que o Holocausto não foi crucial para compreender o nacional-socialismo é que eles veem numa descrição detalhista das circunstâncias da Segunda Guerra Mundial (isto é, do que aconteceu) uma explicação do que as pessoas acreditavam e do que imaginavam (isto é, da razão pela qual as coisas aconteceram). Segundo esses pontos de vista, implícita e às vezes explicitamente, as sensibilidades antijudaicas não foram de fundamental importância na criação do Holocausto. Tenho dúvidas a esse respeito. Construção de império, genocídios múltiplos e outras circunstâncias do período de guerra não podem explicar a cultura e as motivações dos alemães, assim como as políticas de imigração nazistas para expulsar os judeus da Alemanha antes de novembro de 1938 não podem explicar a queima da Bíblia.

    Minha visão é diferente. O Holocausto deve ser colocado dentro de uma história da guerra e ocupação nazista, da construção do império e de genocídio comparativo. O Holocausto não foi excepcional. Mas foi *percebido* durante a guerra como excepcional pelos alemães, judeus e outros europeus; e se quisermos compreender por que o Holocausto aconteceu, devemos explicar isso.

A abordagem comparativa do genocídio aguça as similaridades, mas também as diferenças entre o Holocausto e outros genocídios. Sem dúvida a ideia de exterminar grupos raciais já vinha sendo construída na cultura e na política europeias durante o século que precedeu o Terceiro Reich. Por outro lado, no entanto, é evidente que, para os nazistas, a perseguição e o extermínio dos judeus era mais urgente e historicamente significativa que outros genocídios que eles cometeram. Embora tenham decidido, durante a guerra, matar imediatamente todos os judeus, não tinham uma política similar para outros grupos de vítimas. Só isto já requer a pergunta: por que os nazistas encaravam o extermínio dos judeus como tão urgente e decisivo para sua sobrevivência? Por que alemães, judeus e europeus perceberam durante a guerra o extermínio dos judeus como diferente de qualquer outro genocídio perpetrado pelos nazistas?

Minha resposta, em poucas palavras, sem me apropriar da história que ainda terá de se desenvolver, é que para os nazistas e outros alemães os judeus representavam o tempo, simbolizando origens históricas maléficas que tinham de ser erradicadas para que surgisse a civilização nazista. Os nazistas escolheram como principal inimigo os judeus, um povo antigo, com uma longa história e um papel fundamental na sociedade cristã, europeia e alemã, fonte de uma longa tradição de símbolos morais, religiosos e históricos, positivos e negativos. Os judeus se encontravam nas origens da Bíblia, do cristianismo e, para muitos na Alemanha e na Europa, do liberalismo, comunismo e capitalismo da modernidade. Origens é uma metáfora de estar no tempo que implica legitimidade, raízes e autenticidade. Perseguindo e exterminando os judeus, os nazistas eliminavam as algemas de uma tradição passada e sua moralidade, tornando assim possível libertar a imaginação, abrir novos horizontes emocionais, históricos e morais que os capacitassem a imaginar e a criar seu império da morte.

Nada havia de peculiar na Europa acerca da visão nazista dos judeus como representantes de antiguidade e origens históricas; a ideia remonta a Agostinho de Hipona no século IV. Mas os nazistas se propuseram a destruir os judeus como possuidores de origens por duas razões específicas: primeiro, consideravam essas origens maléficas e um perigo imediato para a Alemanha nazista — segundo eles, os poderes judaicos se estendiam por séculos pelo mundo afora e só um desenraizamento radical curaria o mundo; e segundo, eles visavam construir uma civilização que não possuísse débito histórico e moral para com os judeus. Foi por essas razões que os nazistas perseguiram e exterminaram os judeus usando não só uma linguagem de inferioridade racial, mas também uma linguagem que atribuía terríveis poderes a eles. Um inimigo que merece aniquilação total tem de possuir um poder tremendo, real ou imaginário. Parte desse poder era atribuída à influência política e econômica judaica sobre o capitalismo e o bolchevismo em Washington, Londres e Moscou. Mas então, por que queimar a Bíblia se a influência dos judeus se manifestava nas esferas políticas e econômicas? Que poder tinha a Bíblia que tanto perturbou os nazistas? Havia na perseguição e extermínio nazistas dos judeus um elemento de medo, quase de terror, dos judeus. A noção de origens históricas capta a mentalidade nazista: o terrível poder atribuído aos judeus, o sentimento de que os judeus detinham uma explicação para a identidade e império alemães.

Contando uma história das origens nacionais, os nazistas se encaixam dentro de amplos padrões da história moderna. Todas as nações do mundo moderno constroem narrativas históricas que combinam fatos e invenções e todas anseiam pela legitimidade que vem com uma linhagem histórica. Os nazistas também procuraram a legitimidade que vem com as raízes. Construíam sua história à medida que avançavam a partir de 1933, montando-a em etapas, ligando políticas cada vez mais radicais contra os judeus a ambições crescentes de recriar a Alemanha e a Europa. Sua imaginação acerca dos judeus não era coerente ou de todo coesa. Como todas as fantasias, era uma mistura de elementos diferentes e com frequência opostos: incluía elementos raciais, religiosos e históricos presentes na cultura alemã, assim como a ideia da *Heimat* ou terra natal, que era o conceito máximo das raízes alemãs (vamos discuti-lo mais adiante). A partir desses ingredientes culturais, os nazistas escolheram e isolaram o que se ajustava a seus objetivos. Esses objetivos mudaram à medida que o Terceiro Reich progrediu, pois o que os nazistas pensavam dos judeus em 1933 era diferente do que pensavam em 1938 e de novo em 1942. Sua história, portanto, foi construída passo a passo e, como o Reich foi tão curto e tumultuado, eles não tiveram tempo para apresentar essa história de um modo sistemático e completo. Planejavam fazê-lo após a vitória.

Mas os nazistas imaginaram um claro arco narrativo das relações entre alemães e judeus do alvorecer da história até o presente. Desde o início, eles tinham certeza de uma coisa que não se alterou até o último dia do Reich: os judeus e suas raízes históricas, reais ou inventadas, da Bíblia ao período moderno, deviam ser eliminados a todo e qualquer custo, fossem quais fossem as consequências. Os nazistas não deixariam em pé um edifício cultural que implicava um débito cultural para com os judeus: isto equivalia a criar uma nova civilização extirpando um elemento-chave de suas próprias raízes.

Aqui se encontra um significado profundo do nazismo. O sonho dos nazistas de uma matriz histórica limpa foi uma razão fundamental para que, desde 1945, o Holocausto tenha sido tão perturbador em nossa cultura: ao rejeitar violentamente suas próprias raízes, os nazistas levavam a questão do que significa ser humano a um novo nível de sentido existencial. A importância histórica do Holocausto se encontra num traço que o caracterizou: foi a primeira experiência de criação total de uma nova humanidade alcançada pelo extermínio, uma humanidade libertada das algemas de seu passado. Naturalmente, em certo nível o sonho de libertar-se do passado sempre perseguiu a imaginação humana. E todos os regimes revolucionários modernos tentaram se libertar de algum passado: os revolucionários franceses se colocaram à parte do Antigo Regime, os bolcheviques da autoritária, espoliadora Rússia czarista. O Terceiro Reich se ajusta com rigor a esse espectro de revoluções que inventaram novos passados. O que lhe dá destaque é a escolha do inimigo. Os judeus forneciam um passado que era medido principalmente não em feitos políticos, econômicos e sociais, mas em atributos morais, históricos. Eles faziam parte da história alemã, mas, bem além disso, da história cristã e europeia, encarnando uma certa ideia de origens e do passado. Eliminá-los não implicava inventar um novo elemento no passado nacional, como na representação desfavorável do Antigo Regime ou da Rússia czarista, mas repensar mais uma vez a ideia das próprias origens humanas.

O Holocausto dizia respeito ao sonho nazista de conquistar o tempo histórico passado, presente e futuro. O império nazista na Europa foi possibilitado pela imaginação prévia de um império do tempo. Os nazistas tinham uma política espacial revolucionária de conquistar todo o continente, escravizando e exterminando milhões. Qual foi, então, o conceito revolucionário de tempo que acompanhou esta política revolucionária de espaço? Qual foi a imaginação de tempo e de história que deu sentido e legitimidade a suas políticas exterminatórias radicais?

Essa pergunta não pode ser respondida se investigarmos somente as políticas da liderança nazista e a retórica de sua propaganda; exige também uma investigação de como a imaginação antijudaica foi criada, experimentada e conduzida pelos alemães nas ruas. Para captar isto, concentro-me em ações públicas que transmitiram peso emocional e moral, foram extremamente visíveis e deixaram uma rica documentação em diários, cartas, testemunhos oculares, discursos, cartazes, imagens, filmes, relatos de viagem, reportagens de jornal e registros do governo, das forças armadas, do Partido Nazista e de organizações religiosas. Analiso atos específicos de violência contra judeus, desfiles locais alemães representando judeus (como o Carnaval), marchas de aviltamento, cortejos históricos, queima de livros, incluindo a Bíblia, e de sinagogas, atos legais de discriminação, o processo de marcar judeus e as ações embutidas na guetização, no assassinato em massa e no extermínio. Também uso fotografias do período. Elas dizem alguma coisa sobre o passado que não podemos acessar por meios literários e as apresento como uma lente para um mundo que foi visível para contemporâneos daquela época, mostrando o que viam os alemães quando andavam pelas ruas, dirigiam nas estradas ou seguiam para o trabalho na manhã de 10 de novembro de 1938.

Mais importante é a abordagem voltada para a compreensão dessas fontes. A história do Holocausto é frequentemente escrita perto demais dos documentos. Esse apego quase positivista aos fatos tem uma boa explicação: ele tem respondido à dificuldade de narrar a história do Holocausto porque uma grande tarefa histórica desde 1945 tem sido simplesmente descrever aspectos da realidade histórica da perseguição e extermínio dos judeus entre 1933 e 1945. A tarefa básica de toda escrita da história — contar o que foi a história — era imensamente difícil. Depois de 1945, o Holocausto geralmente não era considerado em público e em círculos acadêmicos como um passado de importância formativa na história europeia; o termo em si só se tornou sinônimo do extermínio dos judeus por volta de 1960. *Se questo è un uomo* [É isto um homem?], de Primo Levi, foi rejeitado em 1946-1947 por Einaudi e cinco outras editoras italianas por falta de interesse, antes de ser aceito por uma pequena editora de Turim.[12] Poucas obras históricas importantes foram dedicadas ao Holocausto até os anos 1970. Então, desde que os historiadores finalmente começaram, nos anos 1970 e com minúcia e persistência cada vez maiores a partir dos anos 1980, a contar a história do Holocausto, dúvidas têm sido manifestadas no discurso acadêmico e público sobre a possibilidade mesma de produzir uma representação histórica do Holocausto. Sobre essa questão, os historiadores têm antes refletido que formado as percepções populares sobre o caráter especial do passado nazista e a singularidade do Holocausto.

Mas essa avaliação histórica tem funcionado como um anteparo emocional, moral e profissional contra a narração da história do Holocausto. O acúmulo de fatos (com frequência enorme) não pode gerar narrativas do Holocausto que transportem sua própria verdade. Os estudiosos têm se voltado para os fatos acumulados a fim de superar a dificuldade de escrever sobre o Holocausto; fatos tirados dos documentos ajudam a domesticar este passado e desfazem a estranheza de um mundo racista e assassino. Baniram assim a estranheza do período da história do Holocausto. Por "estranheza do passado", quero me referir àqueles elementos que podem ser captados por meio de uma análise da cultura, mentalidades e sensibilidades. O que afirmo não é que o Holocausto seja estranho de um determinado modo histórico; para os historiadores, todos os passados são estranhos. O que afirmo, de fato, é que a tarefa do historiador deveria ser elucidar a estranheza do passado, não tentar superá-la.

É o que procuro fazer ao investigar a imaginação nazista. Para alcançá-lo, tento captar emoções e sensibilidades expressas em ações públicas. Considero o que os nazistas fizeram porque as crenças nem sempre podem ser articuladas, nem mesmo em cartas e diários particulares, enquanto as motivações ficam frequentemente escondidas, são subterrâneas ou contraditórias. Com frequência contamos a nós mesmos histórias sobre nós nas quais gostaríamos de acreditar, mas que de fato obscurecem mais do que revelam. Deveríamos examinar documentos e ações públicas para estabelecer relações de sentido, revelar o que as pessoas pensavam e no que acreditavam, mas que era às vezes mantido em segredo devido a culpa, vergonha, repressão ou a um senso de transgressão. O comportamento dos alemães era tanto explícito quanto consciente — isto é, o que os alemães diziam que estavam fazendo, as evidências a que os historiadores podem esperar ter acesso fácil — e às vezes não explícito ou inconsciente, mas talvez mais fundamental. Ao pensar sobre o Holocausto dentro desses parâmetros, liberamo-nos da tirania dos documentos e libertamos nossa imaginação interpretativa, como esperamos fazer com relação a qualquer outra investigação histórica.

Aqui a história das emoções é digna de nota. O que era comunicado emocionalmente nesses atos públicos era tão importante quanto o que era dito em palavras; com frequência, aliás, muito mais importante. Há uma visão comum da perseguição e extermínio dos judeus como um processo frio, administrativo, industrial, exemplificado por Auschwitz. Isso evidentemente é verdade, mas só em parte. Há uma tradição na historiografia do Holocausto de deixar o elemento humano de fora. A abordagem chamada funcionalismo interpretou o Holocausto como resultado de processos estatais impessoais, administrativos, estruturais, como se a história fosse feita por estruturas, não por seres humanos. A descrição de Hannah Arendt de Adolf Eichmann como a banalidade do mal contribui para essa visão final de um Holocausto feito por homens sem qualidades e emoções. A imagem é errada. A perseguição aos judeus nos anos do pré-guerra foi caracterizada por violência intensa, bruta, pessoal e, durante o extermínio, cerca de dois milhões e meio de vítimas foram baleadas à queima-roupa. A perseguição e extermínio dos judeus foram abastecidos por emoções e todas as interpretações que evitam, negam ou ignoram isto têm de acabar num beco sem saída quanto a um elemento humano fundamental embutido no evento.

Pois o que chama atenção não é que a essência do genocídio fosse o antissemitismo sem emoção, mas que alguns dos perpetradores *apresentassem* suas ações desse modo. A negação da emoção era um mecanismo para lidar com sentimentos de mal-estar moral, transgressão, culpa ou vergonha. Assassinar pessoas não pode ser uma atividade sem emoções, pois os seres humanos, em sua maior parte, são seres morais e gostam de pensar em si mesmos como tal. As emoções podem estar escondidas, serem negadas ou subterrâneas, mas se emboscam em algum lugar; foram fundamentais para o antissemitismo nazista o tempo todo, em todos os níveis e políticas. A questão para o historiador é como resgatá-las.

Ao contar a história da imaginação nazista e de como nos anos 1930 ela antecipou a destruição dos anos 1940, tive de fazer opções de narrativa e argumentação. O Terceiro Reich é agora o tópico de história sobre o qual mais se escreve: uma bibliografia padrão do nacional-socialismo relacionava 25 mil títulos em 1995 e um elevadíssimo total de 37 mil em 2000.[13] O que tem emergido é simplesmente como o Holocausto foi realmente complexo. Não foi apenas um evento alemão, mas europeu e norte-africano (judeus líbios e tunisianos foram mandados para Auschwitz). Não envolveu apenas Hitler e seus camaradas, mas a sociedade, a economia e a cultura alemãs como um todo. Não envolveu apenas judeus, mas esteve ligado a uma série de planos de reassentamento e políticas criminosas nazistas para redesenhar o mapa da Europa, o que envolvia poloneses, russos, ciganos roma e sinti, e outros. Alguns temas, como o momento da decisão da Solução Final entre o outono de 1941 e o inverno de 1942, se tornaram tão importantes que constituem por si mesmos uma ampla área de trabalho. Uma contribuição duradoura da teorização do Holocausto tem sido, então, narrar em detalhe aspectos da história militar, institucional, ideológica e política do Holocausto. Um problema que essa historiografia gigantesca e incrivelmente especializada tem trazido para o historiador que quer narrar o Holocausto e para o leigo que quer entender o que aconteceu é que estudos em tamanho detalhe tornam às vezes difícil ver a floresta atrás das árvores.

Meu objetivo foi penetrar nessa vasta, complexa historiografia em busca da imaginação nazista. Há ganhos e perdas nessa abordagem: perdemos às vezes as estradas vicinais, as relações complexas e as alterações nazistas de ânimo e de política, enquanto adquirimos uma noção da criação consciente e inconsciente das fantasias nazistas. Assim, por exemplo, enquanto mostro como a imaginação nazista dos judeus se refletia nas relações entre nazismo e cristianismo, na política de guetização durante a guerra e na participação popular nos crimes do regime, não discuto em detalhe todos os aspectos desses tópicos, como as variações regionais entre católicos e protestantes, as múltiplas alterações na política de guetização e as motivações de numerosos grupos sociais distintos em diferentes períodos para se opor ao regime ou apoiá-lo.

Detalhar esses tópicos teria me levado para bem longe da história que quero construir e da visão histórica que procuro alcançar. Esses detalhes são naturalmente importantes para apresentar certos aspectos históricos do Terceiro Reich. Diferentes histórias apresentam realidades históricas diversas do Terceiro Reich, cada qual contribuindo com alguma coisa para nossa compreensão total. Ao contar a história da imaginação nazista me empenho em descrever o passado em sua rica textura enquanto também mantenho em mente que uma das tarefas centrais do historiador não é simplesmente narrar o passado como infinitamente rico e complexo, mas também torná-lo compreensível, também identificar padrões reduzindo uma grande quantidade de detalhes a uma história articulada e encontrar um sentido narrativo dentro de um universo de acontecimentos aparentemente não relacionados.

Ao refletir sobre o conjunto de minha abordagem, fui inspirado por vários estudiosos que combinam erudição intelectual com elegância literária. Saul Friedländer escreveu sobre o Holocausto com admirável lucidez. Enfatizou o antissemitismo redentor como primordial para o impulso nazista de exterminar os judeus. "Nasceu do medo da degeneração racial e das crenças religiosas na redenção... [Era] uma história de perdição provocada pelos judeus e de redenção por uma vitória total sobre os judeus."[14] Meu trabalho deve muito a esta visão das ideias redentoras nazistas, embora eu dê uma interpretação diferente da razão pela qual os nazistas achavam que exterminar os judeus traria libertação apocalíptica. Para Friedländer, a ideia de raça aglutina as várias crenças nazistas na renovação política, social e cultural que se seguiria ao fim dos judeus. Eu enfatizo o elemento de tempo histórico. A renovação seria o resultado da erradicação de qualquer débito histórico, real ou inventado, para com os judeus. Essa ideia de um novo começo via uma matriz histórica limpa traz o peso da libertação apocalíptica nazista oferecida pelo extermínio dos judeus mais precisamente que a noção de raça. Não penso que nossas visões sejam necessariamente contraditórias, visto que enfatizam diferentes facetas das sensibilidades nazistas. Outra diferença é que, embora encare a redenção como de natureza religiosa, Friedländer não relacionou, de qualquer modo significativo, a experiência do nazismo e a do cristianismo, enquanto eu vejo elementos dos dois se reforçando mutuamente.

Carlo Ginzburg procurou, em sua variada obra histórica, concentrada na Renascença e nos primórdios da Europa moderna, mas não restrita a esta ou àquela, os limites e possibilidades da disciplina histórica. Seus textos sobre o que constitui evidência histórica, sobre as relações entre literatura e narrativa histórica, e sobre o historiador como uma espécie de detetive em busca de pistas e vestígios deixados por atores históricos foram iluminadores para mim. Uso fontes históricas padrão (por exemplo, a propaganda antijudaica), mas também estou interessado em indícios que não parecem se ajustar a padrões abrangentes e são reveladores devido à sua singularidade (a queima da Bíblia). Tenho procurado fontes que conectem as ações nazistas com as emoções e a imaginação deles. Essas fontes sugerem relações que nem sempre são diretamente expressas, mas que não obstante existem.

Um livro entrou de vez em quando em minha mente enquanto eu me ocupava deste projeto: *Moisés e o Monoteísmo*, de Sigmund Freud. Não estou sugerindo, em absoluto, que devemos compreender o Holocausto através do método psicanalítico freudiano; meu interesse foi diferente. A tese de Freud nesse livro é que Moisés, um nobre egípcio, cria a nação hebraica ao libertá-la da escravidão e lhe impondo uma religião monoteísta. Mas as exigências da nova religião são excessivas. Moisés é assassinado e os judeus adotam uma poderosa divindade vulcânica chamada Jeová. A memória do assassinato de Moisés é reprimida, embora continue existindo uma tradição clandestina de sua fé. Essa tradição ganha força e finalmente, muitos séculos mais tarde, vem à tona. As memórias despertadas pela fé de Moisés se mesclam com a divindade Jeová para criar o monoteísmo judaico, embora a memória do assassinato de Moisés continue reprimida entre os judeus. Que coisa extravagante e fantástica! O livro é uma fábula convertida numa sequência de argumentos históricos. É transmitida (com tenacidade) na linguagem da evidência, mas é dominada pela linguagem da fantasia. É uma obra que exige repetidamente que suspendamos nossa descrença histórica e simplesmente acompanhemos a história. Mais que um estudo, é um romance.[15]

Por que, tenho me perguntado, volto a esse livro? Freud escreveu *Moisés* em meados dos anos 1930 e o livro foi publicado na íntegra em 1939, depois de Freud ter fugido de Viena para Londres e pouco antes de sua morte. O impulso imediato para escrever o livro foi provocado pela ascensão dos nazistas e pelo choque de Freud ante a extrema violência antijudaica, que tornava urgentes as questões do que significava ser judeu e de quais eram as origens do ódio ao judeu e do antissemitismo do cristianismo. Para Freud, a extraordinária virulência e resistência do antissemitismo só poderia ser explicada por uma verdade psicológica inconsciente incrustada nele. A solução que apresenta é que a relação entre o cristianismo como a Religião do Filho e o judaísmo como a Religião do Pai é uma adaptação do complexo de Édipo. O Novo Testamento e o cristianismo usurpam o Antigo Testamento e o judaísmo, assim como o Filho usurpa o Pai. Isso também significa que, a despeito de sua reivindicação de antiguidade, o cristianismo continua sendo histórica e teologicamente um rebento do judaísmo. Em última análise, o antissemitismo existe devido à inveja e os judeus são odiados porque se recusam a ser salvos pelo Filho e preferem continuar sendo os Escolhidos. Freud achava que havia descoberto uma verdade fundamental sobre o antissemitismo e o fato de essa verdade estar baseada no inconsciente psicológico sugeria que o antissemitismo não era algo secundário ao cristianismo, mas essencial a ele.

É impossível e fútil tentar provar este argumento. Sua força reside nas ideias que levanta e nas conexões que faz. Prolongando o raciocínio de Freud está a noção de que uma contextualização extrema do antissemitismo nazista (e "do Holocausto", podemos acrescentar numa percepção tardia, embora Freud fosse poupado desse conhecimento) como se originando apenas das circunstâncias específicas do período pós-Primeira Guerra Mundial, os anos 1930, e da Segunda Guerra Mundial é insuficiente, pois tal argumentação presume explícita ou implicitamente que o antissemitismo nazista teve pouco a ver com o rico passado de antissemitismo e relações cristãs-judaicas. A abordagem de Freud — voltar-se para memórias reprimidas no alvorecer do tempo — não é um ponto de partida para o historiador, pois é a abordagem que vincula diretamente os nazistas a um evento que aconteceu há séculos ou milênios. Mas a visão de Freud é fundamental — nomeadamente, a importância cultural da presença do passado, da ideia de origens históricas e das fábulas que as nações contam a si mesmas para dar sentido à sua história.

Eu tinha esta visão em algum lugar na minha mente quando encontrei pela primeira vez as fontes sobre a queima da Bíblia: quando as li fiquei chocado pelo fato de ter ocorrido um evento tão radical, surpreso por ele não ter se tornado parte da história do Holocausto e em dúvida sobre como integrar o evento nessa história. Mas então as coisas começaram a se encaixar. A visão apocalíptica do nazismo, eu pensei, dizia respeito a manufaturar uma nova criação que, por extensão, exigia novas origens históricas. Para os alemães em 1938, a Bíblia representava, entre outras coisas, a tradição judaica e cristã e o passado; ao queimar a Bíblia, os alemães expressavam concepções de tempo histórico e de origens. Minha abordagem foi partir dos nazistas no Terceiro Reich, examinar (algumas de) suas percepções do passado e origens judaicas e então ir retrocedendo na história que os nazistas contavam acerca de si mesmos e dos judeus para onde quer que tenham adquirido essa história no passado. Deste modo, evitei as armadilhas de memórias não históricas reprimidas e de "descobrir" o nazismo centenas de anos antes de 1933. Investiguei como os nazistas olhavam para o passado, não como o passado produziu os nazistas.

Vou tentar articular esta ideia fundamental com palavras diferentes. Não acredito, como mencionei, que séculos de antissemitismo tenham produzido o Holocausto. Mas acredito que o Holocausto não pode ser explicado sem a profunda tradição de antijudaísmo — e o modo como os nazistas a compreenderam, remodelaram e usaram. Os alemães puderam conceber, justificar e imaginar a perseguição e extermínio dos judeus porque suas ideias de judeus e judaísmo no Terceiro Reich faziam parte de um rico e familiar universo simbólico de antissemitismo passado e relações cristãs-judaicas.[16]

Mas não é só isso. Logo ficou claro que Freud e os nazistas compartilhavam uma importante crença — a saber, que o passado é a chave da natureza dos grupos nacionais. Essa ideia presume parentesco entre presente e passado, bem como uma continuidade histórica do caráter nacional e da tradição no decorrer dos séculos. De fato, esse modo de descrever a nacionalidade se ajusta muito bem dentro das ideias europeias de nação na época. Em 1882, antes que Freud inventasse a psicanálise e Hitler nascesse, Ernest Renan, o estudioso francês de línguas e civilizações antigas, deu uma aula inaugural na Sorbonne intitulada: "O que é uma Nação?" Sua resposta foi que uma nação "é uma alma, um princípio espiritual... [baseado na] posse comum de um rico legado de memórias... A nação, como o indivíduo, é a culminância de um longo passado de esforços, sacrifício e devoção. De todos os cultos, o dos ancestrais é o mais legítimo, pois nossos ancestrais nos fizeram o que somos".[17] Aqui estão os elementos básicos da visão que, na época, os europeus tiveram da identidade nacional, que também está evidente na descrição feita por Freud da nação judaica em *Moisés e o Monoteísmo* e na visão dos nazistas da nação alemã: a busca das origens; a nação como entidade orgânica dotada de alma, psique ou atributos raciais; o paralelo entre a vida do indivíduo e a da coletividade; e a importância da memória e da transmissão de um legado durante muitos séculos.

Meu objetivo ao chamar atenção para esta similaridade entre Freud e os nazistas é ressaltar que, na época deles, prevalecia na Europa, entre nações e povos muito diferentes, um certo modo de pensar sobre a identidade e as origens nacionais. A fábula nazista das origens históricas não era excepcional, mas parte inerente do modo como os europeus concebiam a identidade nacional. A peculiaridade dos nazistas foi encarar os judeus como o elemento coordenador de sua história. E também aqui Freud e os nazistas compartilham uma semelhança. Quando Freud busca as causas do antissemitismo nazista, procura a resposta não nas ações e pensamentos nazistas, mas no passado judaico. E os nazistas, quando buscam a essência de sua identidade, acabam encontrando os judeus, cuja história e origens pareciam definir para eles quem eles eram e o que estavam buscando.

PARTE I

1933-1938
O Judeu como Origem da Modernidade

CAPÍTULO 1

Um Novo Começo pela Queima de Livros

De todos os instrumentos do homem, o mais assombroso é, sem a menor dúvida, o livro. Os outros são extensões de seu corpo. O microscópio... o arado e a espada... Mas o livro é outra coisa: o livro é uma extensão da memória e da imaginação, pois o que é nosso passado senão um conjunto de sonhos? Que diferença existe entre nos lembrarmos de sonhos e nos lembrarmos do passado? É isto que um livro faz.

Jorge Luis Borges, "El libro"

"Agora você entende por que tenho tido enxaquecas?", escreveu Betty Scholem de Berlim em 18 de abril de 1933 a seu filho Gershom, o renomado estudioso da cabala na Universidade Hebraica de Jerusalém. "Um pequeno acontecimento: o ônibus Zernsdorf normalmente para em nossa rua *antes* do ponto de ônibus, por isso não temos de andar muito. Desta vez, alguém gritou para o motorista quando ele baixou os degraus para nós: 'Então, por causa dessa cambada de judeus você está fazendo uma parada extra!!'"[1]

Quando Adolf Hitler foi nomeado chanceler da Alemanha em 30 de janeiro de 1933, Betty Scholem percebeu de imediato que as coisas não iam bem, mas não poderia ter imaginado com que rapidez elas ficariam consideravelmente piores. Os Scholem eram uma típica família de classe média de judeu-alemães, impregnada de cultura alemã. Nas décadas que se seguiram a 1900, tiveram boas razões para achar que seu lugar na Alemanha estava seguro. Arthur, marido de Betty, era um ateu declarado, um "homem moderno" e patriota devotado. Na época do Natal, a casa da família era decorada com uma árvore, como símbolo da identidade nacional alemã. Os dois filhos mais velhos, Reinhold e Erich, seguiram os passos do pai e ingressaram no negócio tipográfico da família, compartilhando os valores respeitáveis, burgueses de Arthur. Os dois filhos mais novos, porém, Werner e Gerhard, como Gershom era então chamado, opuseram-se à Primeira Guerra Mundial, enfurecendo de tal maneira Arthur que ele expulsou Gerhard de casa. Werner acabou se tornando comunista e ganhou uma eleição para o Reichstag em 1924 como membro do partido, enquanto Gershom se tornou sionista e emigrou para a Palestina em 1923. O otimismo que outrora caracterizava a família Scholem de judeus alemães despedaçou-se diante dos olhos de Betty. Arthur morreu em 1925. Os nazistas prenderam Werner e sua esposa em 23 de fevereiro de 1933 e Gershom estava bem longe, no Levante. A vida normal, segura, entre a vizinhança de todos os dias a que ela se acostumara durante todos aqueles anos desabou ao seu redor, como desabou para todos os judeus alemães.[2]

E assim aconteceu por todo o Reich. Na pequena Creglingen, em Württemberg, um lugarejo de umas mil almas, incluindo 73 judeus, membros da SA, supostamente procurando armas em casas judaicas, atacaram a sinagoga local em 25 de março de 1933, um domingo. Interrompendo o serviço, pegaram dezesseis homens e fizeram-nos marchar num cortejo aviltante até a prefeitura, onde foram severamente espancados e chicoteados. Dois não sobreviveram; Hermann Stern, de 67 anos, e Arnold Rosenfeld, de 52, morreram em sua cidade natal, perto daqueles que encaravam como vizinhos.[3] Em Breslau, do outro lado do Reich, jovens nazistas atacaram juízes e advogados judeus no tribunal em 11 de março. Iam de sala em sala, gritando para os judeus saírem, perseguindo judeus e advogados, alguns em trajes oficiais, até a rua. O tribunal fechou por três dias e, quando reabriu, o presidente da corte determinou que apenas dezessete dos 364 advogados judeus que exercem a profissão em Breslau teriam permissão para entrar no prédio e ter acesso às cortes. Ludwig Foerder, um veterano que fora ferido na Primeira Guerra Mundial, e um homem chamado Geldfeld, presidente da Junta de Representantes da comunidade judaica, estavam entre os expulsos do prédio. Do lado de fora, Geldfeld se virou para Foerder: "Só me diga, a quem poderíamos nos queixar desta arbitrariedade?" "À Distinta Presidência do Ministério Público", veio a resposta, "mas acho que não existe mais esse cargo".[4]

Conhecendo com nossa percepção tardia o fim da história da perseguição dos judeus no Terceiro Reich mais de dez anos depois, encaramos com frequência 1933 como o início de um processo gradual de discriminação. Na realidade, foi uma avalanche. O Terceiro Reich não começou com um lento crescimento da violência contra judeus, mas com um ataque em massa, explosivo, contra seus direitos civis, políticos e legais precisamente nos locais cotidianos onde a pessoa se sente mais segura — ônibus, local de trabalho, moradia e o próprio corpo. Depois de 30 de janeiro de 1933, numa base diária, os nazistas profanaram sinagogas, quebraram vitrines de lojas judaicas e submeteram os judeus a atos de aviltamento em Königsberg, Chemnitz, Colônia, Krefeld, Munique, Berlim e inúmeras outras localidades por todo o Reich.[5] A vida judaica se tornou descartável, matar judeus um delito não punível: um judeu foi linchado em Kiel em 1º de abril de 1933, enquanto em 11 de abril guardas da SS (Schutzstaffel, Esquadrão de Defesa, a unidade de elite do Partido Nazista) em Dachau removeram quatro internos judeus do campo de concentração recém-aberto e os fuzilaram publicamente. Adolf Hitler era chanceler há apenas dez semanas.

Sob certo aspecto, a violência contra judeus que se seguiu a 30 de janeiro não era nova. Após a Primeira Guerra Mundial as ações antijudaicas tinham se generalizado na sociedade alemã.[6] A violência aumentou nitidamente após as eleições de setembro de 1930 para o Reichstag, que viram o avanço eleitoral do Partido Nazista. No Ano-Novo judeu de 12 de setembro de 1931, houve conflitos sangrentos na elegante Kurfürstendamm de Berlim. Tropas de assalto costumavam atacar sinagogas e lojas judaicas, e agrediam judeus em público. Houve uma certa continuidade entre a violência antijudaica dos nazistas na República de Weimar e nos anos que se seguiram imediatamente à tomada do poder.[7]

Ao mesmo tempo, 30 de janeiro de 1933 representou um momento decisivo. A República de Weimar, que durou de 1919 a 1933, era uma democracia baseada no império da lei e numa constituição que era uma das mais progressistas do mundo. Os judeus eram protegidos pela polícia e defendidos pelos tribunais, mesmo que alguns indivíduos dentro dessas duas instituições acalentassem sentimentos antissemitas. O Terceiro Reich, ao contrário, permitia e encorajava a violência contra os judeus. Em 22 de fevereiro de 1933, Hermann Göring, o segundo no comando do Partido Nazista, que foi nomeado ministro prussiano do interior no novo governo de Hitler, usou sua autoridade para alistar na polícia 50 mil homens da SA como força auxiliar. Essas tropas de assalto, autoras privilegiadas da violência antijudaica, eram agora investidas de autoridade oficial para levar a cabo sua brutalidade. Após 30 de janeiro, era comum oficiais de polícia se recusarem a prestar socorro a vítimas judias, afirmando que "os deveres policiais não incluem a proteção de judeus". Em 22 de julho, o governo anunciou uma anistia para todos os crimes cometidos durante a "Revolução Nacional-Socialista" e, como resultado, todos os casos pendentes de assassinato, ataque e invasões de moradias foram arquivados.[8]

Para os nazistas e outros alemães, "o judeu" representava coisas diferentes e frequentemente contraditórias. Alguns homens da SA de origens humildes, se ressentindo dos judeus como capitalistas ricos e banqueiros gananciosos, queriam acabar com os judeus assim como com muita coisa da sociedade industrial capitalista, retrocedendo à ideia bucólica de uma existência pré-moderna, numa pequena cidade natal, que um líder do Partido Nazista chamou de "nostalgia anticapitalista".[9] Outros se ressentiam do papel dos judeus como proprietários de grandes empresas, como a cadeia *Tiez* de lojas de departamentos, que tinha 14 mil empregados, ou o império editorial Ullstein, sediado em Berlim. Mas muitos empresários e alemães de classe média não compartilhavam nenhuma dessas ideias; viam, ao contrário, os judeus como portadores de insidiosas ideias comunistas querendo provocar uma revolução bolchevique na Alemanha. Para outros ainda, como Achim Gercke, um especialista em pesquisa racial do ministério do interior, o problema racial era primordial. Para ele, as leis antijudaicas promulgadas pelo ministério eram importantes para educar os alemães, ensinando-os que "a comunidade nacional é uma comunidade de sangue" que deve rejeitar os judeus independentemente de sua filiação política.[10] Muitos alemães se ressentiam de os judeus estarem muito bem representados em áreas primordiais da vida pública e profissional, como nas universidades, na medicina e no direito. Outros simplesmente viam os judeus como participantes por excelência de complôs, como conspiradores unidos num conluio universal para controlar o mundo, fosse seu objetivo comunista, capitalista, religioso ou algo completamente diferente.

Adolf Hitler exemplificava a capacidade que tinham os antissemitas de acreditar simultaneamente numa miscelânea de pontos de vista imaginários, diversificados e contraditórios acerca dos judeus. Para ele, a atividade conspiratória judaica abarcava todo o globo e toda a história. Seu antissemitismo tinha elementos cristãos e metafísicos (falava dos judeus como demônios, como inimigos da verdade e da virtude), além de componentes econômicos e políticos. Acusava inflamadamente os judeus de terem instigado a Revolução Francesa, a igualdade de direitos, o comunismo e o capitalismo. Hitler via os judeus como uma raça, um fato biológico que não podia ser alterado por qualquer mudança de nome, crença ou religião, mas também encarava seu antissemitismo em termos religiosos: "Hoje acredito que estou agindo de acordo com a vontade de Deus Todo-Poderoso", refletia ele em *Mein Kampf*, que escreveu em meados dos anos 1920. "Ao me defender contra o judeu, estou lutando pela obra do Senhor."[11]

Todo homem ou mulher na Alemanha tinha sua ideia "do judeu". Mas havia, nos primeiros meses e anos do regime nazista, um denominador comum entre todas essas visões díspares e conflitantes. A narrativa antijudaica nazista tinha uma unidade interna e compartilhava um motivo central: a ideia de que os judeus eram os criadores de uma modernidade maligna que aviltava a Alemanha de seu tempo. O adjetivo *jüdisch* ou judaico era associado a todo fenômeno do mundo moderno questionável para os nazistas, e não eram poucos. Os judeus eram responsáveis pelo bolchevismo, comunismo, marxismo, socialismo, liberalismo, capitalismo, conservadorismo, pacifismo, cosmopolitismo, materialismo, ateísmo e democracia; pela derrota da Alemanha na Primeira Guerra Mundial, a Revolução de Novembro de 1918 (que pôs fim à guerra e ao Império Alemão) e a República de Weimar; pela cultura de entretenimento de Weimar no cenário do clube e do cabaré, assim como pela liberdade sexual, a psicanálise, o feminismo, a homossexualidade e o aborto; pela música modernista, a música atonal e pelo *jazz*; pela arquitetura de Bauhaus e pela pintura abstrata representada pelo impressionismo, pós-impressionismo, cubismo, dadaísmo e expressionismo.

A acusação aos judeus de serem cosmopolitas sem raízes, um povo cuja lealdade não se dá com relação a uma nação específica, mas a uma abstrata religião antiga, tinha sido comum na Europa desde a Revolução Francesa. Nacionalistas em diferentes países, da França, via Hungria, à Rússia, denunciavam os judeus como alheios à identidade intrínseca à terra natal e à sua cultura, como incapazes de se livrarem de uma inerente falta de raízes. Os nazistas adotaram essa ideia, embora ajustando-a a seu próprio período. Em 1933, os nazistas não tinham em mente genocídio e extermínio — isto só apareceu mais tarde. O que de fato começaram a imaginar foi uma Alemanha nova, melhorada, pura, sem os judeus e os vícios modernos provocados por eles. O que era imperativo era a destruição total da democracia de Weimar, do império da lei e do liberalismo alemão, assim como do comunismo.

Os nazistas promoviam sua própria modernidade, uma sociedade racial de arianos puros baseada na ideia de um líder forte e uma nação vocacionada para a hegemonia europeia, alternativa ideológica ao liberalismo no Ocidente e ao comunismo no leste. Propunham uma comunidade nacional unida, desprovida de rivalidade de classes e de partidos políticos, de privilégios de aristocratas e mandachuvas, provida dos benefícios da tecnologia, da comunicação e da ciência moderna a serviço do povo, com uma vontade nacional encarnada em Hitler e apoio a um estilo de arte representativa. O que interessava aos nazistas e seus partidários em 1933 era o presente. Depositavam suas esperanças numa transformação da política, cultura e identidade correntes e transformavam assim os judeus no inimigo na luta por uma nova sociedade alemã: a campanha contra eles nos primeiros anos do Terceiro Reich estava ligada à campanha contra a democracia, o liberalismo e o comunismo — contra tudo o que a expressão República de Weimar representava. A perseguição aos judeus não envolvia só antissemitismo, mas abraçava a visão antimarxista e antiliberal da modernidade, compartilhada pelos nazistas assim como por muitos alemães que não se identificavam como nazistas.

Se os judeus eram os inimigos principais da revolução nazista, os elementos cruciais no esmagamento de uma modernidade e construção de outra, é porque só eles representavam, na mente dos nazistas e de outros alemães, inimigos ao mesmo tempo idênticos e diferentes e, frequentemente, opostos. Eles podiam representar o marxismo e o liberalismo, a democracia e o bolchevismo, o comunismo e o cubismo (não o melhor estilo artístico para os realistas sociais). A ideia do "judeu" era poderosa precisamente porque se encaixava num todo que era maior que a soma de suas partes. Naturalmente, nem todos os alemães e nazistas associavam os judeus a todos esses atributos. Mas este é precisamente o ponto: o judeu simbolizava, para diferentes pessoas, diferentes inimigos de uma regeneração alemã. O que a imagem do judeu como origem de uma modernidade maléfica tinha de formidável era precisamente o fato de poder significar muitas coisas para muitas pessoas, ao mesmo tempo que fornecia um denominador comum para resgatar a Alemanha de seu declínio.

Betty Scholem, Hermann Stern, Arnold Rosenfeld e Ludwig Foerder foram vítimas de uma onda de violência nazista que, além de ter como alvo os judeus, engolfou toda a sociedade alemã em 1933. O terror foi generalizado, atingindo comunistas, socialistas, líderes sindicais, liberais com inclinação para a esquerda e, de modo mais abrangente, todos que expressavam discordância em público, todos que eram encarados pelos nazistas como inimigos ideológicos ou que, de alguma forma, eram não conformistas. Em 25 de março, no momento em que os judeus eram barbaramente espancados em Creglingen, tropas de choque, tropas da SS e unidades policiais em 45 outras localidades espalhadas pelo Reich ocupavam e destruíam sedes sindicais. No mesmo dia em que advogados judeus eram aterrorizados em Breslau, Felix Fechenbach, ex-secretário do líder socialista Kurt Eisner e então editor do jornal social-democrata em Detmold, era detido na província de Lippe, na outra extremidade do Reich, juntamente com outros líderes socialistas. Foi fuzilado em 8 de agosto durante uma suposta transferência para Dachau.[12]

Quando Hitler foi nomeado chanceler em 30 de janeiro de 1933, seu poder não era de modo algum absoluto e muitos na Alemanha acreditavam que teria uma carreira política breve. Contudo, num prazo de sete semanas uma revolução nazista, levada a cabo por alemães cheios de entusiasmo, varreu a Alemanha e Hitler tornou-se ditador. Nas semanas que levaram a 30 de janeiro, o marechal-de-campo Hindenburg, presidente velho, doente e conservador da República de Weimar, só se dispusera a sancionar a indicação de Hitler ao se convencer de que o poder do chanceler permaneceria limitado. Hitler encabeçou um governo em que todos os postos, com exceção de dois, foram ocupados por conservadores, com Franz von Papen, um conservador astuto, de importância crucial, como vice-chanceler. Os conservadores, que incluíam aristocratas, oficiais do exército, latifundiários e capitães da indústria queriam usar os nazistas como elementos de legitimação e de apoio para a destruição da democracia de Weimar, mas sem entregar o poder político real a Hitler e seu partido. Muitos conservadores de classe alta desprezavam o apelo de massa, populista, do Partido Nazista e as origens sociais humildes de seus líderes, incluindo Hitler. Confiante no espaço limitado de Hitler para manobra política, Von Papen teria dito a um amigo: "Em dois meses teremos empurrado Hitler para o canto com tanta força que ele vai estar dando rangidos".[13] Von Papen não era o único que pensava assim. "Ninguém acha que [o gabinete de Hitler] pode durar até a primavera", escreveu Christopher Isherwood, o escritor britânico que morava em Berlim na época e cujas histórias sobre os últimos dias de Weimar inspiraram o musical *Cabaré*.[14]

Mas Hitler tinha vários trunfos importantes. O realismo político forçava os conservadores que cercavam o presidente Hindenburg a trabalhar com ele e, na verdade, precisavam mais de Hitler do que Hitler precisava deles. Queriam substituir a República de Weimar por um regime autoritário com direitos políticos limitados e políticas agressivas contra liberais, socialistas e comunistas. Tinham papéis sociais e econômicos cruciais, mas não possuíam o poder político e o apoio de massa de que Hitler desfrutava. Ele era o líder do maior partido político da Alemanha. No final de janeiro de 1933, os nacional-socialistas ostentavam 719.446 membros organizados em dez mil bases locais num número imenso de comunidades grandes e pequenas espalhadas por todo o Reich.[15] Estes seguidores estavam determinados a deixar sua marca na história quando na segunda-feira, 30 de janeiro, pouco depois de uma da tarde, o rádio anunciou a nomeação de Hitler. Às oito daquela noite, as massas nazistas exibiram sua tremenda força num desfile à luz de tochas que saiu do maior parque de Berlim, o Tiergarten, passou sob o arco triunfal do Portão de Brandemburgo e seguiu pela Wilhelmstrasse, onde estava localizada a chancelaria do Reich e o hotel de Hitler, o Kaiserhof. Hitler passou em revista o desfile de uma janela do hotel; o presidente Hindenburg se levantou e observou as multidões da janela vizinha. O embaixador francês, André François-Poncet, acompanhou o evento da embaixada na Pariser Platz, perto do Portão de Brandemburgo:

> As tochas [os manifestantes] agitadas formavam um rio de fogo, um rio com ondas que avançavam, infindáveis, um rio numa cheia varrendo com ímpeto soberbo o próprio centro da cidade. Desses homens de camisas pardas e botas, que marchavam em perfeita disciplina e alinhamento, as vozes bem marcadas gritando canções guerreiras, brotava um entusiasmo e um dinamismo extraordinários. Os espectadores, parados de ambos os lados das colunas do desfile, deixavam escapar um imenso clamor. O rio de fogo cruzou a embaixada francesa, de onde... observei seu luminoso rastro.[16]

Outros tiveram emoções diferentes. Naquele mesmo dia, um pouco mais cedo, por volta das cinco da tarde, quando a noite começou a cair, as movimentadas avenidas de Berlim se encheram de jovens jornaleiros gritando as manchetes recém-impressas dos jornais da tarde: "Formado Gabinete de Unidade Nacional — Hitler Chanceler do Reich". Sebastian Haffner, o famoso escritor alemão e jornalista histórico, tinha então 25 anos: "Por cerca de um minuto [minha reação foi de] um horror glacial... Era tão bizarro, tão incrível estar lendo aquilo em preto e branco... Por um momento senti fisicamente o cheiro de sangue e sujeira do homem, a nauseante aproximação de um animal que comia gente — suas garras fétidas, afiadas na minha cara".[17]

Hitler sabia que sua posição era sólida: fora nomeado chanceler legalmente, sem rasgar a constituição e com o apoio das autoridades e do exército. Desfrutava de amplo apoio público. O desafio agora era como transformar rapidamente a política alemã numa ditadura. Ele não perdeu tempo para pôr sua marca nos acontecimentos. A menos de 24 horas de sua nomeação para chanceler, as novas eleições para o Reichstag foram marcadas para 5 de março. A campanha para as últimas eleições do Reichstag na República de Weimar tiveram lugar numa atmosfera de violência e terror nazistas. Os homens da SA, que tinham ingressado na polícia como força auxiliar, agiram de forma violenta, espancando comunistas e socialistas, dissolvendo seus comícios, provocando-os em bares, destruindo escritórios de partidos e de jornais. A manifestação pública de oposição foi assim reduzida a um mínimo, enquanto os nazistas passavam a desfrutar de uma vantagem decisiva pela utilização dos órgãos de instituições locais e estatais.

Então, um bizarro evento casual reforçou ainda mais a mão nazista. Em 27 de fevereiro, quando a campanha eleitoral se aproximava do clímax, o prédio do Reichstag foi incendiado por um jovem e solitário comunista holandês, Marinus van der Lubbe. Um dia depois Hitler já tinha persuadido o presidente e o gabinete, bastante receptivos, de que era iminente uma revolução comunista. O Partido Comunista foi posto na ilegalidade e sua liderança presa. Hindenburg assinou um decreto de emergência suspendendo as liberdades civis e permitindo ao governo tomar quaisquer medidas necessárias para proteger a segurança pública.

Nesse clima de intimidação e rumores, os alemães foram às urnas em 5 de março. Os adversários de Hitler tinham medo e maus pressentimentos, enquanto seus partidários vibravam. Contudo, o partido de Hitler não alcançou a maioria absoluta, ainda que os votos dados aos nazistas tenham passado de 33% a 44%. O Partido do Centro Católico recebeu os habituais 11%, os sociais-democratas 18%, também próximo do número de votos habitual, e mesmo os comunistas ainda conquistaram 12%. Era um golpe político para Hitler, porque qualquer mudança na constituição vigente de Weimar requeria uma maioria de dois terços no Reichstag. Hitler planejou propor um Ato de Habilitação no novo Reichstag, que efetivamente aboliria o procedimento e a legislação parlamentares, transferindo plenos poderes para o chanceler e seu governo pelos próximos quatro anos. Desse modo, sua ditadura estaria baseada na legalidade.

A delicada situação parlamentar de Hitler sem dúvida escondia a enorme legitimidade e autoridade política desfrutada pelos nazistas. Amplas faixas de alemães de todas as camadas sociais que não tinham votado em Hitler não deixavam de apoiar sua decidida repressão do socialismo e do marxismo, acreditando que a alternativa a Hitler seria uma guerra civil ou um golpe comunista e se identificando com o robusto nacionalismo dos nazistas. Um sentimento de renascimento nacional após anos de desânimo e pessimismo varria a Alemanha.

Em 23 de março, no Teatro de Ópera Kroll, nova casa provisória do Reichstag, Hitler deixou claro quem estava no comando. O grupo inteiro de deputados nazistas entrou na câmara com seus uniformes paramilitares de camisas pardas. Vestido da mesma maneira, Hitler apresentou o Ato de Habilitação enquanto os deputados o encorajavam com gritos e zombarias, ridicularizando seus inimigos. Foi recusada a entrada no prédio dos comunistas que ainda não estavam presos. Como os sociais-democratas anunciaram que votariam contra o ato, a responsabilidade ficou com o Partido do Centro Católico, que vergonhosamente decidiu apoiar o ato depois das promessas de Hitler de assinar uma concordata com o papado salvaguardando os direitos dos católicos e da Igreja Católica Romana na Alemanha. Os partidários do Ato de Habilitação foram em número de 444; só os 94 sociais-democratas presentes votaram contra ele. Hitler, então, tornou-se um ditador criado pela democracia e indicado pelo parlamento. O Ato de Habilitação foi a pedra constitucional fundamental do Terceiro Reich. Em termos puramente legais, a constituição de Weimar jamais foi abolida. O Ato de Habilitação foi renovado em 1937 e de novo em 1939, tornando-se permanente em 1943. Em menos de sete semanas Hitler tinha transformado legalmente a Alemanha de democracia constitucional numa ditadura. Ele não poderia ter feito isso sem o apoio entusiástico dos alemães que marcharam e deram gritos de apoio sob sua janela em 30 de janeiro.

O que ocorreu nos meses seguintes foi um gigantesco expurgo na sociedade alemã com a eliminação das instituições e estruturas da República de Weimar que não serviam mais a uma finalidade útil num Estado nacional-socialista. Num processo conhecido como "sincronização" (*Gleichschaltung*), todas as forças independentes de poder político, social e cultural na Alemanha foram, uma por uma, abolidas. As sedes dos sindicatos foram saqueadas e logo fechadas no início de maio; uma nova organização nazista, chamada Frente Alemã do Trabalho, foi posta em seu lugar. Com o movimento trabalhista esmagado e os partidos social-democrata e comunista destruídos num turbilhão de violência, a oposição política básica ao nazismo foi removida e a estrada para o Estado de partido único foi aberta. Em 14 de julho, um decreto do governo proclamava formalmente o Partido Nazista como único partido político legal na

Alemanha. A ditadura nazista de partido único, nova, moderna, voltada para o futuro passou a existir na mesma data em que a Bastilha caiu em 1789: para os nazistas, sua revolução substituía a francesa como a nova promessa da história.

A destruição legal da República de Weimar e a violência contra a esquerda em 1933 aumentaram de forma significativa a popularidade do regime. As prisões de opositores políticos eram amplamente publicadas na imprensa, assim como a construção de campos de concentração, como Dachau, o maior e mais bem conhecido. Nada havia de secreto com relação aos campos, que estavam lá para todos verem. Marion e Peter Yorck von Wartenburg se casaram em 1930 e, depois que os nazistas chegaram ao poder, testemunharam a resistência contra o regime e dela participaram. Mais tarde Peter seria membro do Círculo de Kreisau, que levou a cabo a tentativa de assassinato contra Hitler em 20 de julho de 1944. Em seu diário, Marion Yorck von Wartenburg relatou que, em 1933, "fomos um dia a Torgau (na Saxônia, não longe de Leipzig) e passamos por um campo que estava cercado com um arame farpado grosso; na parte de baixo havia uma grande cerca e em cima dela o arame com as pontas viradas para dentro e para fora. E Peter disse: 'Isso é um campo de concentração'".[18] A publicidade em torno dos campos servia como uma advertência nazista a favor da lealdade e do conformismo. Muitos alemães ficaram horrorizados pela violência, mas muitos outros a saudaram com um sentimento de alívio e apoio antiesquerdista e antidemocrático.

O terror não era apenas político, mas mexia com todas as partes da sociedade alemã e com todos dentro dela, estando presente nas atividades culturais e nas instituições educativas em cada localidade, de Berlim a pequenos povoados da província. A vida social foi nazificada até as mais comuns associações locais. Assim, por exemplo, associações locais esportivas, de preservação da natureza ou filatélicas sem nenhuma filiação política tinham de se reorganizar, expulsar os membros judeus e declarar lealdade ao regime se quisessem continuar suas atividades. A divergência e a resistência abertas eram perigosas e a vida social pública, fora das organizações nazistas, tornou-se muito difícil.

Tudo era feito em nome do nazismo. Aqui se encontravam os novos horizontes da Alemanha, além de Weimar, da democracia, do socialismo, do comunismo — e além da influência judaica. É dentro desse quadro da revolução nazista e do enorme expurgo na sociedade alemã que a discriminação dos judeus fez sentido para os nazistas e outros alemães. Num determinado nível, os judeus eram um inimigo entre outros no amplo realinhamento político e cultural nazista nos meses estonteantes de 1933. Mas em outro nível, só os judeus representavam todos os diferentes inimigos modernos da revolução nazista. Sua perseguição fazia sentido dentro da revolução política nazista, antidemocrática e antiesquerdista, mas ia além disso porque não era dependente de crença política: ser judeu era razão suficiente para ser inimigo da revolução nazista.

O sentido geral da revolução nazista emergiu da particularidade da perseguição aos judeus. Os expurgos nas artes eram típicos. Detestando grande parte dos estilos musicais do início do século XX, fosse a música moderna, a música atonal ou o *jazz*, os nazistas passaram a proibir certa música e certos músicos e a eliminar do repertório compositores de vanguarda e suas obras. Músicos, cantores e diretores judeus de óperas e orquestras, assim como professores de música, perderam de imediato o emprego. Concertos de músicos judeus foram cancelados por toda a Alemanha. Bruno Walter, o principal maestro da Orquestra Gewandhaus de Leipzig, teve acesso negado à sala de concertos em 16 de março e foi informado que, se fosse ele o regente de um concerto especial da Filarmônica de Berlim alguns dias mais tarde, o prédio seria incendiado. Joseph Goebbels estipulou que o concerto só ocorreria sob a regência de um maestro não judeu. Walter retirou sua participação e deixou a Alemanha.[19] Mas os judeus simbolizavam um fenômeno maior, pois não apenas os judeus eram caçados, mas toda a música modernista e outros tipos de música cultural e politicamente ofensiva. Desde muito cedo foram tomadas medidas contra o *jazz* por autoridades locais e regionais, enquanto o *foxtrot*, o *charleston* e outras danças inspiradas pelo *jazz* foram banidas em todos os albergues da juventude da Alemanha ocidental desde agosto de 1933.[20] Para cada Kurt Weill, que foi proscrito pela colaboração com Bertholt Brecht, havia um Hanns Eisler, um não judeu que foi proscrito pela colaboração com Brecht e por ser aluno do compositor atonal Arnold Schoenberg. O fato de muitos músicos perseguidos serem judeus só os transformava num alvo mais nítido e símbolo da causa maior — a luta contra os males das influências modernas que enodoavam a revolução nazista.

Expurgos similares ocorreram em outras áreas da vida alemã e com resultados similares: o objetivo principal era remover comunistas, socialistas e pessoas politicamente não confiáveis juntamente com todos os judeus, independentemente de crença política. O importante decreto de 7 de abril, a Lei para a Restauração do Serviço Público Profissional, destinava-se a expulsar pela força diferentes empregados do Estado: funcionários nomeados após a Revolução de Novembro de 1918, judeus e, em particular, qualquer um cujas opiniões e atividades políticas não garantissem a confiabilidade política. Tinha como alvo os judeus, mas sobretudo comunistas e socialistas. Políticas semelhantes ocorreram em níveis locais e comunitários. A nazificação da Federação das Associações de Mulheres Alemãs, a organização nacional das moderadas feministas alemãs, incluiu a dissolução forçada das sedes provinciais consideradas suspeitas pelos nazistas, como aconteceu em Baden em 27 de abril, assim como exigências para a exclusão de todas as mulheres judias.[21]

O expurgo nas universidades seguiu um padrão similar. A lista dos acadêmicos dispensados de posições universitárias porque eram judeus ou tinham esposas judias é ilustrativa. Vinte laureados presentes ou futuros com o prêmio Nobel tiveram de deixar a Alemanha, entre eles Albert Einstein. Fritz Haber, que trabalhou no desenvolvimento de gás venenoso na Primeira Guerra Mundial, não foi exonerado devido à sua folha de serviços na guerra, mas se demitiu em 30 de abril em protesto contra a exoneração de colegas judeus. Os judeus não foram os únicos que perderam seus cargos; como os acadêmicos na Alemanha eram funcionários públicos, a lei de 7 de abril afetou todos aqueles encarados pelos nazistas como politicamente não confiáveis. Mesmo assim, um terço dos professores universitários que perderam seus postos eram judeus.[22]

Dispostos a criar uma nova identidade alemã, os governantes da Alemanha encaravam a luta contra o "espírito não alemão" muito seriamente. É por isso que os nazistas se voltaram com tamanha veemência para o domínio cultural, determinados a purificar a Alemanha moderna do "espírito judaico". Um acontecimento exemplifica o sentido desta nova identidade alemã: a queima de livros ocorrida em todo Reich em 10 de maio de 1933. Os nazistas revelaram ousadia ao anunciar sua identidade queimando livros, antes de queimar pessoas, e um gosto pelo ruído sibilante, cheio de estalidos, de páginas devoradas pelo fogo.

Em Heidelberg, a cerimônia de queima dos livros começou na universidade com uma palestra noturna do diretor da Liga Militante pela Cultura Alemã, Joseph Behringer, sobre "A Desonra da Arte Alemã entre 1919 e 1933".[23] A Universidade de Heidelberg, fundada em 1386, é a mais antiga da Alemanha. No decorrer do século XIX, transformou-se numa instituição cosmopolita e liberal. Vários de seus professores foram líderes do movimento liberal na Revolução alemã de 1848, enquanto 1900 luminares, como Max Weber em sociologia, Ernst Troeltsch em teologia, Gustav Radbruch em direito constitucional e Karl Jaspers em psiquiatria e filosofia tinham cargos lá. Seus professores ganharam fama por serem inovadores. Localizada em Baden, com sua tradição de liberalismo, a universidade atraía estudantes estrangeiros, incluindo muitos judeus. Mas nos últimos anos da República de Weimar, tendências antidemocráticas trouxeram mudanças para o *campus*; a universidade não poderia existir como uma ilha fechada em si mesma. Os estudantes e as faculdades se radicalizaram e muitos apoiavam o Partido Nazista. No verão de 1932, o estatístico Emil Gumbel, pacifista e judeu, foi expulso da universidade por intolerantes colegas nacionalistas e os estudantes que os apoiavam (ele acabou na Universidade Columbia). Em janeiro de 1933, a Universidade de Heidelberg estava muito ansiosa para abraçar a revolução nazista.[24]

Estavam presentes à cerimônia daquela noite professores e estudantes universitários, assim como membros da Associação Nacional-Socialista de Estudantes Alemães, da Liga de Estudantes Alemães, do Partido Nazista e outras organizações. Behringer traçou de imediato as linhas divisórias históricas entre a nova Alemanha e seus inimigos. Em seguida à Revolução Francesa, disse à audiência, um elemento estrangeiro penetrou na arte alemã. E após 1918, "a alma e o espírito alemães foram desaparecendo, influenciados pelos ismos estrangeiros dominantes, começando com o impressionismo, o expressionismo, depois o futurismo, cubismo e dadaísmo... Agora a boa e velha arte alemã retorna — de novo alemães são nossa arte, alma e espírito".[25]

As verdadeiras festividades começaram depois da palestra, por volta das 9h30 da noite. Saiu um cortejo da Praça Jubileu na frente da prefeitura: já agora a escuridão tinha caído e a parada de tochas dos estudantes iluminava as ruas. Partia da Neckarstaden, cruzava a Sofienstrasse, a Hauptstrasse e a Praça da Universidade. Desfilando no cortejo com bandeiras e insígnias havia professores, estudantes, membros dos Capacetes de Aço (uma organização paramilitar de direita de veteranos da Primeira Guerra Mundial), da SS, da SA e várias bandas de música. Deve ter sido uma visão fantástica quando o cortejo de fogo, música e bandeiras entrou na praça apinhada de gente. A certa altura, segundo disseram, a polícia teve de fechar a área superlotada. No centro da praça, no início da tarde, os estudantes haviam erguido uma pira impressionante, apoiada em traves de andaimes, com quase 4 metros de altura. A base, com cerca de 2 metros de largura, era feita de jornais e revistas de esquerda amontoados. Pendendo das traves havia jornais comunistas e socialistas, cartazes, livros, panfletos e bandeiras. No alto havia bonés de organizações socialistas que lideravam a luta contra a direita e os nazistas: o estandarte preto, vermelho e dourado do Reich, feito com as cores da bandeira da República de Weimar, e a Frente de Ferro ao lado de uma foice e uma estrela soviéticas.

Os livros dispostos para a queima tinham sido confiscados nas semanas anteriores. Já em 12 de março tropas de choque haviam saqueado a biblioteca do sindicato local. Em 12 de abril, a câmara municipal anunciou que todos os livros e jornais "bolcheviques-pacifistas, ateus e marxistas" deveriam ser retirados das bibliotecas locais. Uma limpeza completa das bibliotecas públicas seguiu-se a isso. Em 25 de abril, a Liga de Estudantes de Heidelberg convocou todos os estudantes a limparem suas bibliotecas pessoais. Agora, na frente da pira, o líder dos estudantes fazia um último discurso contra "a frívola escrita corrosiva judaica, marxista-bolchevique... criminosa contra o espírito alemão", antes que, finalmente, o fogo devorasse os livros insidiosos.[26]

Cerimônias similares ocorreram em cidades universitárias por toda a Alemanha: em Bonn, Darmstadt, Dresden, Freiburg, Giessen, Göttingen, Greifswald, Halle-Wittenberg e outros lugares, durante no total umas 24 horas.[27] A "iniciativa contra o espírito não alemão", como a queima dos livros ficou conhecida, foi concebida pela Associação Nacional-Socialista dos Estudantes Alemães e a Liga de Estudantes Alemães. Em 12 de abril, grandes cartazes brancos com letras vermelhas brilhantes apareceram por toda a Alemanha com um manifesto, *As Doze Teses*, anunciando a iniciativa: "A Liga de Estudantes Alemães organiza de 10 de abril a 10 de maio de 1933 uma campanha de esclarecimento 'contra o espírito não alemão'. O espírito judaico... juntamente com o liberalismo como um todo devem ser extirpados".[28] Em 19 de abril, anunciaram a criação de uma pilastra da vergonha em todas as universidades alemãs — grandes colunas colocadas no centro dos *campus* onde se encorajava que fossem afixadas denúncias contra professores que não davam pleno apoio à revolução nazista.

Do início ao fim dos meses de abril e maio, estudantes de toda a Alemanha removeram milhares de livros condenáveis das bibliotecas. O mesmo fizeram as livrarias, que tiveram de afixar o anúncio da iminente queima de livros em suas vitrines. Os livros proibidos não podiam ser comprados ou consultados durante o Terceiro Reich. A biblioteca pública em Kurfürstendamm tinha entre 10 e 100 exemplares dos romances de Thomas Mann, Stefan Zweig e Erich Maria Remarque em 1932. Em maio de 1933, a biblioteca foi saqueada e os livros condenáveis substituídos por numerosos exemplares de *Mein Kampf*

[Minha Luta], de Hitler, e *Kampf in Berlin* [Luta em Berlim], de Goebbels.[29] Muitos livros banidos foram retirados das prateleiras, mas conservados nas bibliotecas. Houve mais de uma razão para isso: obedecer aos novos senhores, mas proteger os livros escondendo-os ou o bibliotecário ter cópias demais para se livrar de todas delas. As casas particulares continuaram, é claro, a conservar seus exemplares.[30] Listas negras de livros foram elaboradas por diferentes autoridades nazistas, organizações de estudantes e universidades, mas não houve uma lista principal lançada pelo regime.[31]

Em Frankfurt, o auto de fé no Römerberg atraiu 15 mil espectadores.[32] Na Praça da Ópera em Berlim, 25 mil obras-primas da cultura ocidental foram triunfantemente consumidas num grande incêndio. Dez mil delas vieram do Instituto de Ciência Sexual, que havia sido saqueado vários dias antes. Fotos da Praça da Ópera dão uma ideia da atmosfera naquela noite.

Escritores alemães, judeus e não alemães cuja obra foi devorada pelas chamas incluíam Sholem Asch, Henri Barbusse, Franz Boas, Bertholt Brecht, Max Brod, John Dos Passos, Ilya Ehrenburg, Albert Einstein, Lion Feuchtwanger, Sigmund Freud, André Gide, Heinrich Heine, Ernest Hemingway, Theodor Heuss, Helen Keller, Siegfried Kracauer, V. I. Lenin, Karl Liebknecht, Jack

London, Rosa Luxemburgo, Thomas Mann, Karl Marx, Robert Musil, Erich Maria Remarque, Arthur Schnitzler, Upton Sinclair, Ernst Toller, H. G. Wells e Stefan Zweig.

A queima de livros não era desconhecida na história alemã. Autoridades repressoras tinham procurado no passado sufocar ideias e intimidar escritores. No Terceiro Reich, ocorreram queimas de livros nos meses que precederam o 10 de maio contra literatura socialista e comunista e escritos políticos.[33] Mas a queima dos livros no 10 de maio representou uma disposição mais ampla de recriar a identidade alemã, porque foi iniciada por estudantes e acadêmicos, cujas profissões se baseavam na leitura e na redação de livros, e porque ocorreu como um ritual público em cidadelas do saber. "As chamas ardem esta noite por todas as universidades alemãs como um símbolo de purificação [espiritual]", bradou Gerhard Fricke na cerimônia de Göttingen.[34] Os germanistas tiveram destaque especial entre os acadêmicos que participaram. Só um germanista, Max Hermann, se opôs abertamente à iniciativa e protestou por razões nacionais; em 1942, foi deportado para Theresienstadt, onde morreu em 1944.[35] Intelectuais alemães de destaque, incluindo Franz Schultz em Frankfurt, Gerhard Fricke em Göttingen e Hans Naumann em Bonn apoiaram a queima de livros, o mesmo fazendo organizações como a Liga Militante pela Cultura Alemã, de Alfred Rosenberg, o autodesignado ideólogo do regime nazista, o Centro de Bibliotecas e Bibliotecários Alemães e a Associação Nacional-Socialista de Professores.[36]

Tropas de choque, homens de letras, bibliotecários e professores uniram-se a acadêmicos e estudantes no que se tornou uma iniciativa popular vinda de baixo. As autoridades do Estado só aderiram mais tarde. O ministro de educação do Reich, Bernhard Rust, foi na realidade contra a iniciativa, não por quaisquer razões morais — era membro do Partido Nazista desde 1922 e antissemita — mas porque seu ministério não teve um papel de liderança. O ministério da Informação Popular e da Propaganda, de Goebbels, fundado em 13 de março, também não deu origem à iniciativa. O próprio Goebbels disse numa reunião de livreiros alemães, em 16 de maio de 1933, que apoiava a iniciativa dos estudantes, mas que no futuro os estudantes deveriam sincronizar suas ações com as políticas gerais do regime. Contudo, elogiou o ato da queima de livros como tal, que sua audiência saudou com um retumbante aplauso.[37] Embora a queima pública não pudesse ter acontecido sem a aprovação do regime, os participantes não sofreram coação de cima, agindo com um entusiasmo vindo de baixo.[38] Na queima dos livros que se seguiu à revolução nazista, os alemães redefiniram conceitos de nacionalidade, germanidade e história.

A história foi parte muito importante do evento, evocando formas tradicionais de celebrar a identidade alemã. As cerimônias conduzindo à queima — o discurso comemorativo, o cortejo e a participação de várias associações com bandeiras e música — faziam parte de um padrão de celebrações nacionais na Alemanha que remontavam à comemoração, em 18 e 19 de outubro de 1814, da libertação da Alemanha de Napoleão na Batalha de Leipzig. O formato foi repetido mais tarde em celebrações nacionais como a de 1817, no Castelo de Wartburg, onde três séculos atrás Martinho Lutero traduzira a Bíblia para o alemão; os festivais de 1857, para o poeta Friedrich Schiller; as numerosas celebrações de associações de ginástica patriótica, associações de tiro e sociedades de canto; as celebrações do Dia de Sedan durante os anos do império (1871-1918), comemorando a vitória sobre a França em 2 de setembro de 1870; a inauguração de monumentos locais para os soldados caídos na Primeira Guerra Mundial; e em muitas outras comemorações locais e nacionais.[39]

Existiam variações locais de comemorações nacionais e, com o correr do tempo, foram introduzidas mudanças, mas de um modo geral os alemães compartilhavam uma tradição comum de celebração nacional realizada ao nível local, uma espécie de manual de datas comemorativas de como festejar a nação. A queima nazista dos livros em 1933 foi parte dessa tradição. Curiosamente, as descrições das queimas de livros, que são tão ricas, silenciam sobre as razões de os nazistas terem escolhido essa forma de comemoração em honra de sua revolução. Mas ela está de acordo com tradições de cerimônias nacionais similares desde o século XIX; significativamente, também se silencia sobre elas. Parece plausível que os organizadores nunca tenham questionado esta forma de cerimônia para articular a identidade nacional alemã. Um importante aspecto da cerimônia nazista, portanto, foi a ênfase na continuidade com uma tradição alemã de identidade nacional.

Também houve continuidade no perfil social dos celebrantes. No século XIX e início do século XX, a iniciativa de celebrar a nação vinha com frequência dos notáveis locais, cidadãos com formação universitária, e de estudantes que combinavam nacionalismo com sociabilidade de classe média. Associações locais organizavam as comemorações e mobilizavam o público. A composição social das cerimônias de queima em 1933 foi similar.

Adotando a tradição comum de festivais nacionais para celebrar a revolução nazista, os participantes colocavam o novo Reich dentro da história alemã. Precisamente pelo fato de o Reich apresentar novos elementos radicais e a queima dos livros ter sido um ato excepcional, era importante associar a nova era ao passado alemão, proporcionando assim ao novo regime a legitimidade que vem com a linhagem de raízes históricas. As queimas de livros foram um meio de internalizar o novo Reich através de uma forma antiga e familiar de celebração nacional, assim como de colocar a autoridade de uma tradição nacional a serviço do Reich. Os nazistas e outros alemães compreendiam sua experiência como construção de uma sociedade revolucionária que, ao mesmo tempo, se mesclava a continuidades culturais.

Os eventos eram celebrações festivas, públicas, rituais carnavalescos que se destinavam a ser vistos e ouvidos. Os cortejos, tochas, bandeiras, piras, multidões e fórmulas rituais enquanto os livros eram atirados no fogo criavam essas ocasiões especiais. Em Berlim, os celebrantes usaram um caminhão decorado com cartazes dos livros confiscados escritos em letras que imitavam o hebraico; em Frankfurt, vieram numa carroça puxada por dois bois, enquanto os estudantes do instituto veterinário de Hanover usaram um caminhão de gado exibindo um cartaz que dizia: "Unidade de coleta de sujeira e lixo". Os estudantes de Mannheim foram criativos: uma carroça puxada por dois cavalos foi decorada com as bandeiras de Weimar e um cartaz antissemita, enquanto um segundo cartaz dizia: "Sou uma cavalgadura que leu todos esses livros". Jovens e estudantes se divertiam em cima da carroça.

Era um clima de festa. Crianças participavam, com frequência através da Juventude Hitlerista, criando uma atmosfera familiar, comunitária. Em Trier, os alunos do Friedrich-Wilhelm Gymnasium foram convidados a participar pelas autoridades escolares regionais. Em Talar, o reitor, decanos e professores da universidade tomaram parte no evento. O cortejo em Berlim, com tochas, bandas de música, uma carroça cheia de livros e participantes animados, teve 5 quilômetros de comprimento, seguindo pelo Portão de Brandemburgo e a Unter den Linden até alcançar a apinhada Praça da Ópera.[40] "Os vendedores ambulantes andavam de um lado para o outro", escreveu Arnold Zweig, o escritor antiguerra judeu-alemão. "'Bombons, chocolate, cigarros!'... 'Cachorro-quente, cachorro-quente!'... Tudo muito divertido, não podíamos ter encontrado nada melhor. As pessoas trocavam gracejos, contavam piadas e davam risadas, passando agradavelmente o tempo até a hora da queima".[41]

Não apenas livros foram queimados. Também foram incineradas insígnias e bandeiras da esquerda, assim como uma parafernália socialista e comunista, como cartazes anunciando ironicamente: "Saudamos a União Soviética". Do topo da pira em Göttingen, pendia a placa: "Lenin" (um cartão postal com a imagem foi mais tarde vendido nas lojas locais de *souvenir*) e a pira de Königsberg estava coberta com a bandeira preta, vermelha e dourada de Weimar. Em Berlim, os estudantes pegaram um busto de Magnus Hirschfeld, diretor do Instituto de Ciências Sexuais, e o jogaram nas chamas. A música também desempenhou um papel importante. Em Mannheim, não havia menos de oito bandas. Em Frankfurt, os celebrantes exibiram um humor sombrio: uma banda tocava uma marcha fúnebre.[42] Discursos sentimentais acompanharam o arremesso de livros na pira funerária. A Goebbels, como sempre, não faltaram as palavras:

> Contra a luta de classes e o materialismo, pela comunidade nacional e a perspectiva idealista: jogo no fogo Marx e Kautsky. Contra a decadência e a ruína moral, pela disciplina e a moralidade na família e no Estado: jogo no fogo Heinrich Mann, Ernst Glaeser, Erich Kästner. Contra a traição literária aos soldados da Guerra Mundial, pela educação do povo no pleno espírito da verdade: jogo no fogo Erich Maria Remarque. Contra a arrogância e a presunção, pelo respeito e reverência diante do eterno espírito alemão: jogo no fogo Kurt Tucholsky e Carl von Ossietzky.[43]

O significado das cerimônias não estava simplesmente no que era dito, mas também no que era feito, visto e imaginado. A maioria dos participantes não tinha lido a maior parte ou mesmo nenhum dos livros que foram queimados. Ou sequer tinham ouvido o nome de alguns dos escritores. Em Heidelberg, os livros arrolados para a queima foram definidos vagamente como tendo "origens judaicas, marxistas ou similares".[44] Alguns estudantes escreveram errado o nome dos autores em cartazes. Em Berlim, escreveu Zweig, entre os bombons e as salsichas "o público estava possuído por uma paixão satisfeita, como se fossem animais, estúpidos, passivos e sem ideia [do que estava acontecendo]. 'O que eles estão realmente queimando?' 'Você sabe, livros judaicos!' 'Não, livros não alemães, indecentes.' 'Devíamos jogar todos eles no Spree.' 'Bem, isto vai contaminar o rio.'"[45] Os participantes tinham uma ideia geral das celebrações que era muito mais importante que o exato conhecimento literário. Os protagonistas de Zweig perceberam muito bem o sentido da cerimônia: era contra os judeus e outros "não alemães" que contaminavam o meio social.

Outros fizeram uma apreciação mais cuidadosa dos eventos. Ernst Bertram, professor de literatura na Universidade de Colônia, deu uma palestra em 3 de maio intitulada "Um Começo Alemão", denunciando "as ideias de [da Revolução Francesa em] 1789" como antialemãs. Amigo de Thomas Mann e do estudioso da literatura Friedrich Gundolf, descreveu em duas cartas de 7 e 8 de maio seu envolvimento na cerimônia da queima: "Na quarta-feira é a grande queima comemorativa de literatura não alemã diante do monumento aos soldados caídos na universidade. Muitos são da opinião que eu não devia perder isso. Para meu pesar, também Thomas Mann será queimado. Com grande esforço, impedi que Gundolf entrasse na lista... Assim, acredito eu, a inevitável manifestação ocorrerá agora com dignidade... Consegui... impedir o plano absurdo de queimar Gundolf e Thomas Mann... Posso, portanto, assistir ao solene 'auto de fé'".[46] Mann respondeu-lhe vários meses depois: "Caro Bertram, viva bem em sua estufa nacional protegido da verdade por meio da barbárie".[47]

Bertram convenceu-se de que poderia conservar a dignidade pessoal e profissional, mesmo dando apoio às queimas de livros. Muitos literatos alemães compartilhavam sua opinião. As queimas eram encenadas em público por acadêmicos da maior categoria e a nata da cultura alemã. Para eles a queima dos livros era um "ato simbólico de purificação", um rito purificador de passagem de Weimar para o Terceiro Reich.[48] A justificativa da queima de livros não estava em questão. Mas os participantes compreendiam a transgressão embutida no ato. Essa é uma das razões pelas quais os oradores frequentemente apresentavam a queima como um ato de renovação por meio da destruição. Goebbels usou essa retórica, assim como Gerhard Fricke em Göttingen, que afirmou que "este ato simbólico não é um ato de rejeição e destruição, mas de reconstrução".[49]

Não deveria causar surpresa que intelectuais refinados e alemães instruídos tenham dado apoio aos nazistas e queimado livros. Gostamos de pensar na Alemanha nazista como uma aberração. Mas, na verdade, isso é uma visão parcial da cultura ocidental. Preferimos recordar os pontos positivos e menosprezar os negativos: recordar com orgulho, por exemplo, as palavras poéticas de Thomas Jefferson de que todos os homens nascem iguais, mas ignorar que sua condição de proprietário de escravos foi igualmente parte de sua herança. Para os nazistas, a Alemanha era parte da cultura ocidental. Encenaram as cerimônias da queima de livros para promover e salvaguardar sua concepção dessa cultura. Eram parte dela, assim como os ideais de democracia e a busca da felicidade. E é por isso que Goebbels, Bertram, Fricke e Behringer encontraram um significado em queimar livros.

Outros alemães também poderiam ver apenas virtudes em Hitler e seu novo regime. De Gernsheim, uma pequena cidade às margens do Reno, em 26 de junho de 1933:

> Caro sr. chanceler do Reich! Estou incluindo, sr. chanceler do Reich, uma tela emoldurada para o senhor. Tive a intenção de mandá-la no seu aniversário, mas não foi possível porque eu mesmo a concebi e executei como amador. Tenho 22 anos e sou filho de um ferroviário comum... Em vista de minhas dificuldades financeiras, não foi fácil fazer este quadro. Mas em consideração ao senhor, sr. chanceler do Reich, economizei cada tostão para deixá-lo satisfeito e assino com a mais devotada estima, Peter Kissel. Salve a Vitória [*Sig Heil*]![50]

Hitler recebia todo mês milhares de cartas de fãs que atestam sua popularidade e adoração. As expressões de apoio começaram em 1925, quando o Partido Nazista começou a ascensão para o poder, mas após janeiro de 1933 o fluxo de correspondência era tão intenso que o gabinete de Hitler teve de contratar quatro empregados para dar conta dele. As cartas continham expressões de gratidão e admiração, protestos de lealdade, petições particulares, pedidos políticos e manifestações de divergência. Nos anos de pré-guerra que vieram a seguir, cada desdobramento econômico, político, diplomático ou de qualquer outro tipo dava origem a um jorro de cartas e presentes. Nas primeiras semanas e meses de sua atuação na chancelaria, por exemplo, Hitler recebeu incontáveis imagens de santos, lenços bordados e outros presentes. Quando os soviéticos conquistaram Berlim em 1945, encontraram milhares dessas cartas no gabinete do chanceler e as levaram, juntamente com outros documentos, para Moscou, onde são conservadas no Arquivo Militar do Estado Russo. Após 1989, o arquivo foi aberto para o exame de estudiosos.[51]

Típico das cartas é este bilhete de Düsseldorf, em 20 de abril de 1934: "Meu Führer! Depois de ter sido ordenado padre em 15 de abril de 1934, foi meu sincero desejo oferecer a Deus minha primeira missa, assim como a de hoje, com uma prece pela mais generosa bênção à sua nobre obra. Escrevo para o senhor, meu Führer, por seu aniversário no dia de hoje! Salve! Albert Spelter, padre da Igreja Católica Independente na Alemanha".[52]

A queima dos livros ligou-se à perseguição aos judeus para a reconstituição política do Reich e à luta dos nazistas contra seus inimigos. A lista de inimigos modernos dos nazistas era longa (eles sempre tiveram uma longa lista de inimigos e uma lista curta de amigos), mas os eventos tiveram coerência interna: fazemos comemorações, explicou sucintamente Gerhard Fricke em Göttingen, contra "a democracia e o liberalismo, o individualismo e o humanismo, o capitalismo e o comunismo".[53] Havia espaço para a improvisação, assim como para diferentes oradores acrescentarem ou removerem certas ideias a seu bel-prazer. Assim, alguns mencionavam o ateísmo, outros o pacifismo, outros ainda a liberdade sexual, enquanto outros, como em Bonn, protestavam contra a música decadente e a dança nos cafés.[54] Mas essa diversidade tinha um impulso geral comum. "A noção de espírito 'não alemão' não é absolutamente clara", admitiu o líder da Liga de Estudantes de Göttingen. "Mas não é preciso que seja. Não podemos invalidar nossa iniciativa simplesmente perguntando qual é realmente o significado de 'não alemão'. Isto seria sofismar, pois em última análise todos nós experimentamos catorze anos desta influência judaica" durante a República de Weimar.[55]

Os judeus deram sentido aos diferentes espíritos "não alemães" da modernidade e no entanto os judeus eram simbolicamente diferentes. Goebbels só mencionou duas vezes os judeus em seu discurso na Praça da Ópera, mas a primeira vez foi na frase de abertura: "A era de arrogante intelectualismo judeu está agora encerrada e o avanço da revolução alemã" está na ordem do dia.[56] *As Doze Teses* dos estudantes articulavam claramente a perseguição dos judeus como algo que dava sentido à reconstituição maior do Reich. Discutiam a renovação geral do espírito alemão, mas não menos de quatro teses eram dedicadas aos judeus, incluindo a seguinte: "Nosso oponente mais perigoso é o judeu e qualquer um que se submeta a ele". O jornal sionista *Jüdische Rundschau* observou sucintamente sobre o 10 de maio: "O grande holofote na Praça da Ópera (em Berlim) brilhou também sobre nossa experiência entrelaçada e nosso destino. Não apenas judeus foram acusados, mas também homens de puro sangue alemão. Eles serão julgados individualmente conforme suas ações. Para os judeus, contudo, não há necessidade de uma razão específica; o velho ditado se aplica: 'O judeu será jogado no fogo'".[57]

O Reich teve início com pesadas leis e decretos antijudaicos nos níveis locais, regionais e nacionais, estendendo-se uniformemente do governo do Reich em Berlim até as associações cívicas das pequenas cidades. Precisamente 316 dessas medidas foram promulgadas em 1933 e 637 na época das Leis Raciais de Nuremberg em setembro de 1935. Medidas adicionais, num total de 582, foram promulgadas nos três anos que antecederam a *Kristallnacht* e mais 229 em 31 de agosto de 1939. No período de 31 de janeiro de 1933 a 31 de agosto de 1939, os nazistas e outros alemães removeram no geral os judeus de todas as esferas da vida social, política, econômica e cultural através de 1448 medidas legais.[58] Falaremos de algumas delas à medida que avançarmos. A primeira onda de legislação antijudaica, de 31 de janeiro a 31 de dezembro de 1933, surge como um turbilhão de tirar o fôlego.

Berlim: médicos judeus são excluídos da lista de doutores aprovados para receber pacientes com planos de saúde e segurados da previdência social. Prússia: juízes e advogados judeus trabalhando nos tribunais são imediatamente removidos do cargo; a porcentagem de advogados judeus licenciados deveria ser igual à porcentagem de judeus na população; advogados judeus não podem representar o Estado. Colônia: judeus não podem usar as instalações esportivas da cidade. Frankfurt: judeus têm de apresentar seus passaportes para verificação. Colônia: judeus não podem ser empregados no serviço público da cidade. A Associação Alemã de Boxe expulsa os membros judeus e não trabalhará com empresários judeus para organizar eventos. A Lei para a Restauração do Serviço Público Profissional remove os judeus do funcionalismo público. A Lei sobre a Admissão ao Exercício do Direito proíbe que os judeus sejam inscritos como advogados. A Lei contra a Superlotação nas Escolas e Universidades limita o número de estudantes judeus nas escolas públicas. Baviera: os judeus não podem ser admitidos na faculdade de medicina. Palatinado: judeus que são detidos por razões políticas só podem ser soltos quando um de seus fiadores ou um médico que ateste sua saúde precária os substituírem. Baden: o iídiche não pode ser falado em mercados de gado. A Lei sobre os Editores bane os judeus de cargos editoriais. Ao enviar um telegrama por telefone, é proibido usar nomes judeus que precisem ser soletrados. Zweibrücken: negócios judaicos são proibidos de participar do próximo mercado anual. Judeus não podem possuir terra vendida por camponeses. Distrito de Bütow: camponeses são proibidos de vender seus produtos a comerciantes judeus. As seguintes organizações expulsam os membros judeus: associações de professores alemães, associações de ginástica e esporte, a Associação dos Acadêmicos Cegos Alemães, a Liga Alemã de Xadrez, a Liga do Reich de Escritores Alemães e as associações de canto. Jornais judaicos do exterior são proibidos. Estudantes judeus devem ter uma carteirinha amarela em vez da regular carteirinha de estudante marrom. Judeus são banidos da prática farmacêutica. Judeus são proibidos de frequentar as seguintes praias: Berlin-Wannsee, Fulda, Beuthen, Speyer e outras. Judeus não podem fazer parte do setor lotérico. Judeus não podem ser jóqueis. A menção de feriados judaicos em calendários oficiais e comerciais é proibida. Negócios judaicos são proibidos de exibir símbolos cristãos no Natal.[59]

Essas medidas transformavam em lei as ideias expressas na queima dos livros acerca da purificação da Alemanha do espírito judaico. Nas cerimônias de queima, os alemães contavam uma história do declínio recente da nação e da ressurreição que estaria ocorrendo. Goebbels foi sempre articulado com relação aos judeus: "Nesta hora da meia-noite, o maligno espírito do passado está confiado às chamas. É um ato forte, grande e simbólico...: aqui desaba a fundação espiritual da República de Novembro [a República de Weimar foi criada em novembro de 1918] e dessas ruínas surgirá vitoriosa a fênix de um novo espírito".[60] A história enfatizava a ocupação estrangeira e a resistência nativa: "Estamos nos livrando do jugo de um poder estrangeiro [ou seja, das influências judaicas], estamos nos levantando contra uma ocupação. Queremos nos libertar de uma ocupação do espírito alemão", declarou o professor Hans Naumann na cerimônia de Bonn.[61] Sob esse aspecto a queima dos livros propunha valores que não eram apenas nazistas, mas estavam de acordo com as opiniões conservadoras generalizadas na sociedade sobre como redimir a Alemanha.

Uma redenção nacional, não uma revolução racial, estava na mente dos participantes para ser celebrada dentro da tradição dos festivais nacionais alemães. A ideia de raça quase nunca apareceu nesses discursos e declarações. Isto é bem diferente do quadro pintado por uma teorização recente sobre uma noção de raça onipresente no Terceiro Reich desde o começo. De fato, no entanto, essa ausência faz sentido. A queima dos livros dizia respeito à redenção nacional e à criação de uma nova e moderna Alemanha pela rejeição das ideias representadas pelos verbetes *Weimar* e *Judeus*. É inconcebível achar que antes de se completarem quatro meses após 30 de janeiro de 1933, os alemães começassem a articular sua identidade em termos de raça, uma noção que já estava presente, mas não era dominante. Ninguém poderia articular uma ideia clara de um Terceiro Reich racial nesse período. Só com o tempo isso se tornaria parte proeminente da retórica nazista.

Arnold Zweig foi à Praça da Ópera para ver seus próprios livros queimarem. Nascido em 1887, ele ingressou no exército em 1914 com uma ardorosa crença na Alemanha e na guerra. Serviu em Verdun, uma das mais sangrentas batalhas da Primeira Guerra Mundial. Este patriótico sentimento nacional caracterizava os alemães judeus: 80% dos que serviram estiveram nas linhas de frente.[62]

Em 1916, 3 mil judeus tinham sido mortos em batalha e mais de 7 mil condecorados. Contudo, espalhou-se na sociedade alemã um preconceito persistente de que os judeus evitavam as linhas de frente e serviam na retaguarda para enriquecerem à custa dos "bons" alemães que derramavam seu sangue. Em outubro de 1916, o ministro da guerra legitimou esse preconceito ordenando um "censo judaico" no exército para determinar os efetivos de judeus no *front* e na retaguarda. O Reichstag e a imprensa protestaram. O censo nunca foi publicado e suas conclusões invalidaram a acusação. Sem dúvida, a publicação não teria alterado a opinião de nenhum antissemita. O evento teve um profundo impacto sobre Zweig, que jurou nunca mais lutar pela Alemanha. Ele escreveu um conto macabro, "Censo em Verdun", e tornou-se um pacifista antiguerra.

Agora, em 10 de maio de 1933, ficou das 9 da noite à meia-noite espremido entre milhares de espectadores alegres, que davam gritos de apoio. Queria ver a "queima dos livros no estilo de queima das bruxas". Durante toda a noite, "música mística, sombria, de tons melancólicos" foi entoada por alto-falantes escondidos. Depois de várias horas vendo as chamas devorarem livros, a multidão se cansou. A noite terminou com as pessoas cantando o hino nazista "Horst Wessel". "Fui o único entre milhares que não cantou nem levantou o braço quando as bandeiras suásticas passaram. Pensei: estou pouco me importando, mesmo se me lincharem. Não estou erguendo o braço e não estou cantando. Naquele momento ficou absolutamente claro para mim que já não era mais possível pensar em ficar [na Alemanha]. Tínhamos de partir. Para o melhor ou para o pior." Um pensamento inquietante penetrou sua mente: "Teriam contemplado as chamas com a mesma felicidade se pessoas vivas estivessem sendo queimadas".[63]

A queima dos livros implicou a quebra de um tabu moral, foi um ato de irreverência e a completa supressão dos adversários. Os escritores banidos possuíam com frequência uma visão penetrante do momento, que escapava aos participantes. Quando foi informado, por um amigo indignado, sobre a queima, dizem que Freud respondeu calmamente: "Só nossos livros? Que progresso! Em épocas mais antigas teriam nos queimado também".[64] Alfred Döblin, o festejado autor de *Berlin Alexanderplatz*, uma das obras-primas que emergiram da cultura de Weimar, observou: "Em 10 de maio haverá um auto de fé e acho que a parte judaica do meu nome também está lá, felizmente só na forma de papel".[65] Os autores antifascistas do *Brown Book on the Reichstag Fire and the Hitler Terror* [Livro Marrom sobre o Incêndio do Reichstag e o Terror Hitlerista] tiveram um senso de antecipação: "A queima não foi concebida como um ato simbólico: o ato reacionário dos fascistas alemães pretende queimar a palavra impressa que se opõe a eles, de verdade, não de uma maneira simbólica, na medida em que quer a destruição física dos que fazem circular e escrevem tal literatura antifascista".[66] Oskar Loerke, diretor da editora Fischer, anotou em seu diário de 27 de abril: "Em 10 de maio, livros serão publicamente queimados, simbolicamente seus autores".[67] "Oh, século! Oh, ciência!", gritou Goebbels na Praça da Ópera quando as labaredas se ergueram. "É uma alegria viver!"[68]

A conexão entre judeus e livros queimando trazia à mente imagens de origens históricas e de outro livro: a Bíblia. Joseph Roth nasceu em 1894 de uma família judaica em Brody, na região da Galícia, no Império Austro-Húngaro. Jornalista e romancista, traçou em seu trabalho o declínio do império e da cultura europeia. Em seguida à queima dos livros, escreveu apaixonadamente que o objetivo de Hitler era...

> ...queimar os livros, assassinar os judeus e revisar o cristianismo... Deus está com os derrotados, não com os vencedores! Na época em que Sua Santidade, o infalível Papa da Cristandade, está concluindo um acordo de paz, uma Concordata, com os inimigos de Cristo [Hitler e o papa assinaram uma concordata em 20 de julho de 1933], quando os protestantes estão fundando uma "Igreja Alemã" e censurando a Bíblia, nós, descendentes dos antigos judeus, ancestrais das culturas europeias, somos os únicos legítimos representantes alemães dessa cultura... Esse Terceiro Reich é apenas o começo do fim! Destruindo os judeus estão perseguindo Cristo. Pela primeira vez os judeus não estão sendo assassinados por terem crucificado Cristo, mas por terem-no produzido em seu meio. Se os livros de judeus ou supostos autores judeus são queimados, o que está sendo realmente jogado no fogo é o Livro dos Livros: a Bíblia.[69]

Também para Arnold Zweig, a queima dos livros estava ligada à Bíblia hebraica. Ele escreveu que "aquele que queima livros, queima também bibliotecas, bombardeia cidades desprotegidas, derruba com canhões e aviões templos e igrejas. A ameaça da tocha voando para a pilha de livros se aplica não aos judeus Freud, Marx ou Einstein, mas à cultura europeia".[70] Talvez Roth e Zweig tenham chegado a suas conclusões porque, ao contrário de outros alemães e europeus em 1933, sentiam, como judeus, que eram as vítimas mais vulneráveis, aquelas, como Roth observou, que estavam, "graças a Deus, a salvo de qualquer tentação de ficar, de alguma maneira, do lado dos bárbaros... Mesmo se houvesse em nossas fileiras um traidor que... quisesse concluir uma paz vergonhosa com os destruidores da Europa — ele nada poderia fazer!", pois os nazistas não o aceitariam.[71] Roth e Zweig encaravam a revolução nazista como um ataque a uma certa cultura europeia cuja essência eles acreditavam serem os judeus. E precisamente esta crença era compartilhada também pelos celebrantes da queima dos livros, só que com a moralidade invertida.

Em Breslau, uma cidade alemã e centro cultural do leste, durante a noite que se seguiu à queima dos livros, alguém introduziu uma nota pequena, subversiva, no cartaz que anunciava a cerimônia de queima na universidade: "Ao descarregar e queimar livros, não podemos esquecer da Bíblia".[72] Em maio de 1933, os nazistas e outros alemães não se atreveram a queimar a Bíblia hebraica. Mudariam de ideia?

CAPÍTULO 2

Origens, Eternas e Locais

As chamas dos livros queimados acabaram se extinguindo, mas o verdadeiro terror contra os judeus tinha apenas começado. Mesmo que a queima dos livros estivesse especificamente ligada à fundação política e ideológica do Terceiro Reich, desde o início os alemães imaginavam os judeus em termos que não podem ser reduzidos a eventos políticos, ideológicos, econômicos ou historicamente precisos. O manifesto *As Doze Teses* dos estudantes que organizaram as celebrações de queima declarava: "O judeu só sabe pensar de uma maneira judaica. Quando escreve em alemão, mente. Queremos erradicar a mentira. Obras judaicas só devem ser publicadas em hebraico. Se aparecem em alemão, devem ser identificadas como traduções. A escrita alemã só deve estar disponível para o uso dos alemães".[1] Os estudantes pediam que os judeus fossem proibidos de escrever em alemão porque qualquer contato entre o espírito alemão e um judeu contaminava e colocava em risco a própria fonte alemã. Esses argumentos antijudaicos vinculando os judeus a um mal abstrato, extremamente abrangente, tornaram-se mais prevalentes. Após 1933 e a vitória sobre o socialismo e o liberalismo, a perseguição aos judeus passou a ser imaginada sob formas que ultrapassavam movimentos políticos e artísticos definíveis.

Ao longo dessa jornada, que agora seguiremos, os nazistas perceberam os judeus de modo um tanto diferente de seus outros inimigos. Tinham se esforçado ao máximo desde os anos 1920 para mostrar, a partir da experiência e suposta evidência, os "crimes" de socialistas, comunistas e liberais inclinados para a esquerda. Mas os judeus enodoavam o espírito alemão, independentemente de suas intenções, pelo simples fato de escrever uma palavra em alemão: seus crimes não precisavam de evidência e comprovação tiradas da experiência. Ser judeu era um crime em si.

O oficial Kuh estava muito agitado: ia ingressar na SS. Havia apenas um pequeno problema. Precisava de um documento oficial mostrando que sua bisavó se convertera do judaísmo ao cristianismo, o que tinha acontecido há muito tempo, quando Napoleão dominava a Europa. Por esse motivo ele fez a longa viagem a Breslau, onde procurou a ajuda do rabino Bernhard Brilling, arquivista da comunidade judaica, para encontrar a prova da conversão. A nova identidade alemã no Terceiro Reich requeria que os arianos documentassem a pureza de sua linhagem.

Em seguida a recentes ataques nazistas, a comunidade judaica de Breslau ficara muito ativa. Judeus que tinham sido expulsos de associações cívicas locais formavam novas entidades e os jovens estavam pensando em partir, muitos para a Palestina. Uma instituição, no entanto, floresceu de forma surpreendente e inesperada: o arquivo. Sua atividade aumentou substancialmente graças às pesquisas de funcionários nazistas e aspirantes a cargos no exército, no partido e no governo que tinham de provar a ascendência ariana. Felizmente para o oficial Kuh, o rabino Brilling encontrou os documentos apropriados. A carreira de Kuh na SS brilhava no horizonte. Contudo, ainda existia um obstáculo: fora constatado que sua bisavó se convertera em 1802. Dois anos tarde demais para as autoridades da SS, que estabeleceram 1800 como data limite. E assim Kuh, pensando numa empolgante carreira futura e reconhecendo o bom trabalho do arquivista, pediu que Brilling alterasse a data para 1798.[2]

O oficial Kuh tinha certeza absoluta de uma coisa: embora os nazistas ansiassem pelo sonho demasiado humano, embora impossível, de uma identidade fixada por toda a eternidade, a ideia que faziam de raça era de fato instável, pouco definida, e, como "ciência", cheia de falhas. As pessoas com frequência imaginam raça como uma definidora rígida de identidade que, via biologia e sangue, separava claramente grupos humanos. Mas na realidade as coisas são muito diferentes. A ideia de raça no Terceiro Reich era o alicerce ideológico da civilização nazista, mas era também flexível; requeria documentação, porém, mais importante que isso, apelava à imaginação. A ideia nazista de raça colocava os alemães individual e coletivamente em busca de suas origens, transmutando a noção de raça *na* metáfora das origens no Terceiro Reich.

Fazendo da raça a ideia principal na Alemanha, os nazistas transformaram a noção das origens no aspecto fundamental de suas políticas e crenças. A raça, como a propaganda nazista declarava dia e noite, era "a eterna fonte, da qual o povo tirava sua força".[3] O *Catecismo Nacional Alemão*, publicado em 1934 para instruir a nova geração, era claro: "Qual é o significado de 'raça'? A palavra 'raça' deriva provavelmente do latim radix = raiz. Portanto a raça é para cada pessoa a raiz e a origem da essência interior e da aparência física".[4] Os nazistas baseavam suas ideias raciais numa visão de mundo biológica que afirmava que a história da humanidade é uma história de conflito racial (em oposição à história de luta de classes de Karl Marx e de liberdade individual de Thomas Jefferson) e que as características dos grupos raciais e seus membros eram predeterminadas e não podiam ser fundamentalmente alteradas. Peritos raciais deixavam algum espaço para a evolução e transformação, mas asseguravam que os traços raciais básicos dos grupos, como arianos e judeus, não podiam ser alterados, pois sua criação na gênese da história humana definia para sempre uma especificidade positiva ou negativa.

No Terceiro Reich, a prova individual e coletiva de origem tornou-se uma questão cotidiana de vida ou morte. Em 1936, os nazistas introduziram o *Ahnenpass*, ou passaporte racial, que fazia o registro autenticado dos nascimentos, casamentos e mortes de membros da família para confirmar a linhagem ariana.[5] A genealogia se tornou uma atividade caseira. Os alemães pesquisavam suas origens em registros da igreja e do Estado, em arquivos estatais e bibliotecas, em registros de guildas e até mesmo em catálogos de telefone, formando arquivos de família e reconstruindo as origens familiares para comprovar a pureza de sangue individual, que garantiria a inclusão na comunidade nacional. Os judeus, por seu lado, não deviam esconder as origens: uma das primeiras leis antijudaicas de 3 de abril de 1933 determinava que os pedidos feitos por judeus de mudança de nome deviam ser submetidos ao Ministério da Justiça para impedir o acobertamento das origens. Em 13 de maio, uma nova lei proibiu inteiramente a mudança de nome. E esse é também o sentido da legislação nazista nos anos seguintes acerca de registros e arquivos judaicos: registros legais relativos a questões de origens raciais e genealogia tinham de ser preservados (1935); o material do arquivo estatal prussiano sobre a história do judaísmo nos séculos XIX e XX só podia ser consultado com autorização do chefe de governo da Prússia (1936); todos os documentos sobre a influência de judeus na sociedade, Estado e cultura tinham de ser preservados (1937); todas as comunidades e instituições do Reich tinham de comunicar seus acervos de livros sobre judeus e pesquisa judaica (1938); e na Baviera os judeus não podiam levar materiais de arquivos judaicos para fora do estado, enquanto todo material de arquivo judaico tinha de ser entregue às autoridades do arquivo regional (1938).[6]

Os nazistas usaram a ideia de raça para contar uma história das origens nacionais e o oficial Kuh tinha a história com clareza em sua mente. O fundamental não era que ele fosse 100% ariano conforme as regras da SS, pois essas regras podiam ser contornadas e por ninguém menos que um rabino: o fundamental era que a ideia nazista de raça, consistindo de um passado alemão desde tempos imemoriais, explicasse e justificasse uma certa existência nacional alemã sem judeus (assim como sem outros grupos). Era esta a consequência efetiva das ideias raciais antijudaicas do Terceiro Reich, quer a bisavó de Kuh tivesse se convertido em 1798 ou 1802.

O estonteante ano de 1933 veio e se foi e a tomada nazista do poder se abriu para 1934 e 1935, anos de consolidação nazista e ampliação do poder. Sebastian Haffner estava se preparando para deixar Berlim no verão de 1933. "De minha parte, tinha a sensação de já ter partido. Mais alguns meses e estaria em Paris — nunca considerei a possibilidade de retorno. Era apenas um período de espera. Não tinha mais importância." Ele descreveu o estado de ânimo que tomava conta do Terceiro Reich: "As emoções se tornaram menos intensas no decorrer do verão, a tensão diminuiu, mesmo o sentimento de repulsa enfraqueceu. Tudo estava coberto por uma nuvem narcotizante. Para muitos, que tinham de permanecer na Alemanha, era um momento de aclimatação, com todos os seus perigos". Anos mais tarde, ele retornaria.[7]

Christopher Isherwood estava se preparando para encerrar sua memorável estadia em Berlim e, em seu último dia na primavera de 1933, escreveu:

> Hoje o sol brilha intensamente; está quente e bastante agradável. Vou dar meu último passeio matinal, sem sobretudo ou chapéu. O sol brilha e Hitler é senhor desta cidade. O sol brilha e dezenas de amigos meus... estão na prisão, possivelmente mortos... Vejo de relance meu rosto na vitrine de uma loja e fico horrorizado ao ver que estou sorrindo. Não se pode deixar de sorrir com um tempo tão bonito. Os bondes sobem e descem a Kleiststrasse, como de hábito. Eles e as pessoas na calçada... têm um ar de curiosa familiaridade, de notável semelhança com algo que recordamos como normal e agradável no passado — é como uma fotografia muito boa. Não. Mesmo agora não consigo acreditar inteiramente que algo assim realmente aconteceu.[8]

Era difícil acreditar porque a realidade nazista se estabeleceu com muita firmeza, com muita rapidez. Em 2 de agosto de 1934, o presidente Hindenburg morreu. Hitler usou a ocasião para combinar os cargos de presidente e chanceler, assim como para assumir um comando pessoal das forças armadas. Adotou o título de Führer (líder) e chanceler do Reich. Agora funcionários públicos e oficiais do exército tinham de lhe prestar votos pessoais de obediência. Algumas semanas antes, em 30 de junho, Hitler tinha garantido o apoio do exército para o Terceiro Reich. Na Noite das Facas Longas, forças de elite da SS mataram Ernst Röhm e a liderança da SA, que se tornara uma organização massiva, indisciplinada, que clamava por uma segunda revolução, uma revolução social com características de esquerda, e pela abolição do corpo privilegiado de oficiais em prol de uma milícia popular encabeçada pelos próprios comandantes da SA. Hitler não tinha paciência para promover uma segunda revolução porque procurava estabilidade doméstica e o apoio do exército para sua guerra futura. Cerca de uma centena de líderes da SA e vários outros opositores do regime morreram no expurgo e, em troca, a liderança conservadora do exército concordou que Hitler se tornasse comandante do estado maior das forças armadas.

Ao mesmo tempo, a economia alemã, juntamente com outras economias na Europa e na América do Norte, começou lentamente a emergir da Depressão. O maciço programa de rearmamento de Hitler, já evidente em 1934, criava fartura de empregos e o número de desempregados caía. Para o alemão médio que não fosse membro de um grupo perseguido, as coisas pareciam estar melhorando. A estabilidade política substituía os caóticos anos finais da República de Weimar, a alegada ameaça de uma revolução comunista fora afastada e a economia estava acelerando. Além disso, a dissolução fragmentada do odiado Tratado de Versalhes, que impôs obrigações severas à Alemanha após a Primeira Guerra Mundial, reforçava a popularidade do regime e o sentimento nacional. Em janeiro de 1935, depois de um plebiscito, o território do Sarre, entre a Alemanha e a França, retornou à jurisdição alemã. Dois meses mais tarde, em março, o programa de rearmamento, uma flagrante violação do Tratado de Versalhes, foi tornado público. Um ano depois, em março de 1936, tropas alemãs cruzaram o Reno para ocupar a margem esquerda desmilitarizada, de novo num claro desafio a Versalhes. Estas ações unilaterais provocaram apenas críticas limitadas no exterior. A popularidade do regime subia vertiginosamente. Hitler era venerado. "A primeira coisa que minha correspondente alemã fez quando lhe mostramos seu quarto", relata um escritor na Inglaterra em 1936, "foi fixar um retrato de Adolf Hitler acima da cabeceira da cama".[9]

As coisas podiam estar melhorando, mas as políticas contra os judeus só se intensificavam. Violências populares de rua antijudaicas eram ocorrências diárias nas localidades alemãs. Uma barragem de leis fazia discriminação contra judeus e rapidamente tornou impossível que eles participassem da vida social comum. Fundiam-se os sentimentos populares vindos de baixo e políticas do regime vindas de cima, tornando possível imaginar uma Alemanha sem judeus.

O oficial Kuh conseguiu entender outra coisa, igualmente importante: embora a ideia nazista de raça estivesse baseada numa visão de mundo biológica afirmando que grupos raciais tinham características predeterminadas, a ideia continha um forte componente religioso. Em 18 de agosto de 1935, um grupo de tropas de choque de Bamberg entrou num concurso de propaganda para conquistar a honra de participar da próxima concentração anual do Partido Nazista em Nuremberg. Uma fotografia os mostra num caminhão ostentan-

do uma faixa que dizia: "É irrelevante no que o judeu acredita, pois o caráter velhaco se encontra na raça". Raça dizia respeito a biologia e caráter imutável.

Mas numa competição similar em Recklinghausen, também captada por uma câmera e realizada naquele mesmo dia, outra faixa dizia: "Conhecer o judeu é conhecer o Diabo".[10] É precisamente essa mistura de metáforas raciais e religiosas das origens que dava ressonância ao antissemitismo no Terceiro Reich, como já vimos no texto de Keller e Andersen no livro *O Judeu como um Criminoso*. Em princípio, o antissemitismo racial contradizia a doutrina religiosa porque o objetivo do cristianismo era, em última análise, converter judeus, não matá-los, enquanto o nazismo rejeita a possibilidade de redenção para judeus. Mas há sempre uma diferença entre doutrinas abstratas, sejam elas raciais, religiosas ou de qualquer outro tipo, e a forma como são experimentadas na vida real. Os credos são com frequência apresentados de modo bem claro, enquanto as vicissitudes da vida diária geralmente impõem uma série de compromissos e ajustes. Na verdade, a identidade racial no Terceiro Reich era um conglomerado de variadas identidades que criavam um todo maior que a soma de suas partes.

Os judeus estavam representados em termos do presente e do passado, coma raça e o demônio muito bem mesclados. Grandes faixas nas ruas declaravam que "conhecer o judeu é conhecer o Diabo", enquanto na entrada de um povoado, numa pequena capela católica à beira da estrada, perto de uma

imagem de Cristo, havia uma tabuleta resumindo a exclusão racial nazista: "Judeus não são bem-vindos aqui" (página 108). A abordagem que encara a ideologia racial como hegemônica nas crenças nazistas compreende esses *slogans* meramente como uma tentativa de "apelar para sentimentos religiosos", presumindo assim que os nazistas não eram religiosos ou que usavam a religião como mero veículo de manipulação ou que as crenças religiosas expressas pelos nazistas não eram autênticas.[11] Todos esses argumentos excluem a possibilidade de que muitos nazistas simplesmente não "apelavam" para crenças religiosas, mas viam o nazismo mesclando raça e cristianismo como elementos da identidade nacional alemã.

Quando, em seguida à estabilização do regime, a liderança se decidiu a definir categorias raciais nas famigeradas Leis Raciais de Nuremberg, de setembro de 1935, origens religiosas e históricas, não a ciência, passaram a identificar quem era ariano. Os alemães foram classificados segundo um dentre quatros grupos: alemães, com quatro avós arianos; judeus, com três ou mais avós judeus; meio-judeus de primeiro grau, com dois avós judeus e meio-judeus de segundo grau, com um avô judeu. Os arianos só podiam ser descritos pela ausência de sangue judeu, uma definição negativa. É um erro ver esta definição como absurda e uma paródia de nazismo afirma que as categorias biológicas não relacionadas com religião definiam a pertinência judaica porque esta visão é uma compreensão demasiado estreita do racial assim como da identidade nazista. O historiador Richard Evans, ao discutir a questão de raça e religião nas Leis de Nuremberg, define as leis como "arbitrárias", levando "ao absurdo as afirmações científicas sobre a importância da raça e do sangue para determinar a identidade judaica ou alemã".[12] Isto presume que o racismo nazista tinha um sentido simples, até mesmo estável, enquanto na verdade combinava presunção científica com tradições nacionais e religiosas antijudaicas para dizer algo que se referia não fundamentalmente a biologia e raça, mas a identidade.

A ideia racial nazista incluía não só elementos de origens religiosas, mas também de origens nacionais. Desde a unificação em 1871, a ideia de *Heimat* ou terra natal se tornara a mais nova metáfora para raízes na sociedade alemã, para a sensação de estar em casa onde quer que se encontrasse a *Heimat* alemã — a terra natal, a região ou a própria cidade de nascimento da pessoa.[13]

A mescla de ideias raciais e da *Heimat* no Terceiro Reich é uma excelente ilustração do modo como os nazistas faziam parte e se colocavam no interior da tradição alemã enquanto construíam uma coisa nova. A palavra *Heimat* não é facilmente traduzível para a nossa língua; ela denota um vínculo emocional a um território concebido como torrão natal, seja uma pequena localidade ou uma pátria grande e abstrata. Representava a suprema comunidade alemã de pessoas que tinham uma relação particular umas com as outras, compartilhando um passado e um futuro, e projetava a ideia de origens alemãs imemoriais. Ao chamar de *Heimat* sua comunidade, sua região e a nação como um todo, os alemães experimentavam os sentimentos imediatos e familiares associados à comunidade e os projetavam para as áreas mais amplas da região e nação. A ideia da *Heimat*, então, transformava a nação numa ideia íntima, acolhedora, repleta de sentimentos amáveis.

A ideia da *Heimat* consistia de três elementos — história, natureza e folclore, ou etnografia — que eram disseminados através de diferentes criações culturais. Algumas das mais importantes eram os livros da *Heimat*, publicados pelas comunidades para divulgar sua singularidade na história nacional e local; os estudos da *Heimat*, que entraram nos currículos escolares na década de 1890; os museus da *Heimat*, instituídos por toda a Alemanha, da metrópole de Berlim a pequenas cidades provincianas; e um grande número de associações que cultivavam e propagavam a ideia da *Heimat*, como as sociedades locais de embelezamento e associações históricas, as associações regionais da *Heimat* e, desde 1904, a Liga Alemã para a Proteção da *Heimat*, de âmbito nacional, que assim acrescentava continuidade social e regularidade à ideia. O conhecimento da *Heimat*, combinando história, natureza e folclore, era chamado *Kunde*, uma mescla de conhecimento e sensibilidades. A ideia da *Heimat* dizia sempre respeito antes a sentimentos que a fatos.

Misturando fatos e narrativas literárias, a ideia da *Heimat* dava aos alemães raízes locais e nacionais num mundo sempre em mudança. As histórias da *Heimat* representavam a nação como uma construção em três níveis de modos de vida locais, regionais e nacionais. Vamos tomar, por exemplo, a região de Württemberg no sul da Alemanha e seu povo, os suábios. Um exemplo clássico do modo de pensar em três níveis foi o estudo do dialeto suábio. A língua encarnava a singularidade suábia, segundo um livro *Heimat* publicado em Württemberg: "A língua do nosso povo proporciona um dos meios mais importantes para conhecer sua peculiaridade... [Nossa língua] ainda flui nas localidades de nossa *Heimat* com sua mistura de força, originalidade, nativismo e simplicidade".[14] O primeiro volume do dicionário suábio, publicado em 1904, simboliza esta singularidade. Ao mesmo tempo, a língua personifica a germanidade. O editor do dicionário, Hermann Fischer, declarou na introdução que a história do dialeto suábio era parte da história da filologia alemã.[15] A nação lembrava a boneca russa matrioshka, visto que acomodava e integrava versões menores de si mesma: as áreas de Württemberg tinham diferentes dialetos; juntos, formavam o dialeto suábio; e todos os dialetos regionais constituíam a língua alemã. Construções similares ocorriam com relação à comida, dança e assim por diante. O folclore *Heimat* unia gerações enfatizando a longevidade, real ou inventada, de tradições, conectando assim passado e presente. Em tempos de mudança tecnológica, encontrar as raízes significava dar sentido à modernidade.

Uma instituição-chave para visualizar as origens locais e nacionais era o museu *Heimat*. Na década que precedeu e na que sucedeu 1900, mais de 350 desses museus foram abertos em metrópoles e em médias e pequenas cidades por toda a Alemanha. Encarnavam, antes de mais nada, o que cada localidade tinha de especial. O passado, mesmo da menor comunidade, era digno de preservação e exibição, como os ativistas do museu em Oettingen, na Baviera, explicaram em 1908: "Embora alguns possam pensar que no Ries* não há objetos históricos a coletar, estamos ainda assim convencidos que mesmo aqui há uma grande quantidade de objetos históricos interessantes a encontrar e preservar".[16] Visto que os museus *Heimat* se tornaram o símbolo de identidade local, como poderia uma comunidade viver sem um deles? Os museus *Heimat* exibiam o passado em sua inteireza, da pré-história ao presente, como uma história das origens e da experiência da vida diária. Os ativistas do museu em Oettingen foram fiéis às suas palavras e coletaram "uma grande quantidade de objetos históricos interessantes": figuras heráldicas, documentos, desenhos, objetos de guildas, cerâmica e utensílios de cozinha, móveis, álbuns genealó-

---

* Donau-Ries é um distrito da Baviera. (N. T.)

gicos e "[artigos] diversos como" cadeados, fivelas de sapatos, colheres, facas e anéis.[17] Esses objetos, que enchiam os museus *Heimat* por toda a Alemanha, emanavam da vida das pessoas na comunidade — das esferas pública e privada, do lar, trabalho e família.

Contudo, o objetivo dos museus *Heimat* não era simplesmente contar a história de comunidades locais, mas dar sentido à nação como um todo. Ativistas dos museus afirmavam que a identidade nacional brotava da identidade local. O museu *Heimat* em Jever, na Friesland, fundado em 1887, foi aberto para "fazer avançar a arqueologia local e, através dessa atividade, o amor pela *Heimat* e pela pátria alemã".[18] Ao fundar os museus *Heimat* que representavam os passados alemães locais, os *Heimatlers* construíram uma tipologia do passado nacional. Embora cada história local fosse particular, essa história era apresentada por meio de objetos similares. Juntos, os museus *Heimat* por toda a Alemanha refletiam uma narrativa nacional que descrevia o "povo comum" em vez das elites, a vida diária em vez dos grandes acontecimentos históricos e a localidade como o lugar das origens da nação. Como fenômeno nacional, os museus *Heimat* dotaram assim a nação abstrata da tangibilidade da experiência local.

A ideia de *Heimat* transformou a localidade num conceito de nacionalidade. Permitindo que áreas locais e regiões enfatizassem sua singularidade histórica, natural e etnográfica, ao mesmo tempo que integrava todas elas, a ideia de *Heimat* foi um denominador comum da variedade. Equilibrou a pluralidade de identidades locais e as restrições impostas pelos imperativos de uma única identidade nacional. Deu à nação-Estado alemã, recentemente unificada em 1871, a auréola e a consagração de origens imemoriais.

Em 1933, a ideia de *Heimat* foi percebida como uma essência da germanidade. Para poderem reinvidicar estar representando a "verdadeira Alemanha", os nazistas, como todos os regimes alemães modernos, tinham de apropriar-se dela. Os nazistas associaram as ideias de origens raciais e origens no *Heimat*. Mantiveram a noção da comunidade alemã de passado, presente e futuro compartilhados, só que agora definiam *Heimat* em termos de raça, sangue e solo, como declarado por um membro da Associação de Professores Nazistas: "Sim, o sangue é uma substância, mas não no sentido falso, materialista, e sim no sentido de *Heimat*, solo e patrimônio racial".[19] Uma vasta literatura disseminava em poemas, romances e peças teatrais a ideia da *Heimat* racialmente pura. A história da *Heimat* e os estudos da *Heimat* combinavam "*Heimat*, parentesco, raça, Volk e Führer" numa mistura de fato e ficção sobre a história da comunidade racial alemã. Pois quando se tratava de questões de ideologia, os nazistas, como outros crentes na *Heimat* antes e depois deles, nunca se deixaram confundir pelos fatos. Os estudos da *Heimat* nas escolas começavam, assim, com Hitler como "Führer e mestre" e continuavam com a "raça nórdica" como "criadora e portadora da cultura da humanidade". Em última análise, a educação da *Heimat* visava, como esclareceu um livro-texto da *Heimat* em 1936, tornar "cada jovem alemão... um seguidor do Führer".[20]

Os nazistas usaram a ideia da *Heimat* não porque se tratasse de um conceito nazista *avant la lettre*, mas devido à sua existência na sociedade alemã como o ícone mais familiar para representar a identidade nacional. Desse modo, tornavam o Terceiro Reich algo mais fácil de aceitar, algo familiar e parte da tradição alemã. Na verdade, a edição de 1938 do *Catecismo Nacional Alemão* mencionado anteriormente foi rebatizada de *Pequeno Conhecimento Nacional*, em que a palavra *conhecimento* (*Kunde*) representava a mistura de conhecimento e sensibilidades na tradição da ideia da *Heimat*. Associando o *Kunde* da ideia de raça ao *Kunde* da ideia de *Heimat*, os nazistas associavam a nova Alemanha nazista à mais celebrada ideia de origens na cultura alemã e davam ao Terceiro Reich uma aura de intimidade.[21]

A força das ideias raciais na Alemanha nazista era precisamente sua aptidão para combinar diferentes modos de pensar, visto que raça se tornou uma metáfora de origem mesclando atributos raciais, religiosos e nacionais. Isso explica por que os alemães aceitaram a visão de mundo nazista, e se aceitaram como arianos, num tempo incrivelmente curto.

Raça, então, era uma fantasia sobre origens eternas. O argumento que se tornou lugar-comum dos estudiosos foi que o racismo nazista se voltava para a biologia e que os nazistas encaravam o racismo como cientificamente justificado. Isso é correto, é claro, mas havia mais no racismo nazista que biologia e ciência. O racismo nazista não se voltava primariamente para a biologia, mas para a ameaça criada pelo corpo para o espírito. A biologia, o corpo, era a matéria-prima, mas a questão essencial era como a matéria-prima afetava o espírito. Não era o corpo judaico em si que representava um perigo, mas o espírito judaico produzido por este corpo. A biologia e o espírito não podem ser separados mas, ao nos concentrarmos na biologia científica, limitamos nossa compreensão do significado das ideias nazistas. Para os alemães, a biologia era fundamentalmente uma categoria moral de certo e errado, devido ao modo, acreditavam eles, como ela determinava seu espírito ou, para usar uma terminologia corrente, sua cultura.

Os nazistas colocavam a categoria moral da biologia em nítido relevo em seus elaborados planos para a reorganização racial das sociedades alemã e europeia. A ideologia racial nazista estava disposta em três círculos concêntricos. Um memorando posto em circulação pelo ministério do interior em 18 de julho de 1940 dá uma ideia dos planos radicais concebidos pelos nazistas. Embora escrito nos primeiros meses da guerra, incluía ideias que já eram comuns nos anos de pré-guerra. Segundo esse documento, o círculo interior abrangia a transformação da sociedade alemã pela erradicação daqueles encarados como "forasteiros" ou "inaptos". Pedia a reorganização da sociedade alemã com base na adequação racial e no desempenho social e econômico. A sociedade era dividida em vários grupos que iam do saudável ao doente. O grupo mais baixo consistia de elementos "antissociais" a quem seria negada qualquer assistência social; eles seriam tratados segundo "medidas de política de população negativa", isto é, fome, deportação, trabalho forçado e, por fim, extermínio. A segunda categoria mais baixa consistia daqueles considerados "toleráveis"; para eles, era considerada a possibilidade de esterilização.[22] O memorando não se limitava simplesmente a mapear planos para o futuro, mas refletia políticas existentes: 70.273 alemães incapacitados mental e fisicamente, confiados à instituições, foram assassinados em seis câmaras de gás entre janeiro de 1940 e agosto de 1941.

Um círculo mais amplo abrangia as ambições nazistas de reestruturar a Europa e, especialmente, a Europa oriental, em função de parâmetros raciais. Uma guerra de dominação racial significava criar grupos inteiros de pessoas sem direitos, que existiriam em função de sua utilidade para a economia e a produção alemãs. Sociedades como a Polônia e a Rússia não seriam autorizadas a ter qualquer tipo de vida cultural, artística e criativa. Deportação, trabalho forçado e fome eram políticas-padrão, visto que a Europa oriental devia ser preparada para um reassentamento maciço de alemães. Finalmente, um círculo mais amplo, ainda numa escala universal, incluía a luta contra os judeus, eternos inimigos da humanidade, como essência e objetivo da ideologia racial nazista.

Esse elaborado plano de ação estava baseado não em provas científicas, rigorosas, mas em crenças morais. Segundo ele, a ideia de raça era bastante flexível. Ninguém detinha um direito autoral sobre o plano e é por isso que podia ser usado por tão diferentes elementos, fossem teólogos, cientistas, líderes políticos ou praticamente qualquer um, para significar coisas tão diferentes e às vezes também para significar diferentes coisas para as mesmas pessoas. O próprio Hitler definiu os judeus em *Mein Kampf*, escrito em meados dos anos 1920, como "um povo com características raciais definidas" e descreveu-os, cerca de 20 anos depois, como "uma comunidade de intelecto", uma "raça espiritual", não exatamente uma definição da ciência natural.[23] Significativamente, embora alguns nazistas estivessem interessados na aparência física dos judeus supostamente determinada pelas ciências naturais, a maioria dos alemães que tinham preconceitos contra judeus, incluindo os nazistas, estavam mais preocupados com o "espírito judaico" e a "mente judaica".

Tal visão era compartilhada por cientistas naturais. Johannes Stark, um físico ganhador de prêmio Nobel que defendia uma física ariana e se colocava a favor de princípios racistas nas ciências naturais, explicou num ensaio de 1937 publicado no jornal oficial da SS, *Das Schwarze Korps*, que a vitória do "antissemitismo racial" virá quando "destruirmos a mente judaica, que hoje pode florescer mais serenamente que nunca desde que seu hospedeiro possa mostrar a prova mais impecável de linhagem ariana".[24] Stark associava com facilidade as ideias de raça, origens históricas e a mente judaica. Hitler articulou uma ideia semelhante quando combinou, num discurso para estudantes de Berlim em 7 de fevereiro de 1934, as noções de ariano, racial, espiritual e origens históricas, falando sobre os "frutos desse espírito ariano que, proporcionando as raízes da cultura..., concedeu ao mundo inteiro a fundação geral de nossa cultura, nossas fundações verdadeiramente humanas através dos milênios, sobre as quais a história derramou luz".[25]

Havia dois tipos de ciência no Terceiro Reich, conectadas mas não idênticas.[26] Uma procurava legitimamente verificação baseada na evidência e mensurações e guiada pelos padrões atualizados de sua área. Os cientistas alemães durante o Terceiro Reich foram assim os primeiros a descobrir o elo causal entre o fumo e o câncer de pulmão e a reconhecer o perigo para os fumantes passivos, assim como a documentar os efeitos perigosos do amianto.[27] Mas outro ramo da ciência procurava provar as ideias raciais nazistas, conformando-se a imperativos ideológicos. Peritos raciais viam na "evidência" o que já tinham formulado antes que a pesquisa tivesse começado. Atuando em instituições de pesquisa, investiram enormes recursos e energia intelectual para determinar cientificamente quem era judeu e quem era ariano, uma questão que simplesmente não pode ser respondida em termos biológicos, genéticos.

Os cientistas eram com frequência frustrados por sua incapacidade de explicar os supostos mecanismos biológicos que davam suporte à diferença racial entre judeus e arianos. Otmar von Verschuer era um renomado patologista e, desde 1935, diretor do recém-fundado Instituto da Biologia Hereditária e Higiene Racial da Universidade de Frankfurt; Josef Mengele foi um de seus alunos mais talentosos. Numa aula em 1938 sobre a predisposição dos judeus a doenças, Verschuer observou num tom contrariado que os resultados eram estabelecidos via dados estatísticos, não através de "evidência" biogenética. Verschuer continuou sua pesquisa. Em 1942 tornou-se diretor do prestigiado Instituto de Antropologia Kaiser Wilhelm. Pouco depois, na primavera de 1943, Mengele ganhou um novo cargo em Auschwitz. O empenho em encontrar prova genética para características raciais de judeus e arianos levou Verschuer a colaborar com os experimentos médicos de Mengele. Em março de 1944, escreveu à Fundação de Pesquisa Alemã que financiava sua pesquisa: "Meu assistente, dr. Mengele... associou-se a mim neste ramo de pesquisa. Está atualmente lotado como SS-Hauptsturmführer [capitão] e médico de campo no campo de concentração de Auschwitz. Com a permissão do SS-Reichsführer [marechal-de-campo, Heinrich Himmler], investigações antropológicas dos mais diversos grupos raciais estão sendo conduzidas e amostras de sangue enviadas para serem processadas em meu laboratório".[28]

Peritos raciais geralmente manejavam a questão da prova com uma poderosa ferramenta: a narrativa. O mentor de Verschuer era o proeminente antropólogo racial Eugen Fischer, que em 1927 fundou o Instituto de Antropologia Kaiser Wilhelm. Em 1933, Hitler nomeou-o reitor da Universidade Friedrich Wilhelm, em Berlim, e mais tarde ele ingressou no partido. Em 1942, Fischer escreveu um longo ensaio intitulado "Antigo Judeu Universal", argumentando que o "judeu universal" era uma entidade racial coesa, unificada, de ininterrupta continuidade de tempos antigos à era moderna, cujo objetivo fora conquistar poder sobre o mundo. Esta fascinante hipótese estava baseada em 198 retratos de múmias egípcias dos séculos II e III d.C., algumas das quais, segundo Fischer, mostravam semelhanças a judeus. Ele concluiu que os retratos de múmias mostravam uma reconhecível "fisionomia do judeu universal... [que] se mantém até os dias de hoje". Ele de fato admitia que seu ensaio tinha problemas de evidência que colocavam em questão a validade científica de sua interpretação. Mas afirmava que uma explicação tão ousada poderia servir para estimular os estudiosos a procurar uma compreensão mais ampla e mais profunda do povo judeu.[29]

Contar histórias, em suma, era mais importante que fazer ciência. Os nazistas continuavam a acreditar em suas fantasias acerca dos judeus porque elas não requeriam fatos rigorosos. Usavam a ciência racial não como veículo para descobrir a verdade, mas como um moderno selo de aprovação para visões antijudaicas predeterminadas. É por isso que não viram problema, ao promulgar as Leis Raciais de Nuremberg, em definir os judeus usando um argumento histórico de linhagem genealógica. O ponto principal com relação a raça não era que ela estivesse baseada na ciência, mas que representasse origens nacionais alemãs.

De fato, mesmo que os termos *ciência* e *biologia* frequentemente evoquem atividade racional, calculada, cerebral, a melhor ciência também é sempre feita por elementos de arte, porque formulamos nossas hipóteses com base em nossos pontos de vista e preconceitos culturais (o mundo é plano ou redondo?) e porque o produto final é apenas uma interpretação da realidade, visto que ordenamos os fatos numa história sobre o mundo natural, uma narrativa. De fato a ciência é tanto um empreendimento poético quanto uma disciplina de pesquisa. É guiada por metáforas: pense, por exemplo, em termos tão atuais quanto *código genético, nuvem de elétrons, mapa do DNA* e *salto quântico*. Devemos ter uma inclinação poética, intuitiva, para acompanhar a pesquisa científica exata e contribuir para ela. Se esta é a condição da ciência séria, com muito mais razão se aplica à "ciência" racial nazista.

O resultado da noção nazista de raça como mistura maleável de elementos raciais, religiosos e da *Heimat* era que, em última análise, todo homem e mulher tinham sua própria ideia de raça num Terceiro Reich que estava obcecado com raízes históricas precisamente porque era revolucionário: o nazismo era uma visão de mundo orientada para o futuro, permeada pela noção de origens porque o novo mundo deveria ser construído sobre as ruínas de um mundo velho. Regimes e movimentos políticos novos olham com frequência para o passado como fonte de legitimidade para suas políticas e ideias. Os nazistas procuraram o conforto de raízes históricas na ideia de raça. Sua insistência, na verdade fanatismo, a este respeito estava ligada à insegurança geral acerca dessas raízes, já que o regime não podia recorrer a qualquer idade de ouro, como a Itália fascista de Mussolini, que se fundamentava no Império Romano, mas também relutava em cortar todos os laços com o passado, como a União Soviética de Lenin.

As histórias expressas por alemães na queima dos livros e na ideia de raça eram uma coisa só. Um novo começo provocava uma nova leitura do presente e passado da nação. Nas cerimônias de queima dos livros os alemães narravam o presente político e a transformação social da Alemanha, da democracia de Weimar à ditadura nazista. Na ideia de raça, contavam uma história do passado nacional desde tempos imemoriais. Esses pontos de vista eram complementares, dando ao Terceiro Reich uma nova narrativa nacional. Desde o início os nazistas expressaram o desejo humano de um recomeço e de ter uma história que correspondesse à mudança.

Ao pensar sobre raça, os nazistas desejavam uma identidade nacional estável, uma existência fixa no tempo que daria coerência a um mundo em rápida transformação, que se tornava cada vez mais complexo. Nada havia de incomum nesse desejo de ter uma sólida consciência de si mesmo e da coletividade: é humano e é uma das características essenciais da condição moderna, onde a história se move para a frente em tal velocidade que mesmo o passado de vinte anos atrás já parece distante e alheio. Vinte anos antes, em 1913, os alemães tinham vivido num império governado por um kaiser, num mundo que parecia mais simples e familiar. Desde então tinham experimentado em rápida sucessão a Primeira Guerra Mundial, a Revolução de 1918, a República de Weimar, a hiperinflação de 1922-1923, a Depressão e a ascensão dos nazistas. Nos anos finais da República de Weimar, experimentavam uma incerteza com relação ao futuro e o sentimento de serem continuamente assaltados por acontecimentos imprevisíveis desde 1914. A noção de raça deu à Alemanha uma aparente coerência e continuidade que se estendia pelo passado de não apenas duas ou três décadas, mas de vários milênios, na realidade até a aurora da humanidade.

Mas o desejo nazista de uma identidade nacional imutável se chocava com a essência da identidade e da modernidade, já que ambas são sempre constituídas de significados mutáveis. O sonho de uma identidade imutável é sempre impossível para qualquer um, sob qualquer ideologia ou visão de mundo, e para qualquer coletividade, pois as identidades são por definição sempre mutantes e multifacetadas. Quanto mais tentamos construir uma identidade fixa, uniforme e constante, mais entramos em choque com a realidade. O resultado da tentativa produziu um regime nazista de intensa incerteza e de um empenho contínuo e cada vez mais radical de fixar sua identidade, levando das perseguições aos extermínios.

É também importante assinalar que, embora os nazistas estivessem obcecados pela ideia de raça, que em teoria era transnacional e não limitada por fronteiras de Estados, o nazismo era um movimento nacional alemão que encarava outras nações europeias como subordinadas, mesmo aquelas nações de suposta linhagem racial similar, como a dos holandeses. Hitler não tinha intenções de formar um império igualitário, multirracial, multinacional, uma espécie de União Europeia racial. Suas conquistas deviam servir ao interesse nacional alemão. A ideologia racial nazista era uma ideologia nacional. A noção de raça era uma metáfora na tradição nacional alemã com a qual os alemães articulavam seu sentimento de nacionalidade. Houve outras metáforas de diferente peso político e cultural desde a unificação em 1871, como classe e tolerância liberal.[30]

Todos tinham uma noção de raça no Terceiro Reich e para os nazistas havia um grupo que não provocava incertezas, nem dúvidas, nem visões parciais, independentemente das definições de raça: os judeus. Em 1934 e 1935, o processo de isolamento e segregação social dos judeus continuou a toda velocidade. As leis promulgadas no nível do Reich eram importantes, mas particularmente injuriosas para os judeus eram as leis feitas por comunidades locais. Elas isolavam os judeus de seus hábitos e segurança cotidianos, transformando-os em párias da noite para o dia. O mais doloroso era o fato de as leis locais serem às vezes decididas por conhecidos e vizinhos que lhes eram familiares e que tinham assento em assembleias municipais, câmaras de comércio e outras instituições, como aconteceu em Hamburgo, onde em 1934 os judeus foram expulsos das associações civis.

1934. Judeus são proibidos de vender literatura nacional-socialista. A participação de atores judeus no teatro é proibida. Programas de rádio não deviam mencionar atividades econômicas que fossem conhecidas como negócios judaicos. Hessen: O Antigo Testamento é tirado do currículo de classes religiosas protestantes e as horas são adicionadas ao estudo do Novo Testamento. Bad Kissingen: os judeus são proibidos de usar as piscinas da cidade. Judeus não podem ser admitidos em escolas que treinem professores de dança. Mannheim: escolas recebem ordens para organizar turmas especiais para alunos judeus. Não se permite que os judeus estudem ciência veterinária. A Universidade Técnica em Darmstadt e a Universidade de Giessen não podem mais conferir o título de pós-graduação a judeus. Os judeus são excluídos de todas as seções do comércio de livros, fora os casos em que vendam apenas para judeus.

1935. Judeus são proibidos de exibir a suástica em seus apartamentos e lojas. A Lei da Receita proíbe que os judeus sirvam como consultores da receita. Dortmund: judeus são proibidos de usar as instalações locais de esporte. Frankônia: judeus não são admitidos em albergues da juventude. Giessen: judeus são proibidos de visitar o mercado de cavalos do outono. Lei do exército expulsa oficiais judeus do exército. A venda de jornais judeus nas ruas é proibida. Judeus proprietários de cinemas têm dois meses para vender seus negócios para arianos. Breslau: só alemães podem vender produtos no mercado anual de Natal local. Munique: é proibido alugar espaços para palestras e apresentações artísticas a judeus. Judeus são proibidos de citar advogados judeus, profissionais do judiciário e escritores em suas petições.[31]

Nem um dia se passava no novo Reich sem que algum aspecto da Questão Judaica fosse tratado de um modo ou de outro, fosse na legislação, propaganda ou política. "Penso que a maioria dos judeus terá de partir. *Herr* Goebbels prometeu mais uma vez no rádio que não descansará até que o último judeu tenha ido!", escreveu Betty Scholem a seu filho, Gershom, em 4 de julho de 1933, talvez com um sentimento de quem adquiria consciência.[32] As intenções do regime eram bastante claras. O Serviço de Segurança da SS (Sicherheitsdienst, SD), sempre um barômetro sensível acerca da Questão Judaica no Terceiro Reich, já em maio de 1934 escrevia que, para os judeus, a Alemanha se tornara "um país sem qualquer futuro".[33] Alguns dias e meses, como o 1º de abril de 1933, quando houve um boicote nacional a negócios judaicos, ou setembro de 1935, quando Hitler sancionou as Leis Raciais de Nuremberg, foram especialmente brutais. Outros foram mais tranquilos. Mas a trajetória global da política do regime era evidente.

Assim como cada homem ou mulher tinha sua própria ideia de raça no Terceiro Reich, cada um tinha sua ideia de como resolver a Questão Judaica, de Hitler até o último dos alemães. Alguns queriam remover os judeus da sociedade, mas deixá-los ficar na Alemanha, como uma minoria sem direitos, outros queriam que todos os judeus emigrassem. Alguns julgavam a campanha antijudaica moralmente aviltante e uma mancha chocante na cultura alemã, enquanto outros achavam que os judeus eram em geral culpados (era longa a lista de crimes possíveis a serem escolhidos), com exceção de seus colegas de escola, que eles sabiam, por experiência pessoal, que eram de fato caras bons.

Todos procuravam significados nas políticas antijudaicas, bem como um vislumbre dos dias a vir, para o futuro das relações judeu-alemãs, mas também para uma imagem do eu. A gama de opiniões era tão ampla que algumas hoje parecem quase ficcionais. Nikolas Kahlke, um veterano de guerra reformado, enviou cumprimentos, em 7 de abril de 1935, pelo aniversário de Hitler, combinando devoção pelo nazismo a uma opinião segundo a qual, embora fossem necessárias ações contra alguns judeus, nem todos os judeus estariam fora da redenção nacional:

> Que a Providência que o deu a nós,
> mantenha-o muitos anos conosco.
> Um Viva para o senhor, Führer.
> [...]
> O senhor destruiu os ratos [a "maré vermelha" do comunismo]
> o inimigo pendurado em nós,
> um Viva para o senhor, Führer.
> Mas o senhor estende a mão para os judeus
> Para os que querem sinceramente
> a prosperidade da Alemanha
> e sua Ressurreição.[34]

Felizmente, Hitler, uma dádiva do "Senhor" tinha "estendido a mão para os judeus".

Heinrich Herz era um judeu-alemão:

> Muito estimado sr. chanceler do Reich!... Estou me voltando para o senhor... pois minha intuição me diz que o senhor... não aceitará [a violência contra judeus]. Encaro os acontecimentos dos últimos anos cheio de admiração e confiança, e sou, no íntimo, um bom alemão que se preocupa com o bem-estar de seu país com cada fibra de seu ser. Mas apesar de toda essa admiração, uma gota de amargura se introduziu em meu coração... [a saber] o tratamento unilateral de milhares de meus companheiros de religião, cujo sentimento e pensamento são tão alemães quanto os meus. Como eu gostaria de ajudar a construir minha amada pátria, se ao menos me fosse oferecida uma oportunidade de fazê-lo... Sr. chanceler do Reich, use sua autoridade para nos dar esperança de que podemos voltar a viver. Eu lhe agradecerei milhares e milhares de vezes por isso.[35]

Herz, um artesão autônomo de Hamborn am Rhein, escreveu esta carta em 27 de abril de 1934. É quase comovente em sua ingenuidade, como é perturbadora por seu sentimento de recusa. Só um homem que se sentisse totalmente alemão poderia escrever uma carta assim, mostrando como era difícil para os judeus alemães compreender sua total rejeição. Muitos, contra todas as probabilidades, esperavam que a "verdadeira" Alemanha se revelasse; outros perdiam a esperança, mas carregavam uma profunda saudade da cultura alemã. Intelectuais judeu-alemães no exílio só se adaptavam com dificuldade a seus novos países e eram nostálgicos. Conservaram as melhores tradições culturais da Alemanha durante essas décadas dolorosas. Quando perguntaram a Erich Maria Remarque, autor exilado de *Nada de Novo no Front Ocidental*, se tinha saudades da Alemanha, ele respondeu: "Por que teria? Não sou judeu".[36]

Ninguém imaginou naqueles primeiros anos do Reich uma metrópole da morte como Auschwitz. Não devemos procurar 1943 em 1933. Mas desde 1933 o Terceiro Reich procurou meios de produzir uma Alemanha sem judeus. Para criar esse mundo, não bastava falar sobre ele. Ele tinha de ser imaginado e sentido. Esse mundo era criado nos corredores universitários da "ciência" nazista e pelos discursos dos ideólogos nazistas, mas era também criado por alemães de todas as posições sociais em sua vizinhança e localidades, por suas ações e suas emoções. Expulsar Heinrich Herz da sociedade alemã exigia, em última análise, uma decisão moral — pois eram os vizinhos e colegas de trabalho que o expulsavam — e, portanto, uma atitude que requeria algum tipo de justificativa moral e, em consequência, de compromisso emocional. A força dessa fantasia não estava em seu valor científico, que era de qualquer forma obscuro para a maioria dos alemães, mas na ressonância emocional. Pois crenças e ações antijudaicas no Terceiro Reich giravam inteiramente em torno de emoções, da ideologia mesma da ciência racial à muito concreta e caótica brutalidade nas ruas.

E assim a ideia abstrata de origens raciais era concretizada nas ruas tangíveis das comunidades alemãs que proporcionavam os espaços imediatos para as pessoas se livrarem dos judeus. Registrando em seu diário o terror antijudaico em Munique de 9 e 10 de março de 1933, o jornalista e socialista Walter Gyssling escreveu:

> E isso continua durante horas. Cada notícia terrível é seguida por outra. Não consigo mais suportar e saio de casa. Mas seria inútil imaginar que encontraria paz. Na rua é pior. Diante dos meus olhos, tropas de choque, espumando como animais histéricos, acossam um homem em plena luz do dia enquanto o chicoteiam. Ele

não usa sapatos nem meias, nem paletó nem calças, só uma camisa e uma ceroula. Há um cartaz pendurado em seu pescoço com a inscrição: "Eu, o judeu Siegel, nunca mais registrarei uma queixa contra os nacional-socialistas".[37]

Michael Siegel era um destacado advogado que, em 10 de março, foi à sede da polícia para interceder a favor de um cliente judeu. De alguma forma ele conseguiu escapar da multidão, encontrar um táxi e chegar em casa. Siegel e a esposa partiram da Alemanha para o Peru no final de agosto de 1940; os filhos tinham partido para a Inglaterra no ano anterior.

A violência pública, desenfreada, visceral contra os judeus se tornou um componente básico nos anos que se seguiram à tomada do poder. Violência de vizinhos, onde os perpetradores conheciam as vítimas, era comum. A presença de judeus provocava espancamentos e cusparadas. Os nazistas cortavam as barbas e raspavam a cabeça dos judeus ortodoxos; faziam tumulto diante de negócios judaicos. Em Harpstedt, perto de Bremen, as mercearias locais se recusavam a vender alimentos para as três famílias judaicas locais, que eram forçadas a viajar até Bremen para conseguir provisões.[38] O objetivo de tais atos era humilhar os judeus em público para todos verem. Seria um erro subestimar a violência como simplesmente produzida por hordas ignorantes, turbulentas, ou ordenada de cima pela liderança do regime. Embora as posturas públicas fossem moldadas pelas pressões que emanavam do regime, havia espaço considerável para a opção e ação individual. A violência também emanava de sentimentos populares e era perpetrada por alemães de todas as camadas sociais. Nenhum homem ou mulher era punido no Terceiro Reich por deixar de agir brutalmente contra seu vizinho.

"Na rua é pior... [homens] espumando como animais histéricos": esse depoimento breve, intenso, indica as emoções embutidas nas ações antijudaicas naqueles anos estonteantes.[39] O que os alemães comunicavam emocionalmente nesses atos era tão significativo quanto o que diziam em palavras; com frequência era até muito mais significativo. Ações sociais têm sentidos que não podem ser plenamente articulados nas palavras de seus participantes, sentidos que não começam e terminam com as alegações de participantes e com suas linhas de raciocínio explícitas. As pessoas nem sempre dizem a si mesmas por que fazem certas coisas, especialmente quando os atos são moralmente transgressores, como também nem sempre sabem articular por que as fazem. É por essa razão que a noção de ideologia racial não pode ser encarada como explicação suficiente para a imaginação nazista. Precisamente porque falavam sobre sua ideologia, o que os nazistas e outros alemães deixavam por dizer, mas executavam em ações violentas, é revelador.

O ódio e a crueldade desenfreados eram as emoções mais visíveis. Eram expressos abertamente por toda parte na Alemanha daqueles anos, seja em sentido figurado, como na queima de livros, ou fisicamente, como quando um homem da SA, lembrado por Gyssling em seu diário, atacava um judeu, gritando: "Passamos fome por catorze anos [durante Weimar] enquanto vocês, seus judeus sujos, tinham escondido o dinheiro'... literalmente arrancando seu braço".[40]

O escárnio era expresso em ações antijudaicas que tinham uma atmosfera carnavalesca, como quando os livros eram carregados até a pira em carroças puxadas por bois ou quando Siegel foi forçado a andar pelas ruas descalço e quase nu. Subjacente à crueldade e ao escárnio havia uma atitude arrojada, uma agressividade desafiadora e segura com relação a judeus e qualquer um que os defendesse. Essa atitude não vinha simplesmente de um sentimento de perversidade e autoconfiança mas, ao contrário e com frequência, de uma mistura de convicção na justificativa das ações contra os judeus e de um senso de mal-estar, fosse por causa de inibições morais, crenças religiosas, educação ou repulsa pela violência.

Uma razão para a importância do elemento público das ações antijudaicas é que, para provocar um impacto, para impelir as pessoas à ação, as emoções tinham de ser vistas e tornadas visíveis. Os nazistas e outros alemães construíram uma "comunidade emocional" que afirmava ligar o indivíduo à coletividade com base em sentimentos antijudaicos.[41] Tornavam-na visível para afirmar seu direito de falar em defesa da identidade nacional, de convencer outros e intimidar os que ainda não tivessem se convencido. Estas ações representavam as novas relações de poder na Alemanha pós-1933: os nazistas excluíam não apenas judeus, mas também alemães que se recusavam a se associar. Para judeus como Herz, a criação de uma comunidade emocional antijudaica nacional doía mais porque eles tinham acreditado fazer parte da Alemanha. Para outros alemães, ela trazia uma clara advertência sobre as fronteiras da identidade nacional nazista.

Também outras emoções eram expressas em ações antijudaicas. Eram discretas, subterrâneas e por essa razão talvez mais significativas. O medo é ubíquo: a obsessão com raça revelava uma atmosfera de medo de contaminação e de identidade instável em constante perigo. O poder atribuído aos judeus como criadores do liberalismo, bolchevismo, capitalismo e qualquer outra coisa no meio disso era uma fantasia sustentada pela ansiedade.

Subjacente ao medo havia um sentimento de inveja que impulsionava grande parte do rancor. Alguns alemães eram motivados por inveja de classe e *status*, como articulado por um orador numa cerimônia de queima de livros que, num tom ressentido, atacou os intelectuais que "afirmavam ser o espírito alemão, a cultura alemã, o presente alemão e o futuro alemão".[42] Outros eram motivados pela inveja do sucesso dos judeus em universidades e profissões liberais. Subjacente aos ataques havia uma inveja do poder e autoridade atribuídos em primeiro lugar aos judeus. A obsessão com os judeus era resultado não de uma crença nos judeus como fracos e insignificantes mas, ao contrário, da crença em seus incríveis poderes.

Pairando sobre tudo isso havia um senso de transgressão moral e vergonha que acompanhava grande parte da violência de rua contra os judeus. Desde o início, a campanha contra os judeus mesclava extrema brutalidade e profundo mal-estar, refletindo o sentimento dos alemães de que a perseguição aos judeus não era exatamente a mesma coisa que a perseguição a outros grupos. É por isso que os alemães agiam publicamente contra os judeus: para fortalecer o eu e construir uma comunidade emocional que desafiasse esta sensação interna de transgressão.

Os nazistas e outros alemães estavam muito atemorizados com a rápida sucessão dos acontecimentos após 1933 e procuravam um sentido. O psiquiatra e psicoterapeuta Carl Jung, que avaliou positivamente o nacional-socialismo nos primeiros anos do regime, relata que, quando visitou a Alemanha, provavelmente no verão de 1933, foi "consultado por algumas lideranças nazistas que queriam que eu permanecesse lá e um deles chegou a dizer que me prenderia para que eu fosse forçado a ficar. Mas por quê? Eu disse: 'Não sou político, sou um psicólogo, o que tenho a ver com a iniciativa de vocês?' E ele respondeu: 'Exatamente, você é um psicólogo, está fora de toda essa coisa, por isso é o homem que poderia nos dizer o que estamos fazendo'".[43]

Os alemães eram membros, a um só e mesmo tempo, de várias comunidades emocionais e algumas eram opostas e mesmo contraditórias. A pessoa poderia ser, por exemplo, uma mulher originária da classe média, uma católica da Baviera e uma antissemita: cada uma dessas identidades refletia uma diferente comunidade emocional. De modo similar à sobreposição de identidades, as emoções são multifacetadas, inconstantes e negociadas. A comunidade emocional antijudaica era uma entre outras nos primeiros anos do Terceiro Reich, embora fosse mais importante que a maioria delas porque recebia o apoio energético do Estado, tocava em todos os aspectos da vida e era exibida regularmente em público. Mas a perseguição aos judeus produzia emoções concorrentes. A satisfação emocional pelas realizações nazistas se chocava com um sentimento de apreensão ante o poder dos judeus e a violência e fanatismo geral do Terceiro Reich. Afinal, queimar livros em universidades não costuma ser associado a uma cultura nobre.

Naturalmente, as emoções são absolutamente individuais; os grupos sociais não podem sentir ou recordar, assim como não podem comer ou dançar. E no entanto, nossas emoções, como nossa memória e sonhos mais íntimos, originam-se dos símbolos, cenário, práticas e língua que são compartilhados por uma determinada sociedade. Como a criação de emoções, pessoais e coletivas, está embutida num contexto cultural, social e político específico, podemos investigar como as pessoas dão sentido às suas emoções e as usam. Elas têm consequências, como quando emoções antijudaicas moldavam um sentimento de integração e de fronteiras.

Em suas violentas ações públicas antijudaicas, os nazistas criavam uma visão do mundo além de como ele realmente era. A violência libertava a imaginação e tornava possível visualizar, ainda que vagamente, novas possibilidades sociais, novos modos de vida, ligando um mundo imaginado sem judeus às ocorrências diárias no terreno.

À primeira vista, a conexão entre a ideia de origens embutida em raça e as emoções exibidas em violência pública podem não ser evidentes: mas enquanto a ideia de raça era uma fantasia acerca do tempo histórico, extirpando os maus judeus da história, a violência pública era uma fantasia sobre espaço, extirpando os maus judeus do meio dos alemães, de seus bairros, escolas e cidades e, por fim, da própria Alemanha. A ideia de raça trazia à mente origens eternas, violência pública antijudaica, existência local.

Uma forma particularmente humilhante de violência que removia os judeus de espaços locais era sua marcha forçada em locais públicos, que se tornou popular e organizada com fervor imediatamente após 30 de janeiro de 1933. Nathan Neuhaus, um comerciante de gado, foi retirado de seu apartamento em Göttingen, na tarde de 28 de março de 1933, e obrigado a subir num de seus caminhões de gado. A ele logo se juntaram outros judeus, que tinham sido arrastados de suas lojas na Gronerstrasse. Foram conduzidos pelo centro da cidade, acompanhados por homens exultantes da SS e SA. Era o ponto alto de uma tarde de vandalismo contra judeus.[44]

Atos similares ocorriam por toda a Alemanha, visto que as ruas locais se tornavam palcos públicos para encenar o afastamento dos judeus. Na tarde ensolarada do sábado, 19 de agosto de 1933, um homem de terno escuro foi obrigado a marchar sobre a ponte Weidenhäser, na bela cidade de Marburg, com um cartaz dizendo: "Eu violei uma mulher cristã". A linguagem não era "eu violei uma mulher ariana" porque os termos cristão, alemão e ariano se misturavam para representar a comunidade nacional. A cena estava cercada pela íntima familiaridade de uma pequena cidade como Marburg, que tinha quase 30 mil habitantes nos anos 1930. As pessoas na ponte provavelmente conheciam umas às outras e talvez conhecessem a vítima. Produzir o judeu como um pária social produzia ao mesmo tempo uma familiar comunidade alemã.

Uma mistura de espaço, intimidade e rejeição de judeus também dominou nos anos da Alemanha do pré-guerra em cidades e povoados que celebravam o Carnaval (Terça-Feira Gorda) e feriados locais como o Dia de Ação de Graças. O Carnaval era comemorado principalmente nas áreas católicas, no período que precedia a Quaresma. Era um alegre festival de roupas vistosas, ridicularizando a ordem estabelecida, cheio de brincadeiras e de atividades de rua. O Dia de Ação de Graças era uma festa da colheita com significado religioso e celebrada principalmente em áreas rurais. Era típico de ambos os feriados incluir um desfile organizado localmente, consistindo de plataformas e carroças decoradas que comunicavam temas comuns, de compreensão fácil, criando entre os espectadores um sentimento de comunidade compartilhada. Essas festas não eram encomendadas pelo ministério da propaganda em Berlim. O Carnaval, em especial, zombava de normas comunitárias para finalmente criar um senso de unidade.

Imagens dos judeus como uma mistura de raízes modernas e antigas, raciais e religiosas dominavam as representações antijudaicas nesses desfiles. Em Nuremberg, um carro alegórico puxado por alemães usando máscaras de nariz representava uma grande caricatura de um judeu lendo o Talmude.[45] Em Altenahr, na Renânia, a parada do Dia de Ação de Graças de 1937 apresentava um judeu ortodoxo, numa mesa de contabilidade, cercado por enormes sacos de dinheiro obtido com a colheita de uvas à custa dos habitantes locais, enquanto dois garotos marchavam atrás do carro alegórico com uma faixa que dizia: "A boa colheita do vinicultor é o dia de pagamento do judeu".[46] É difícil saber a partir de fotos da cena onde acabam as representações antissemitas tradicionais e começam as novas representações raciais.

Os judeus eram descritos nessas paradas com os clichês antissemitas habituais, até mesmo triviais. Poderíamos zombar desses clichês como insignifi-

cantes em comparação com a moderna linguagem da ciência racial no Terceiro Reich. Mas seria um erro. Essas imagens eram triviais, de fato representavam clichês e era justamente aqui que residia seu poder em meados dos anos 1930. Seu sentido era familiar, claro e compartilhado por todos os espectadores. Eram importantes, para articular esta ideia com um paradoxo, porque eram triviais. A nova conversa sobre raça sem dúvida não engendrou uma linguagem representacional inteiramente nova para descrever um mundo sem judeus, enquanto imagens comuns, triviais, internalizaram com sucesso a nova e radical política antijudaica dos nazistas. No divertimento cômico do Carnaval, os alemães revelavam mais sobre si mesmos do que poderiam ter desejado.[47]

A localidade era o centro da criação de um espaço sem judeus. Nos anos de pré-guerra, muito antes de poderem pensar num mundo sem judeus, os alemães transformaram em realidade sua pequena localidade sem judeus: era criada por uma tabuleta antijudaica numa rua, numa festa comunitária ou num desfile sobre a ponte ao lado. Exibir judeus em desfiles só confirmava os elementos populares, carnavalescos de atos de humilhação pública que existiram desde 1933. As crianças eram uma parte importante da ação, assim como a música. Em Marburg, crianças alegres acompanharam a marcha a pé e de bicicleta, enquanto a banda de pífaros e tambores da SA ia à frente do cortejo.

Em Altenahr, levaram a faixa antissemita. Os participantes eram de todas as idades, incluindo mães com bebês, e vemos alguns rindo, brincando, se divertindo. Assim, nazistas e outros alemães que perseguiram os judeus deixavam publicamente clara a nova identidade subjacente ao Reich. Os alemães que não compreendiam recebiam um esclarecimento, como aconteceu quando mulheres alemãs casadas com homens judeus foram ridicularizadas em público. Em Breslau, tropas de choque pararam diante de suas casas carregando tabuletas com seus nomes e endereços, que foram também escritos na calçada.[48] O antijudaísmo estava, portanto, articulado à vida diária.

Quem participava dessas ações? Certamente homens da SA, mas grande parte das pessoas, como acontecia nas paradas, vinha de todos os grupos sociais. Os espectadores enchiam as ruas. Não é fácil avaliar como espectadores e participantes percebiam e interpretavam os eventos que ocorriam diante de seus olhos. Alguns indivíduos chamavam os atos de imorais. A parada de Nathan Neuhaus, em Göttingen, foi interrompida por uma certa Fräulein Biermann, que se postou na frente do caminhão de gado e censurou os homens da SA: "O que estão fazendo? Soltem o homem". Os homens da SA obedeceram, abandonaram o lugar e Neuhaus foi libertado.[49] Isso mostra que a decisão moral e a convicção firme podiam fazer diferença. Mas era uma exceção. A maioria das pessoas via a perseguição como pelo menos parcialmente justificada porque abrigava sentimentos antissemitas; para outros, medo e oportunismo desempenhavam um papel importante. A pressão pública assim como a coerção do Partido Nazista e autoridades do Estado também pesavam.

Mas o significado das ações públicas contra os judeus não dizia respeito a consenso. "Porque ninguém podia deixar de assumir uma posição — e esta era a essência da ação pública", observa o historiador Michael Wildt com referência à foto do homem que foi forçado a andar com uma tabuleta em Marburg. "Todos os espectadores que acompanhavam a parada, inclusive os que não a aprovavam inteiramente, tomavam parte na encenação. Não se tornavam perpetradores, mas se tornavam cúmplices da política de antissemitismo."[50] E era este o sentido das ações públicas contra os judeus: não fazer com que todos concordassem com a violência, mas com que todos participassem dela. De fato, nem todos na sociedade alemã concordavam com as políticas antijudaicas dos nazistas e muitos tinham dúvidas sobre todas ou algumas delas. Mas situar os atos em termos locais, religiosos, raciais e próprios da *Heimat*, familiares e reconhecíveis, tornava possível para muitos alemães justificar, aceitar ou pelo menos acompanhar a perseguição.

Quando olhamos de 1933 para meados dos anos 1930, podemos ver a progressão do pensamento antijudaico no Terceiro Reich. Em 1933, os nazistas decidem, juntamente com sua refundação antissocialista e antiliberal do Reich, erradicar fenômenos modernos atribuídos aos judeus. Nos anos seguintes, quando a vitória sobre o socialismo e o liberalismo foi consolidada, os nazistas passaram a imaginar os judeus além dos rótulos estritos de movimentos políticos e artísticos. Naturalmente, a propaganda nazista continuou a bradar sobre bolcheviques judeus ou arte deformada (como na exposição *Arte Degenerada*, de 1937, em Munique), mas ainda mais significativa é a consolidação de uma imaginação dos judeus como ameaça que não exigia prova da experiência.

Se o regime transformava os judeus num inimigo temível, isto era uma verdade que não precisava de prova. Não havia no Terceiro Reich julgamentos rigorosos ou espetáculos judiciais para provar os revoltantes crimes judaicos. Ao contrário dos processos de bruxaria no início da Europa moderna ou dos espetáculos judiciais stalinistas dos anos 1930, os nazistas não tentavam extrair confissões dos judeus sobre seus crimes. Essas confissões eram inúteis como evidência para provar a "verdadeira" confraternização com o diabo ou os "verdadeiros" crimes contra Stalin, mas sem dúvida nos contavam o que suas audiências acreditavam que tinha acontecido ou como imaginavam o mundo. O simulacro de prova e verdade confessado pelas vítimas era crucial tanto para os inquéritos de bruxaria quanto para os juízes stalinistas. "Imenso esforço judicial era despendido para extrair uma confissão completa da bruxa acusada", observa o historiador Lyndal Rooper. Na verdade, "só através da confissão e da execução" poderia o tribunal primeiro condenar e depois reconciliar a bruxa com a Igreja.[51] Também para Stalin e seus juízes era crucial extrair dos inimigos do partido em julgamento confissões de seus imaginários crimes contra ele e o partido.

Mas para os nazistas era irrelevante se os judeus admitiam os crimes. Não simplesmente porque a verdade fosse manipulada pelo regime. Isso é previsível numa ditadura (e não só aí). Como Bernhard Rust, o ministro da educação, disse a uma assembleia de professores em Munique, em 1933: "De agora em diante não cabe a vocês decidirem se uma coisa é verdade ou não, mas se corresponde aos interesses da revolução nacional-socialista".[52] A questão, antes de mais nada, é que nem todas as fantasias nascem iguais: para acreditar na realidade de suas fantasias, os que acreditavam em bruxaria ou na traição comunista desempenhavam um importante papel para a vítima cuja "confissão" (fruto óbvio de coerção) fornecia a "prova" sem a qual a realidade da fantasia era questionável. Os nazistas de fato tentaram apoiar o antissemitismo em pesquisa racial, científica, mas esta atividade não via os judeus como portadores de qualquer verdade. "O que o judeu acredita é irrelevante", anunciava a faixa das tropas de choque de Bamberg. As fantasias nazistas eram assim, em certo sentido, irrefutáveis para os que acreditavam nelas, pois não eram determinadas por regras de causa e efeito.

Um denominador comum entre peritos raciais nazistas e promotores em julgamentos de bruxaria e julgamentos stalinistas é que todos tinham uma ideia predeterminada de verdade que só podia ser confirmada, não refutada. Bruxaria e acusações antijudaicas compartilhavam um traço adicional. As bruxas, acreditava-se, "jantavam em pratos de ouro e prata, bebiam enormes quantidades de vinho, dançavam e se divertiam, fornicavam com o Diabo. Entregavam-se a cada prazer imaginável e não aceitariam limite a seu gigantesco apetite pelo deleite. Violavam qualquer regra. E voavam".[53] Será que os demonologistas e interrogadores realmente acreditavam em tudo isso? Para o historiador da mentalidade e psicologia humanas é uma boa pergunta, exigindo uma resposta que não se reduz a "sim" ou "não". Os protestantes e os demonologistas católicos céticos tinham muitas dúvidas acerca desta lista de atividades. E temos mais aqui, como Roper se expressa de forma iluminadora: "Talvez pareça incrível que os intelectuais pudessem permanecer céticos sobre grande parte do que as bruxas supostamente faziam, pudessem estar interessados no poder da imaginação, pudessem pensar sobre o mecanismo da ilusão e, ainda assim, estivessem firmemente convencidos da realidade da feitiçaria. Ao que parece, contudo, nesse particular, não encontraram dificuldade em conciliar o inconciliável".[54]

Os judeus, dizia-se de vez em quando na Alemanha após 1933, eram responsáveis — e vamos registrar mais uma vez a longa lista de seus crimes — pelo bolchevismo, comunismo, marxismo, socialismo, liberalismo, conservadorismo, pacifismo, cosmopolitismo, materialismo, ateísmo, democracia, liberdade sexual, psicanálise, feminismo, homossexualidade, abortos, arte moderna e infortúnio geral da Alemanha, além de serem um vírus perigoso, um micróbio, um condutor da sífilis e da criminalidade, o oposto de um ser humano, o destruidor de Deus e da natureza, o demônio encarnado. Só faltava voar. Será que os alemães realmente acreditavam em tudo isso? Muitos se mostravam céticos acerca de grande parte do que os judeus supostamente faziam, mas ainda assim continuavam crentes na irrefutável realidade da diferença e da ameaça trazida pelos judeus. Após 1933, os nazistas e outros alemães não tiveram dificuldade em conciliar o inconciliável.

"Todos me perguntam por que ainda estou aqui e por que não parti há muito tempo para estar com você", escreveu Betty Scholem a Gershom em 9 de abril de 1933.[55] Mal tinham se passado nove semanas desde que Hitler se tornara chanceler e a vida normal já parecia uma distante lembrança. Agora, em meados da década de 1930, o ano de 1933 ia ficando para trás. Havia pelo menos um lugar tranquilo para os judeus na Alemanha? Havia algum lugar para os judeus na imaginação dos alemães?

CAPÍTULO 3

Imaginando os Judeus como em Toda Parte e como Quem Já Partiu

Grete Nussbaum tinha 20 anos e morava em Colônia quando decidiu viajar com amigos no Natal de 1935 para a Alta Baviera. Queria passar umas férias esquiando e fugir de dois horríveis anos de perseguição nazista. "Talvez seja a última vez", ela pensou, "e gosto muito das montanhas da Baviera." O grupo chegou no pôr do sol, o lugar era lindo. "Então nos aproximamos da entrada do *resort* e vimos uma grande faixa estendida na rua principal: 'Judeus ingressam neste lugar por sua conta e risco'... Aí se foi meu entusiasmo pelas férias." No hotel, ela foi recebida por outra tabuleta: "Proibida a entrada de cães e judeus!" Era uma visão familiar. Em seu prédio de apartamentos de Colônia, o síndico tinha colocado uma tabuleta na entrada: "Os judeus são nossa desgraça". Ela voltou para casa no dia seguinte, sem esquiar uma só vez, e deixou a Alemanha para sempre algumas semanas depois, em janeiro de 1936.[1]

Em meados dos anos 1930, os alemães viviam numa terra onde o espaço público era inundado pelos judeus e seu espírito. Nenhum outro inimigo nacional-socialista recebia uma atenção tão pública, tão popular. A ameaça judaica era vista se estendendo para os quatro cantos da Terra. Um visitante ignorante da verdadeira situação no Terceiro Reich poderia ter sido desculpado por pensar que milhões de judeus perigosos estavam cruzando desenfreadamente o país, ameaçando os alemães da Prússia Oriental ao Reno. O que acontecia, na imaginação, fazia os alemães perceberem os judeus em toda parte

e ao mesmo tempo — através de sua remoção violenta da vida social local — como quem já partiu.

Na realidade, no fim de 1935, havia menos de 350 mil judeus num país de 65 milhões de habitantes. Quando os nazistas chegaram ao poder, havia 437 mil judeus na Alemanha. Sessenta mil partiram em 1933-1934 e quase 70 mil juntaram-se a eles em 1935-1937. Como a maioria dos judeus morava em centros urbanos concentrados, a maioria dos alemães nunca tinha visto um judeu.

Contudo, onde quer que alguém se voltasse para a Alemanha, havia os judeus e seu espírito. Fotografias captam esta sensação. Os judeus apareciam no céu ("os judeus são nossa desgraça"), na água ("quem compra de judeus está roubando os ativos da nação") e na estrada, como na capa do estepe de um carro que dizia "os judeus são nossa desgraça" usada como ponto focal para quatro rapazes de Mannheim posarem para uma foto de *souvenir*.

Em vilas e cidades, grandes faixas declarando que os judeus não eram bem--vindos enchiam as ruas, como aquela no topo do Portão de Nuremberg, uma das entradas para a Universidade de Erlangen, ou numa rua principal de Bad Tölz, na Baviera.[2]

Caminhando em seus bairros, os alemães encontravam o judeu em cada esquina: na Pousada Grüne Tanne, em Halle, havia uma placa pendurada: "Esta casa está e continuará livre de judeus", enquanto numa rua local a figura de um homem enforcado atraía a curiosidade das crianças. Aqui alemães que tinham qualquer contato com judeus já eram ameaçados. A faixa atrás da figura dizia: "Este será o fim de todo membro da comunidade nacional que compra de judeus e de qualquer judeu que invada esta cidade!!"

Em Werl, na Renânia do Norte-Vestfália, um grande cartaz colado num quiosque revelava os endereços exatos das onze casas em que os judeus moravam, enquanto em Reichenberg, perto de Würzburg, uma tabuleta antijudaica, "temos três dúzias de judeus para mandar embora", servia como um bom local para uma foto de *souvenir* das crianças do lugar.[3]

Os judeus e seu espírito ameaçador recebiam visitantes de prefeituras, como em Lauf, Baden, onde a velha prefeitura tinha uma porta com uma aldraba antijudaica (ela foi removida em 1954) e em agências dos correios, como em Nuremberg. Lia-se no mural em Nuremberg: "Não Confie na Raposa em Prado Verde nem no Juramento de um Judeu", baseado no tema de um popular livro infantil, *Não Confie na Raposa*, publicado pela antissemita Stürmer Publishing House. O livro infantil *Não Confie no Judeu no Prado: Um Livro Ilustrado*

para Crianças e Adultos, de Elvira Bauer, foi um campeão de vendas em meados dos anos 1930.[4]

Uma floresta de tabuletas antijudaicas cobria a Alemanha. Em hotéis, restaurantes e estações ferroviárias, em *spas*, na praia e na estrada para lá: na rodovia Munique-Landsberg, folhetos antissemitas e um letreiro manuscrito cobriam um sinal de tráfego, todos declarando: "Judeus não são bem-vindos". E na margem do rio Mainz, uma tabuleta dirigia arianos para a "praia alemã", à

Ein Mahnruf an alle Deutschen am „Alten Telegraphenamt" in Nürnberg, der Stadt der Reichsparteitage

esquerda, enquanto os judeus eram direcionados para a praia "só no rio Jordão — 1933 quilômetros".

Tabuletas antijudaicas foram colocadas em estradas locais e vias da província. Os alemães as encontravam quando faziam caminhadas de lazer no campo. Um grupo de garotos alemães caminhando perto de Rennweg am Neuhaus, na Turíngia, posou para uma foto sob uma tabuleta de estrada que advertia: "Façam suas trilhas longe daqui, judeus, fora! Não queremos vocês em Neuhaus!"[5]

Alguns *slogans* eram irônicos ("Nossas demandas por judeus já foram suficientemente atendidas!"), outros ameaçadores ("Judeus ingressam neste local por sua conta e risco!"). Algumas tabuletas misturavam raça com religião ("O Pai do Judeu é o Demônio").[6] As tabuletas davam aos judeus uma tangibilidade e uma onipresença espacial. Mesmo onde não viviam judeus e provavelmente jamais tinham sido sequer avistados, as comunidades colocavam tabuletas que

diziam: "Judeus não são bem-vindos" ou "Esta ou aquela localidade está livre de judeus".[7] Os judeus estavam aqui, acolá e por toda parte.

Era decisão de cada comunidade local colocar uma tabuleta. "Judeus não são bem-vindos aqui! A prefeitura", anunciava a pequena cidade bávara de Hussingen.[8] As comunidades não recebiam ordens nem da chancelaria do Reich nem do líder do Partido Nazista regional. O regime dava sua bênção, mas nem mesmo um Estado totalitário poderia obrigar a miríade de pequenas localidades a colocar uma placa contra judeus. As tabuletas refletiam o sentimento popular, assim como a oposição a elas. Wilhelm Diester, um instrutor de autoescola de Braunschweig, colocou um letreiro em seu carro que dizia: "Sem quebrar o monopólio judeu não haverá solução para a humanidade". O letreiro era repetidamente rasgado, ele contou. "Eu fixei este por dentro da janela traseira e ele foi puxado de lá".[9] Como nova identidade nacional, o antijudaísmo era contestado. Outros simplesmente acompanhavam o sinal dos tempos e outros ainda não se importavam muito em ficar de um lado ou de outro. Mas como identidade em construção, o antijudaísmo tornou-se consideravelmente popular no Terceiro Reich, expandindo a ameaça judaica da localidade para a nação como um todo, tornando-a visível e sempre presente.

As florestas de tabuletas somavam-se à história que os nazistas já estavam contando sobre os judeus e a Alemanha. Queimando livros, os nazistas eliminavam os judeus da cultura nacional; tendo fé na noção de raça, eliminavam-nos da história nacional; usando a violência pública, eliminavam-nos da vida local; e vendo judeus por toda parte, eliminavam-nos do espaço nacional. As tabuletas antijudaicas marcavam cada espaço na Alemanha, cada localidade, cada lugar, cada terreno, como área que os judeus não podiam invadir.

O período que se seguiu às Leis Raciais de Nuremberg, de setembro de 1935, trouxe uma certa ordem e regularidade aos programas antijudaicos. Elas codificaram em lei as relações entre arianos e judeus, que tinham sido caracterizadas desde 1933 pela violência e intimidação com relação aos judeus e aos alemães que procuravam ajudá-los. Muitos alemães saudaram as leis como uma legalização das medidas um tanto improvisadas de discriminação. Até mesmo alguns judeus as acolheram com alívio. Muitos alemães acreditavam, em meados dos anos 1930, que Hitler e os nazistas estavam em vias de resolver o Problema Judaico. A exclusão de judeus desde 1933 de todas as áreas da sociedade alemã foi tão rápida, maciça e bem-sucedida que o impacto cumulativo de limites legais e emigração judaica apontou para um provável fim deste "problema" na sociedade alemã.

Os alemães voltaram sua atenção para tópicos mais imediatos. No *front* econômico, encontravam muitas razões para estarem satisfeitos e orgulhosos. A economia estava se recuperando e milhões tinham voltado a trabalhar. Um programa governamental de obras públicas produziu uma nova e moderna rede de rodovias interestaduais, a famosa *Autobahn* alemã. Entre 1933 e 1938, 3 mil quilômetros foram construídos.[10] As "estradas do Führer", como eram popularmente chamadas, capturavam o entusiasmo dos alemães por um regime voltado para o futuro, que prometia prosperidade para todos. Este sentimento foi reforçado quando, em 1936, o regime lançou o "carro do povo", ou Volkswagen, como um carro acessível, produzido em massa, que Hitler imaginou que estaria ao alcance de todo alemão. A ideia de motorizar as massas foi interrompida pela guerra e, na realidade, pouquíssimos carros foram produzidos, mas ela galvanizou a imaginação dos alemães, que acharam que sua qualidade material de vida estava melhorando sob o nazismo.

Para a maioria dos alemães, a vida de fato parecia promissora, um sentimento exemplificado pelas viagens e turismo nos anos de pré-guerra, que abriram novos horizontes de expectativas. Após 1933, o turismo alemão floresceu como resultado dos efeitos cumulativos das políticas nazistas e da melhoria da economia mundial. As atividades turísticas nazistas cresceram consideravelmente; um número maior de alemães viajavam, uma experiência que se colocava em violenta contradição com os anos de Depressão. O Auto da Paixão, em 1934, famosa encenação da Paixão de Cristo na cidade bávara de Oberammergau, atraiu 400 mil turistas (incluindo 60 mil do exterior). Em 1936, os Jogos Olímpicos de inverno e verão, em Garmisch-Partenkirchen e Berlim, puseram a Alemanha no mapa e atraíram, só em Garmisch-Partenkirchen, mais de 1 milhão de turistas. Entre a Depressão e o início da década de 1960, 1937 foi o melhor ano turístico. A melhoria do turismo entre 1933 e 1939 refletiu a capacidade dos nazistas de melhorar as condições sociais e materiais. Para os alemães comuns, o "A Força através da Alegria" (Kraft durch Freude) — o plano do regime para dar férias pagas a cada trabalhador — tornou-se o mais popular programa instituído pelo regime.

Melhorar a qualidade de vida da maioria dos alemães significava ao mesmo tempo discriminação dos judeus, mas em meados dos anos 1930 essa discriminação tinha se tornado um estilo de vida. Viajar, no Terceiro Reich, como qualquer outra esfera de vida, era parte integral do terror antijudaico. As Leis de Nuremberg proibiram a maioria dos hotéis de acomodar hóspedes judeus. Um decreto anunciado pelo ministério do interior, em 24 de julho de 1937, estabelecia restrições extremas sobre a presença de judeus em *spas*; um decreto adicional, em 16 de junho de 1939, tornou essa presença impossível.[11] Atividades de rua, antes da legislação nazista, já tinham removido os judeus de pontos turísticos e hotéis, e a discriminação em massa começou no outono de 1934. Na pequena Neustrelitz, os proprietários dos hotéis e pousadas da cidade, juntamente com o departamento local de turismo e transporte, acordaram "afixar por toda parte a inscrição: judeus não são bem-vindos". A tabuleta era ao mesmo tempo uma declaração sobre a discriminação do presente e sobre uma visão do futuro.

Muitos alemães pensavam em meados dos anos 1930 que os êxitos domésticos e internacionais do regime nazista eram uma boa base para a construção de uma Alemanha forte, próspera. Mas Hitler tinha planos muito diferentes. Os preparativos nazistas para uma guerra europeia começaram a sério em 1936. Nesse ano, o Plano de Quatro Anos, presidido por Göring, foi iniciado com o objetivo de tornar a Alemanha autossuficiente em gêneros alimentícios e matérias-primas com vistas à longa guerra à frente. O plano acelerou o ritmo do rearmamento e intensificou a intervenção do Estado no planejamento econômico e em seu controle. As prioridades foram estabelecidas pelo regime, não pela indústria. No *front* da política externa, Hitler reduziu a farrapos cada uma das duras condições impostas à Alemanha pelo Tratado de Versalhes. Depois de retomar a construção do exército alemão em 1935, ele anunciou em 1936 a remilitarização da área da Renânia que fazia fronteira com a França. Colocando o exército alemão na fronteira francesa, Hitler privou a França de uma vantagem estratégica crucial. Em março de 1935, de novo em violação de Versalhes, a Alemanha introduziu um serviço militar obrigatório de um ano, que subiu para dois anos em agosto de 1936.

Hitler se movia agora mais decididamente contra a França e a Grã-Bretanha. A Guerra Civil Espanhola, que irrompeu em julho de 1936, forjou íntimas relações entre Hitler e Benito Mussolini, líder da Itália fascista. Mussolini já tinha recebido apoio de Hitler quando invadiu a Abissínia no Chifre da África, em outubro de 1935, violando o direito internacional e desafiando a Liga das Nações. Na Espanha, os dois ditadores apoiaram o líder fascista Francisco Franco, que articulou uma rebelião contra o governo legítimo da república espanhola. O Eixo Roma-Berlim dos dois líderes fascistas foi fortalecido por meio da repressão doméstica e travando uma guerra no exterior para alterar o equilíbrio de poder no continente.

A percepção de que a Alemanha estava se encaminhando para uma grande guerra europeia causou conflito entre o regime cada vez mais radical e as velhas elites no exército e no ministério do exterior. As elites, que tornaram possível a nomeação de Hitler em janeiro de 1933, favoreceram o desmantelamento do

Tratado de Versalhes e aspiravam por uma Alemanha poderosa, hegemônica, que pudesse ditar uma política aos vizinhos. Mas perceberam com apreensão que os nazistas tinham algo totalmente diferente em mente: uma guerra de extermínio contra todos os países europeus. Hitler já tinha substituído o respeitado ministro da economia Hjalmar Schacht em novembro de 1937 porque ele discordara dos programas econômicos heterodoxos do Plano de Quatro Anos. Mas o choque com os líderes do exército no inverno de 1937-1938 foi um desafio mais sério para o regime. A disputa terminou com uma nítida vitória de Hitler e sinalizou um passo a mais na escalada para a guerra. Em fevereiro de 1938, Hitler tinha expurgado o exército de críticos. Foram expulsos catorze generais de maior antiguidade e o comandante do estado-maior do exército, Werner von Fritsch, em favor do general Walther von Brauchitsch, um partidário nazista. O posto de ministro da guerra foi abolido e Hitler, que já era supremo comandante do exército como chefe de Estado desde a morte de Hindenburg em agosto de 1934, agora também se tornava comandante do estado-maior das forças armadas. Além disso, no ministério do exterior, Joachim von Ribbentrop, o nazista fanático que se opôs a uma aliança com a Grã-Bretanha e pressionou pela formação do eixo com a Itália e o Japão, substituiu o idoso barão Konstantin von Neurath como ministro do exterior.

Guerra ou paz, no início de 1938 se tornara um artigo de fé no Terceiro Reich que a comunidade nacional não podia mais tolerar a presença dos judeus. As políticas contra os judeus se intensificaram e incluíram não só medidas legais e econômicas, mas também a remoção dos judeus e, mais importante, do judaísmo de todas as esferas da identidade alemã, por exemplo da história alemã ao reescrever o passado e da paisagem urbana ao demolir sinagogas. Esse projeto de apagar os judeus e o judaísmo do presente, ao mesmo tempo que lhes era negado o direito a um passado e a um futuro, projeto que começou a se desenvolver em meados dos anos 1930 e alcançou o verão de 1938, teve consequências potencialmente muito mais radicais que a perseguição que removia judeus de determinadas esferas sociais e econômicas. Vamos acompanhar essas mudanças.

A legislação antijudaica permaneceu vigorosa em 1936 e 1937 e continuou a abranger todas as áreas da vida, nenhuma considerada trivial demais. A criatividade dos nazistas não conhecia fronteiras e eles começaram 1936 com uma lei proibindo o ensino do inglês em escolas judaicas. Outras leis se seguiram.

Para não causar má impressão aos visitantes estrangeiros que chegam para os Jogos Olímpicos, tabuletas antijudaicas com linguagem muito áspera deviam ser evitadas: a inscrição "judeus não são bem-vindos aqui" já basta. Baviera: escolas devem organizar turmas especiais para alunos judeus na educação elementar. O ministério da educação bane professores judeus de escolas públicas. Documentos importantes sobre a história do movimento nacional-socialista não devem ser destruídos: eles incluem material sobre a influência dos judeus na sociedade, no Estado e na cultura. Arianos podem mudar seu nome de família judaico. Judeus que comparecem em tribunal não têm permissão para usar a Saudação Alemã (Hail Hitler).[12]

Em termos econômicos, dos 50 mil negócios judaicos no Reich em 1933, só 9 mil restavam em julho de 1938 e daí em diante seu número decresceu rapidamente. Os judeus continuavam a deixar a Alemanha. Em fins de 1937, quase 130 mil judeus tinham partido; em novembro de 1938, apenas 300 mil permaneciam no velho Reich (sem a Áustria, anexada em março de 1938, e a região dos Sudetos, anexada da Tchecoslováquia em setembro de 1938). Nesse meio-tempo, a exposição antissemita *O Judeu Eterno* era vista em Munique por 400 mil visitantes no curto período de dezembro de 1937 a janeiro de 1938.

O ingresso da Áustria no Reich em março de 1938 foi acompanhado por tremenda violência nativa contra judeus. Velhos e novos rituais de humilhação foram praticados: livros judaicos foram queimados em Salzburgo em 30 de abril, enquanto homens e mulheres vienenses eram obrigados a esfregar as ruas.[13] Os judeus foram proibidos de entrar em parques públicos e de caminhar nas margens dos rios. Quando os nazistas entraram, havia cerca de 200 mil judeus na Áustria, a maioria em Viena. Em novembro de 1938, 50 mil judeus tinham deixado a Áustria e, em setembro de 1939, cerca de 130 mil tinham tido a sorte de fugir.

Mas as ideias nazistas sobre o lugar dos judeus no mundo não estavam restritas ao presente. Quando aproveitou a ocasião de um funeral para confortar sua comunidade diante da perseguição, em meados dos anos 1930, o rabino

Ernst Appel, de Dortmund, foi chamado após a cerimônia à Gestapo: "Como se atreve, seu porco judeu, a dizer a seu pessoal que eles devem ter esperança de que tempos melhores virão?"[14] Se em 1938 só com extremo esforço os alemães podiam imaginar uma Alemanha com judeus, existia uma linha porosa entre imaginar uma Alemanha sem a presença judaica, aqui e agora, e a visão mais radical de que os judeus não tinham absolutamente direito a um futuro promissor em parte alguma, como implicado na repreensão que a Gestapo fez a Appel.

Nem sequer judeus mortos tinham o direito à paz. O departamento de antropologia da Universidade de Viena estava avidamente interessado em programas para desjudaizar Viena porque isto trazia a oportunidade de adquirir material de valor inestimável para a pesquisa sobre os caracteres raciais físicos e culturais dos judeus. Em outubro de 1938, uma carta foi enviada do departamento para as autoridades locais:

> Soube através da liderança do partido local que há um plano para transformar o cemitério Eisenstädter num parque e há, portanto, a oportunidade iminente de encontrar úteis e valiosos esqueletos de judeus. Peço que tenham a gentileza de me informar assim que este plano estiver completo, pois tenho um forte interesse nisto — como vocês hão de compreender — devido a pura motivação científica e o Instituto Antropológico tem um grande envolvimento na questão judaica. Ao mesmo tempo, escrevi uma carta ao prefeito de Eisenstadt em que expresso meu interesse. Hail Hitler, E. Geyer.[15]

Para Geyer, os judeus já eram relíquias, artefatos arqueológicos de um mundo desaparecido, esquecidos e depois desenterrados apenas para serem estudados.

Tal pensamento levava a eventos incomuns, como quando os nazistas inventavam histórias que pareciam pertencer à distante Idade Média. Nessas histórias contavam mais sobre si mesmos que sobre os judeus. Em 28 de abril de 1937, a Gestapo em Würzburg deteve oito homens judeus sob a acusação de assassinato ritual. Oito anos antes, em 17 de março de 1929, um menino de 7 anos chamado Kesler tinha sido encontrado morto em Manau, na Baixa Francônia. A Páscoa estava se aproximando e rapidamente se espalharam rumores de que os judeus tinham usado o sangue de Kesler para fazer matzás, o pão ázimo do Pessach. Mas a terrível acusação fora aos poucos esquecida. Contudo, em 1937, o chefe do governo regional da Baixa Francônia, um homem chamado Hellmuth, ressuscitou o caso. Os oito judeus, que moravam em comunidades ao redor de Manau em 1929, foram prontamente acusados "de estar em 17 de março [1929] às duas da tarde na praça do mercado em Hofheim", a maior cidade do distrito, distante uns 40 minutos de Manau. Um dos judeus, Blumenthal, foi logo solto por falta de provas. Dizem que a Gestapo chegou a se desculpar com ele pela prisão, embora não se saiba se isto foi um fato ou uma lenda popular. A Gestapo mandou que Blumenthal mantivesse silêncio sobre o assunto para que não fosse processado por espalhar boatos sobre atrocidades. Enquanto isso, a matéria era enviada ao tribunal regional em Bamberg para uma investigação sobre o possível crime dos judeus. Os meses se passaram. Finalmente, após um escrutínio das evidências, a corte arquivou o caso. Já então dois judeus tinham ficado presos por seis meses e outros dois por oito meses enquanto esperavam pela absolvição.[16]

Alguns meses depois, em Frankenwinheim, também na Baixa Francônia, um homem contou aos amigos num *pub* local que tinha comprado a casa de seu vizinho judeu, que deixara a Alemanha. Ele mencionou que, antes de partir, o vizinho atirou claramente um bezerro morto num poço fora de uso que havia na propriedade. Após os incidentes que se seguiram, o homem observou: "Se eu soubesse que minha história teria esses resultados, nunca teria dito nada". Espalhou-se um rumor de que os judeus tinham envenenado as reservas de água. Daí em diante, os judeus "não podiam ir à aldeia sem serem maltratados". Num certo sábado, tropas de choque arrastaram rapazes judeus de suas casas e os levaram para o *pub* local. Os judeus foram obrigados a dizer: "Sou um criminoso, tenho enganado pessoas, por isso me ensine o Talmude". Quando três camponeses presentes no *pub* protestaram contra a violência dizendo: "Agora chega, isso está indo longe demais!", foram obrigados a ficar de pé nas cadeiras e gritar: "Somos lacaios dos judeus". Maus-tratos desse tipo aconteceram em outros locais na mesma região. Nesse meio-tempo, o judeu que vendera a casa, agora nos Estados Unidos, foi informado dos acontecimentos por judeus locais. Ele escreveu ao prefeito de Frankenwinheim dizendo que, de fato, antes de partir, tinha se livrado de um de seus bezerros mortos enterrando-o em seu terreno e deu a localização exata. Esta informação poderia ter feito cessar os rumores. O prefeito mais tarde explicou que mantivera sigilo sobre o conteúdo da carta porque o judeu fez uma coisa ilegal ao enterrar o bezerro no terreno e não fora da aldeia. Já então tinha havido a *Kristallnacht* e o poço envenenado foi esquecido.[17]

Acusações antijudaicas de assassinato ritual e envenenamento de poços tinham sido comuns na Idade Média como parte de uma cultura que acreditava em magia. Elas declinaram com o correr dos séculos, mas mesmo no período moderno não desapareceram completamente do rico repertório de acusações contra judeus. Ainda em 1900, uma acusação de assassinato ritual acompanhada por violentos tumultos tomou conta da cidade de Konitz, na extremidade oriental do império alemão, quando um garoto foi encontrado assassinado. No Terceiro Reich, porém, essas acusações eram aceitas com mal-estar por muitos alemães, que se julgavam modernos e racionais e que, portanto, se voltavam para o antissemitismo racial "científico", que forneceria "provas" sobre a degeneração judaica.

Os acontecimentos em Manau e Frankenwinheim não indicavam que os alemães, em meados dos anos 1930, acreditassem necessariamente nas acusações absurdas feitas contra os judeus ou que crenças antijudaicas tivessem se mantido sem alterações desde a Idade Média numa tradição antissemita ininterrupta. Na verdade, as histórias incluíam detalhes específicos assim como sugestões de que os alemães não acreditavam nas acusações: havia rumores de que a Gestapo havia se desculpado com um dos acusados em Manau e, por fim, todos foram libertados; em Frankenwinheim, o comprador da casa distanciou-se da acusação, os homens da SA parecem ter se aproveitado dos rumores para agir violentamente contra os judeus, enquanto os três camponeses do *pub* tentaram deter a violência. Mas é precisamente a incredulidade dos contemporâneos que torna os casos esclarecedores: histórias fantásticas não deixavam de ser um veículo para violentas ações sociais contra judeus. Nesse sentido, o racismo "científico" fornecia tanto material para a fantasia e a fábula quanto as acusações de assassinato ritual e envenenamento de poços: em 1937, uma exposição sobre o judeu como um "corpo alheio" racial, disposto a destruir a Alemanha, foi acrescentada à exibição permanente do museu de história regional em Braunschweig.[18] O fato é que, em meados dos anos 1930 na Alemanha, os judeus se tornaram objeto de histórias fantásticas e qualquer fábula poderia ser associada à identidade deles.

Muitos dos motivos de antissemitismo nazista revelados nessas histórias e em leis antijudaicas nada tinham de originais; o repertório era quase banal e certamente previsível. Os judeus como racialmente inferiores, desviados em termos religiosos, fisicamente deformados, sexualmente poluentes, psicologicamente traiçoeiros, criadores do bolchevismo e do liberalismo — todos esses temas há muito se destacavam nas acusações feitas contra judeus na Alemanha e em outras partes da Europa, na Polônia, França e outros países. Pode ser afirmado que as fantasias nazistas sobre os judeus eram vinho velho em garrafas novas, nada mais que o coquetel habitual do antissemitismo moderno. Mas se os motivos eram familiares, isto simplesmente lhes dava um acréscimo de força, pois os nazistas usavam reconhecíveis sentimentos antijudaicos, que eram compartilhados entre amplas seções da sociedade alemã, para forjar uma nova identidade alemã. Por "usavam" não pretendo dizer que os nazistas optavam por tais sentimentos com o intento primário de manipular. Isso também pode ter acontecido, mas tem importância menor. Usavam-nos porque eles estavam disponíveis como linguagens culturais para imaginar os judeus, mesmo que alguma coisa nova fosse criada com eles.

Contudo, ninguém sabia em 1º de janeiro de 1938 o que o ano ia trazer. Na realidade, 1938 foi um ano muito bom para Hitler e o regime nazista. O nazismo era vitorioso em todas as frentes e o regime desfrutava de tremenda popularidade no país. A posição da Alemanha na Europa nunca fora tão forte desde a derrota em 1918. Após invalidar pacificamente o Tratado de Versalhes, Hitler conheceu seus maiores êxitos em 1938. Nascido em Braunau am Inn, na fronteira da Áustria com a Alemanha, ele sempre sonhara em unir sua terra natal e sua pátria de adoção num Grande Reich alemão. Desde 1933, os nazistas vinham intervindo continuamente na política doméstica austríaca e, em 12 de março de 1938, após considerável pressão sobre o chanceler austríaco Kurt Schuschnigg, a Alemanha invadiu a Áustria e anexou-a ao Reich. Hitler fez um retorno triunfante a Viena, a cidade onde começara a reunir sua miscelânea de preconceitos como um fracassado estudante de arte. Dezenas de milhares de vienenses aplaudiram Hitler entusiasticamente quando a parada da vitória atravessou as elegantes ruas da cidade.

O *Anschluss* (anexação), como é conhecida a união política entre Áustria e Alemanha, alterou dramaticamente o equilíbrio de poder na Europa. Grã-Bretanha e França reconheceram isto, mas não pretendiam ir à guerra para evitá-lo. A posição da Alemanha na Europa central melhorou, em particular com relação à Tchecoslováquia. Após 1918, a democracia tcheca construiu uma série de fortificações ao longo de sua fronteira com a Alemanha, mas elas se tornaram irrelevantes porque agora o exército alemão tomava posições ao longo da antiga fronteira austríaca. No verão de 1938, Hitler pôs os olhos na Tchecoslováquia. Alegando defender alemães étnicos nas áreas de fronteira dos Sudetos, fez ameaças de guerra. Uma mobilização militar alemã foi seguida por uma tcheca e, durante uma semana, em agosto de 1938, pareceu que a guerra estava prestes a explodir. Tentativas diplomáticas de mediação levaram Itália, França, Grã-Bretanha e Alemanha a Munique em setembro. A Tchecoslováquia, cujo destino ia ser decidido, não foi convidada. O resultado da conferência de Munique foi a cessão dos Sudetos à Alemanha e a famosa foto de Neville Chamberlain, primeiro-ministro britânico, sacudindo o acordo com a assinatura de Hitler e anunciando "paz em nossa época". O acordo de fato rendeu à Grã-Bretanha e à França tempo para se prepararem para a guerra, que muitos, a essa altura, consideravam inevitável. Era tarde demais para a democracia tcheca que, desmoralizada e traída pela França e Grã-Bretanha, estava agora à mercê dos planos expansionistas de Hitler. O ano de 1938 equivaleu a uma revolução no equilíbrio de poder europeu — sem que um único tiro tivesse sido disparado.

As políticas antijudaicas do regime também pareciam ter sido particularmente bem-sucedidas. Muitos judeus emigraram. Os jovens partiram primeiro, enquanto os que permaneceram eram em sua maioria velhos; cerca de 25% tinham mais de 65 anos. Em menos de cinco anos, os nazistas tinham revertido uma história de coexistência judeu-alemã que havia durado séculos. A comunidade judaica, profundamente enraizada na Alemanha, não tinha futuro. Logo desapareceria. Isso foi deixado claro pela contínua enchente de leis antijudaicas entre 1º de janeiro e 9 de novembro de 1938, que isolaram e segregaram ainda mais os judeus e feriram seu sentimento de individualidade e coletividade. Particularmente digna de nota a este respeito foi a lei de 17 de agosto de 1938, declarando que, a partir de 1º de janeiro de 1939, os judeus deviam usar um primeiro nome de uma lista oficialmente aprovada de nomes judaicos. Além disso, era obrigatório para todos os judeus acrescentar o nome "Israel" ou "Sara" a seus nomes existentes. Essa lei juntou-se a outras do período de janeiro a inícios de novembro de 1938.

Judeus são proibidos de usar os arquivos do Estado. Tendas usadas por jovens em acampamentos deviam trazer a inscrição "usada por não judeus". Judeus são proibidos de assistir a aulas na universidade como convidados. A Lei sobre a Profissão de Leiloeiro exclui os judeus desta ocupação. A Lei de Armamentos exclui comerciantes de armas judeus. Baden: Todos os livros de autores judeus deviam ser removidos das bibliotecas das escolas. O Decreto contra a Camuflagem de Firmas Judaicas proíbe a mudança dos nomes de negócios possuídos por judeus. Cartões de identidades alemães e passaportes de judeus são invalidados; os novos serão emitidos com um "J" estampado.[19]

Sinalizariam estes êxitos na luta contra os judeus o fim da obsessão nazista com eles?

No verão de 1938, uma nova onda de perseguição antijudaica varreu a Alemanha. Em certo nível, parecia estar de acordo com a nota de Goebbels em seu diário em 29 de novembro de 1937: "Os judeus devem sair da Alemanha, de fato de toda a Europa. Isso ainda levará algum tempo, mas vai acontecer e tem de acontecer".[20] A perseguição vinha da liderança nazista. Judeus foram privados de cuidados médicos; em julho, só 709 dos restantes 3152 médicos judeus tinham permissão de clinicar, embora lhes fosse negado o direito de se chamarem doutores e ficando restritos a tratar de pacientes judeus. Em setembro, o mesmo princípio se aplicou a advogados judeus: só 172 tiveram permissão para continuar trabalhando, representando apenas clientes judeus. Em janeiro de 1939, a medida foi estendida a dentistas e farmacêuticos judeus.

Enquanto isso, um comitê instalado por Goebbels recomendava que os judeus fossem obrigados a usar distintivos especiais de identificação e confinados a bairros específicos das cidades. Recomendava também sua remoção completa de uma série de profissões e que fossem tomadas medidas similares adicionais visando expelir completamente os judeus da vida alemã. Essas ideias já eram agora compartilhadas por grandes segmentos da sociedade alemã, pois as medidas antijudaicas vindas de cima tinham sido acompanhadas por uma tremenda violência vinda de baixo. Em 1938, os judeus foram removidos à força de várias comunidades, incluindo pequenas localidades no Hunsrück e em Bechhofen, na Francônia. Segundo relatórios do Serviço de Segurança, os judeus foram "arrastados de suas casas, espancados, cuspidos e chutados. Alguns foram arrastados descalços pela cidade. Após serem instruídas a fazê--lo, as crianças tomaram parte na demonstração".[21] Em várias povoações do sul da Alemanha, no verão de 1938, os prefeitos ordenaram que os judeus partissem dentro de algumas semanas.[22] Em Zeven, os judeus tinham sido expulsos um ano antes.[23]

Mas em outro nível, as medidas antijudaicas tomaram um novo rumo que estava de acordo com os sentimentos que Goebbels articulou na concentração anual do Partido Nazista em 1937, em Nuremberg: "Olhem, este é o inimigo do mundo, o destruidor de culturas, o parasita em meio à nação, o filho do caos, a encarnação do mal, o fermento de decomposição, o demônio visível da decadência da humanidade".[24] Ainda estava faltando voar. Qualquer contato entre algo judeu e algo alemão contaminava este. A ideia de que os judeus representavam o mal através do espaço e da história em si mesma não era nova, mas sem dúvida apontava para uma nova direção no Terceiro Reich ao ser adotada como política nazista. O período que vai de fins de 1937 a inícios de 1938 inaugurou uma nova fase na imaginação nazista dos judeus: para a modernidade nazista a luta antijudaica tinha sido vencida e os nazistas se voltavam agora para contar uma história sobre o passado.

Na verdade, medidas contra o enodoamento judaico do espírito alemão tinham sido tomadas muito cedo. Em dezembro de 1933, negócios judaicos foram proibidos de exibir símbolos cristãos na época de Natal. Nos anos seguintes, os judeus foram proibidos de negociar literatura nacional-socialista, de atuar no teatro alemão, de exibir a suástica em seus apartamentos e firmas e, em Breslau, de vender produtos no famoso mercado anual de Natal local.

Em 1937, judeus que entravam numa corte de justiça não tinham permissão para usar a saudação *Hail Hitler* e, um ano mais tarde, judeus não podiam receber lições de música de arianos.[25] Em 1938, a polícia detêve um judeu que vendia suásticas em sua loja de Regensburg.[26] Judeus na Áustria foram proibidos de vestir o tradicional traje alemão ou *Tracht*. Depois da *Kristallnacht*, não querendo se arriscar à menor possibilidade de contaminação, os nazistas decretaram que os judeus não podiam ser membros da Juventude Hitlerista.[27] Em janeiro de 1939, o espírito alemão se expandiu para o reino animal quando veterinários judeus só foram autorizados a tratar de animais de estimação cujos donos fossem judeus; animais de estimação de alemães eram agora considerados arianos.

Fazendo com que as medidas antijudaicas dessem mais um passo qualitativo, não só os judeus foram visados, mas também o judaísmo, e não simplesmente como ícone de tempos modernos, por exemplo nas profissões legais e médicas, mas como símbolo de traços históricos que enodoavam a nação. A Grande Sinagoga de Munique foi demolida em 9 de junho de 1938. Estava situada, juntamente com o prédio da comunidade judaica, ao lado da Casa de Arte Alemã. Ao visitar Munique várias semanas antes, Hitler havia ordenado que os prédios fossem demolidos antes do Dia da Arte Alemã, em 8 de julho. Um estacionamento foi criado em seu lugar. Os rolos da Torá, prestes a serem destruídos, foram salvos no último minuto.[28] A municipalidade de Munique indenizou a comunidade judaica com um sétimo do valor dos dois prédios. O assunto não foi publicado na imprensa, pois nessa época ainda existia algum senso de transgressão com relação à demolição de sinagogas. Mas a destruição foi ainda assim pública e não pôde ser mantida em segredo.

A demolição da sinagoga de Munique não foi um evento isolado. Em junho de 1938, três sinagogas de Berlim foram reduzidas a cinzas. Em Dortmund, a comunidade judaica foi forçada a vender o prédio da sinagoga na Hansastrasse (os nazistas mais tarde confiscaram o dinheiro que a comunidade judaica recebeu pela venda). A demolição da sinagoga começou em outubro de 1938 e, em 19 de outubro, a grande construção estava destruída. Em Nuremberg, líderes da comunidade judaica foram informados por funcionários locais que a sinagoga "estraga a vista da cidade" e teria de ser demolida. Os judeus foram autorizados a realizar um último serviço na noite de sexta-feira antes de a sinagoga e o prédio vizinho da comunidade judaica serem demolidos em 10 de agosto de 1938. A "pedra judaica", uma sobra da anterior sinagoga medieval que fora usada como base da Arca Sagrada na sinagoga moderna, foi salva por um arquiteto não judeu.[29] Em seguida a isto, foram destruídas sinagogas em pelo menos uma dezena de outras cidades, possivelmente em muitas mais, como aconteceu aos interiores das sinagogas em Regensburg e Leuterhausen.[30] Em Viena, depois que a Áustria se juntou ao Reich em março de 1938, rolos da Torá foram usados como tapetes.[31]

Que os nazistas tenham resolvido demolir sinagogas merece nossa atenção porque isso não era uma opção óbvia. Sinagogas evocavam um senso de tradição e história; ao demoli-las, os nazistas enfatizavam que a conexão entre os passados alemão e judeu tinha de ser rompida para libertar a história nacional alemã. É significativo que, no mesmo momento em que começaram a demolir sinagogas, os nazistas fundavam uma nova disciplina de estudos sobre judeus, emprestando autoridade acadêmica a uma nova história das relações judeu-alemãs. Em 1935, Alfred Rosenberg fundou em Berlim o Instituto para o Estudo da Questão Judaica. Embora continuasse sem influência entre os líderes nazistas, Rosenberg conseguiu ocupar um lugar importante ao promover teorizações antijudaicas e construir uma rede de instituições e organizações cujo objetivo era apresentar uma história "verdadeira" dos judeus na Alemanha e em outros lugares da Europa. Pouco depois disso, a fundação em Munique, em 1936, do Departamento de Pesquisa sobre a Questão Judaica no Instituto do Reich para a História da Nova Alemanha criou um local fundamental e produtivo para o trabalho de "teorização" nazista sobre a história judaica e alemã. O presidente do Instituto do Reich, o historiador Walter Frank, identificava o instituto como centro de uma nova história com uma orientação nacional-socialista. O departamento judaico era dirigido por Wilhelm Grau, cuja dissertação de fevereiro de 1933 tinha investigado o fim da comunidade judaica em Regensburg em 1519, o que lhe granjeara uma reputação como autoridade em história judaica. Ele articulou com as seguintes palavras as relações mútuas entre história alemã, europeia e judaica: "Nunca é demais enfatizar que a história moderna e contemporânea alemã e europeia deve ser escrita levando em conta a questão judaica". Ele não pretendia se referir a qualquer influência positiva dos judeus. Ao contrário, de modo a extirpar o judeu da história alemã, Grau argumentou, era essencial compreender como uma história do Problema Judaico influenciou o retorno das raízes da nação à história local e regional, que começava com as cidades alemãs na Idade Média.[32]

Segundo essa ideia, alemães e judeus tinham de ser separados porque estavam indissoluvelmente ligados. O enorme esforço nazista para demonizar o judeu parece resultado não da completa desconexão dos dois grupos, mas, ao contrário, do entrelaçamento de suas relações. Isso derrama luz quanto à razão de a zombaria e humilhação serem tão centrais na violência antijudaica alemã: eram essenciais para superar um sentimento de desconforto com a violação de uma intimidade.

Para esses intelectuais, compreender a história judaica era um meio de compreender a história alemã. Volkmar Eichstät, um bibliotecário e bibliógrafo do Instituto do Reich para a História da Nova Alemanha e da Biblioteca Estatal Prussiana, em Berlim, compilou, em 1938, uma abrangente *Bibliografia sobre a História da Questão Judaica* como ferramenta de pesquisa para os estudiosos.[33] Sua opinião era que "a história do antissemitismo não foi escrita" ainda porque os estudiosos não conseguiram compreender as conexões entre judaísmo e identidade alemã. Ele explicou essas conexões numa palestra intitulada "A Literatura sobre a Questão Judaica em Bibliotecas Alemãs", proferida na conferência anual de bibliotecários alemães em Graz, em junho de 1939. Essa literatura, segundo Eichstät, meticulosamente recolhida por gerações anteriores, era essencial para a "vida da nação porque, ao pesquisar a dura e por fim vitoriosa batalha entre nossa nação alemã e o elemento racialmente estrangeiro do judaísmo, ganhamos uma compreensão melhor de nosso caráter alemão. E, ao fazê-lo, aumentamos não apenas nosso conhecimento, mas fortalecemos nosso compromisso com a vida nacional".[34]

Os eruditos nazistas voltados para estudos judaicos encaravam essas conexões com muita seriedade. Johannes Pohl, um especialista em cultura judaica, baseou sua carreira numa familiaridade com o judaísmo, a comunidade judaica na Palestina e o moderno hebraico. Ele chegou ao nazismo através de seus interesses religiosos. No início da carreira, Pohl se formou em teologia católica em 1926 pela Universidade de Bonn e entrou no sacerdócio. Recebeu então uma bolsa de estudos e passou dois anos (1932-1934) em Jerusalém, onde estudou na Universidade Hebraica e completou um segundo doutorado no Instituto da Bíblia Papal da cidade. Quando retornou de Jerusalém, largou a batina, casou-se e uniu-se ao grupo de intelectuais nazistas formado em torno de Rosenberg. Escreveu um livro sobre o Talmude e foi colaborador do jornal antissemita *Der Stürmer*, de Julius Streicher.[35]

Em 1938, os criadores da política antijudaica nazista tinham várias opções. O projeto de criar uma Alemanha sem judeus estava, segundo reconhecimento geral, progredindo bem. Um moderno Estado europeu sem judeus tinha há muito tempo existido na imaginação fértil de muitos antissemitas, embora não como programa político, oficial, apoiado em justificativas morais. Mas em 30 de janeiro de 1933, Hitler e seu regime abriram para os alemães a possibilidade de criar tal Estado, revertendo décadas de valores pós-iluministas e uma política estabelecida de emancipação judaica. Imaginar uma Alemanha sem judeus havia sido uma criação cultural fundamental nos anos 1933-1938. Imaginá-la não era igual a concordar com ela, mas indicava um horizonte mental compartilhado. Um limiar tinha sido ultrapassado e um novo estabelecido: dentro de uns poucos anos, uma Alemanha sem judeus havia sido criada de maneira completa, maciça, participatória, sem oposição.

Mas a despeito do evidente sucesso das políticas antijudaicas, os judeus continuavam a ser cruciais para a identidade nazista. A enorme mobilização contra os judeus em 1938 foi conduzida não através de passos práticos para excluir e banir os judeus no presente (havia alguma área da vida da qual os judeus já não tivessem sido totalmente excluídos?), mas através das reivindicações muito mais amplas sobre a necessidade de romper o laço entre o passado e a identidade de alemães e judeus. Talvez além disso, Grau, Eichstät e Pohl estivessem interessados no passado alemão e judaico com o objetivo de reescrever não só a história alemã, mas também a história judaica. Eles se propuseram, com efeito, a se apropriar da história dos judeus e a escrever uma nova história alemã e europeia sem judeus e judaísmo. Era uma ideia muito mais radical do que remover os judeus de posições econômicas, sociais e culturais na sociedade alemã. O que fariam em seguida os nazistas?

PARTE II

1938-1941
O Judeu como Origem do Passado Moral

CAPÍTULO 4

Queimando o Livro dos Livros

> Quando em minha cidade natal tocaram fogo na sinagoga, os judeus foram detidos e forçados a ver a sinagoga queimar, tornando-se também espectadores dos homens da SS jogando futebol com uma Bíblia. Então um homem da SS se aproximou de nós e disse...: "Somos afinal muito mais fortes que o Jeová de vocês".
>
> *Willy Schiller, Hindenburg, Silésia*

Os NAZISTAS QUEIMARAM A BÍBLIA HEBRAICA EM 9 E 10 DE NOVEMBRO DE 1938. Não um exemplar, mas milhares, não em um lugar, mas em centenas de comunidades por todo o Reich. E não apenas em metrópoles como Berlim, Stettin, Viena, Dresden, Stuttgart e Colônia, mas em comunidades tão pequenas quanto Sulzburg, uma aldeia protestante em Baden, com 1070 habitantes, onde as tabuinhas de pedra dos Dez Mandamentos foram atiradas do telhado da sinagoga e os nazistas, numa atitude zombeteira, ficaram marchando com os rolos da Torá de um lado para o outro da rua principal antes de destruí-los.[1] Pelo fogo e outros meios, a destruição do Livro dos Livros esteve no centro da *Kristallnacht*, quando 1400 sinagogas foram incendiadas.[2]

Em Berlim, os alemães queimaram os rolos da Torá da Bíblia hebraica em frente da sinagoga da Levetzowstrasse, enquanto outros levaram os rolos da sinagoga da Fasanenstrasse para a Praça Wittenberg e ali os queimaram.[3] Os rolos que foram salvos da Praça Wittenberg foram mais tarde enterrados pela comunidade em Weissensee, conforme a tradição judaica. Em Pestalozzistrasse, rolos em frangalhos da Torá e livros de oração, assim como objetos religiosos do altar estavam espalhados pela área perto da sinagoga. Crianças marchavam, zombeteiras, sobre a Torá em frangalhos com cartolas na cabeça.[4] No

bairro judeu de Leopoldgasse, em Viena, as Arcas e os rolos da Torá de quatro sinagogas foram empilhados na rua e incendiados. Em Mosbach, Baden, uma comunidade de 5 mil almas, uma fotografia capturou os habitantes locais assistindo o interior da sinagoga ser queimado na manhã de 10 de novembro.[5]

Destruir a Bíblia hebraica em pequenas comunidades era um evento público que ninguém podia ignorar, um evento de que as crianças frequentemente participavam. Em Fritzlar, uma pequena cidade no Hessen onde, no ano 919, o Reichstag fez nascer o Sacro Império Romano-Germânico, rolos da Torá foram rolando pela Nikolausstrasse enquanto a Juventude Hitlerista passava de bicicleta sobre eles.[6] Crianças brincaram na rua com a Torá em Hirschberg, na Silésia, enquanto em Herford, uma pequena cidade na Alemanha ocidental, deixaram-na destroçada sob um berreiro e risos gerais.[7] No povoado de Kippenheim, em Baden (1821 habitantes), os jovens atiraram os rolos da Torá no riacho local, enquanto num bairro de Viena, escolares foram levados para ver a queima da Torá.[8] Crianças judias evocaram sua própria imagem da Bíblia naquele dia. Batya Emanuael, de 13 anos, assistiu com o irmão à destruição de uma pequena sinagoga que ficava ao lado da casa deles, em Frankfurt: "Uma janela foi escancarada, uma cadeira voou... Foi seguida por outra cadeira e ainda outra. E então houve silêncio... Uma cobra branca saltou do peitoril da janela e foi deslizando até o chão lá embaixo, parecia sem fim. 'Rolos da Lei, Rolos da Torá', dissemos ofegantes, não querendo acreditar em nossos olhos".[9]

Em Aachen, os nazistas despedaçaram a Torá na frente da sinagoga e puseram os retalhos nos bolsos, afirmando que ela lhes traria boa sorte (uma velha crença de origens desconhecidas).[10] Em Viena, Siegfried Merecki, um advogado de 51 anos com três filhos, morava perto de uma das sinagogas da cidade. Naquela noite viu "fardos sendo carregados... Figuras sombrias estavam avançando para a ponte sobre o Danúbio. Então compreendi. Os rolos da Torá estavam sendo levados para a ponte e atirados no rio. Observei e contei seis [rolos] e ouvi risos hediondos".[11]

Também em Viena, os judeus estavam vestidos com os mantos e ornamentos da Arca e assim marcharam, acossados pelas ruas, com rolos despedaçados da Torá amarrados nas costas, enquanto em Frankfurt os judeus foram obrigados a rasgar a Torá e a queimá-la.[12] Na pequena Schmieheim, uma comunidade protestante de 752 almas em Baden, os nazistas fizeram os sete rolos da Torá da sinagoga rolar pela rua como um tapete. Alguns rolos estavam mais tarde pendurados na estação ferroviária da aldeia vizinha de Dinglingen bei Lahr.[13] Uma mulher judia, que tentou salvar os rolos e objetos rituais em Lichtenfeld, na Baviera, foi detida por crianças. Um tumulto se seguiu e a mulher foi morta. As crianças mais tarde jogaram futebol com os livros de oração.[14] Em Altdorf, uma aldeia católica de 1112 almas em Baden, um alemão, na frente da sinagoga, parodiou o judeu em oração e simulou usar o *talit*, o xale do judeu que reza, como papel higiênico. Depois leu alguma coisa do livro de orações, cuspindo injúrias contra os judeus.[15] E em Wittlich, na Alemanha ocidental, "um homem da SA, gritando, subiu no telhado sacudindo os rolos da Torá: 'Limpem suas bundas com isso, judeus', gritava atirando-os como serpentinas no Carnaval".[16]

Em Württemberg, um homem que pegou na rua livros de oração judaicos, presumivelmente como ato de respeito para com os objetos sagrados, foi mais tarde enforcado publicamente numa árvore da estrada que ia de Steinach a Hall. Em Euskirchen, na Renânia, a Torá foi desenrolada e pendurada no telhado adornado da sinagoga na Annaturmstrasse, ficando visível para a mul-

tidão que se reuniu diante do prédio assim como para os que contemplavam, de certa distância, o templo fumegante.

Enquanto os rolos da Torá ardiam no pátio de uma sinagoga em Düsseldorf, homens alemães, alguns usando os mantos dos rabinos e cantores, dançavam em volta do fogo.[17]

Relatos da *Kristallnacht* e do Terceiro Reich têm deixado passar a queima da Bíblia. A teorização da *Kristallnacht* se concentrou em dois tópicos principais. Um põe em evidência as interações entre Hitler, os líderes do partido que lhe eram mais próximos (principalmente Goebbels), as organizações do partido e todos os níveis da sociedade alemã na provocação e efetivação da violência. A preocupação principal tem sido descobrir quem dava as ordens e se a violência era comandada de cima, se era um reflexo de sentimentos de massa ou ambas as coisas.[18] O segundo se concentra nas reações da população alemã e da opinião pública internacional.[19] Mas certamente temos de ver o fosso entre esses tópicos e as questões delicadas levantadas pela destruição de um dos símbolos mais sagrados da civilização cristã-europeia, incluindo as relações de raça e religião, o símbolo das origens associado ao texto antigo e as emoções e imaginação nazistas que tornaram esses ataques possíveis. Por que a violência da *Kristallnacht* devora o livro que há milênios tinha dominado a imaginação cristã e adornado ícones culturais como a Catedral de Monreale de Palermo, a Capela Sistina e a Catedral da Anunciação do Kremlin?

O silêncio dos estudiosos é interessante porque as fontes que tenho usado para reconstruir os eventos, baseado em relatos locais, de testemunhas oculares, reunidos logo após a *Kristallnacht*, estão acessíveis. Alguns estudiosos não "viram" que essas fontes são a explicação da *Kristallnacht* graças a argumentos impessoais que enfatizam a estrutura e políticas do Estado. Os estudiosos interpretam assim a *Kristallnacht* evitando inteiramente os judeus, afirmando que não foi o antissemitismo que provocou a violência, mas a "estrutura de dominação do processo de tomada de decisões do regime nazista", como se a história fosse feita por estruturas e não por seres humanos.[20] Outros compreenderam o evento em termos de políticas nazistas para acelerar a emigração dos judeus do Reich.[21] Mas certamente os nazistas podiam ter encontrado outros meios de acelerar a emigração em vez de queimar a Bíblia. Este ato não pode ser reduzido a um problema de tomada de decisão política, ordenado de cima e diligentemente executado a partir de baixo, pois essa visão nada nos diz sobre por que as pessoas de Schwinzingen queimaram a Torá. Tais interpretações da *Kristallnacht* são em última análise reveladoras pelo que ignoram no registro histórico.

A dificuldade dos historiadores em explicar a *Kristallnacht* dentro de uma visão mais ampla do nazismo está refletida no trabalho de Saul Friedländer, que aliás foi bem-sucedido ao abordar os aspectos psicológicos da visão de mundo nazista. Quando relata o antissemitismo nazista nos anos do pré-guerra, ele chega a um impasse ao discutir a *Kristallnacht* e acaba renunciando a uma explicação. Primeiro rejeita a ideia de que a *Kristallnacht* foi um passo nos planos nazistas para apressar a emigração judaica, uma visão que é compatível com sua interpretação de um antissemitismo nazista dominado por uma ideologia racial, redentora, que via a batalha contra os judeus em termos apocalípticos. Mas em seu livro *A Alemanha Nazista e os Judeus: Os Anos da Perseguição, 1933-1939*, não tenta colocar a *Kristallnacht* dentro da argumentação. Ao contrário, escreve: "Nesse momento [9 de novembro], o ódio abismal surge como o princípio e o fim da investida". É uma avaliação surpreendente porque insinua que, com relação à brutalidade nazista, Friedländer atingiu aqui o limite de seu poder de raciocínio histórico. É revelador que termine sua narrativa da *Kristallnacht* com a seguinte história de desespero em face do inexplicável... *Herr* Marks, que era dono de um açougue, foi preso. "Os homens da SA estavam rindo de *Frau* Marks, que permanecia na frente da despedaçada vitrine de vidro laminado [com] as duas mãos erguidas num desespero perplexo. 'O que seu pessoal está fazendo conosco?', lastimava-se para o círculo de rostos silenciosos nas janelas, seus vizinhos de toda uma vida. 'O que fizemos a vocês?'"[22]

Já nos deparamos com uma das razões pelas quais teóricos recentes não "viram" as fontes sobre a queima da Bíblia, ou seja, a crença basicamente não questionada de que a ideologia racial era a fonte essencial de motivações e crenças no Terceiro Reich. Indubitavelmente, a ideologia racial, ainda que importante, não pode explicar adequadamente o significado cultural de destruir sinagogas e a Bíblia. Na realidade, a história que contamos até aqui torna possível fazer uma nova pergunta que desafia nossa compreensão do Holocausto: por que os nazistas, dispostos a construir uma civilização *racial*, queimam a Bíblia e sinagogas, que são símbolos *sagrados*, *religiosos*? O evento se torna significativo quando nos colocamos dentro da narrativa nazista acerca de alemães, judeus e raízes. A queima da Bíblia girava em torno de alianças: antiga, nova e ainda mais nova.

Queimar a Bíblia, e por extensão a *Kristallnacht*, era parte da narrativa nazista acerca dos judeus como herdeiros de uma tradição, de origens históricas, que ameaçava o Terceiro Reich. A *Kristallnacht* não era simplesmente um desdobramento dramático da ideia de que "os judeus não são bem-vindos" ou que "esta ou aquela localidade está livre de judeus", porque a queima da Bíblia não visava os judeus como inimigos individuais, liberais, bolcheviques ou raciais, mas o judaísmo como um todo; não dizia respeito a definir o presente, mas a definir o passado; não tratava primariamente de políticas de emigração ou ódio incontrolável, mas da construção de uma civilização racial pela extinção da autoridade dos judeus sobre um antigo passado moral embutido na Bíblia. Não afirmo que isto fosse o único sentido da queima da Torá, mas defendo a ideia de que era o mais fundamental.

A Bíblia foi destruída porque era incomodamente importante para os nazistas. Ao queimá-la, os nazistas expandiam a ideia de origens raciais eternas, adicionando-lhe o desejo de uma matriz de origens religiosas puras. Embora a ideologia racial fornecesse uma prova moderna, científica, da eterna culpa dos judeus, na *Kristallnacht* os nazistas criavam ao mesmo tempo uma comunidade nacional alemã e cristã que era independente de raízes judaicas. A ideia de raça dava provas de imemoriais crimes judaicos para uma comunidade nacional que decidiu se libertar da autoridade do judaísmo representado pelo imemorial Livro dos Livros. Desse modo, para os nazistas, modernos e antigos vícios judaicos se ligavam e complementavam uns aos outros. Os judeus foram extirpados da Alemanha porque exemplificavam a falta de raízes dos tempos modernos *e* as supremas origens históricas embutidas na Bíblia. Falta de raízes e raízes se mesclavam ao moldar a ideia nazista de origens. Os nazistas perseguiram os judeus porque, como cosmopolitas sem raízes, eles não se integravam à identidade alemã e também os perseguiram porque, sendo o povo do Livro, eles de fato faziam parte da identidade alemã, cristã.

Queimar a Bíblia era um modo de visualizar o judaísmo, de fazer com que o inimigo que estava sendo destruído ficasse tangível. Alguns dos alemães que participaram sabiam que os rolos da Torá incluíam os cinco livros do Pentateuco, do Gênesis ao Deuteronômio, que eram lidos no templo. Outros talvez tivessem apenas uma ideia vaga dos conteúdos dos rolos, enquanto outros ainda talvez não tivessem a menor ideia, mas associavam-se aos amigos no ato de vandalismo. A questão não era se tinham um conhecimento preciso das práticas e dos rituais religiosos judaicos ou dos exatos livros bíblicos incluídos nos rolos. Os participantes sabiam que o rolo da Torá era o mais santo e mais sagrado objeto na sinagoga. Isso bastava. O rolo era uma imagem do judaísmo e o rolo em chamas fornecia uma destruição simbólica de autores, cantores e leitores. A queima continuou sendo uma prática familiar desde maio de 1933, quando o sentido da queima dos livros não foi determinado pelo preciso conhecimento literário dos participantes e da audiência. A queima era o sentido.

Os rolos foram tocados, carregados, desenrolados, pisoteados, levados de bicicleta e a pé, amarrados nas costas de judeus, atirados em rios, despedaçados, incendiados: os alemães se envolviam intimamente com a condição física e a materialidade da Torá. A destruição provocava simultaneamente os cinco sentidos. Era um ato tátil de contato palpável, repleto da sensualidade e emoção que vem com a destruição de objetos perigosos. Perigosos — pois ao queimar a Torá os alemães também reconheciam o poder do objeto, assim como reconheciam o poder do judaísmo ao queimar 1400 sinagogas. Os rolos tinham sido conquistados apenas com as mãos, de forma demonstrativa, pública, para todos verem. Os alemães destruíram a Bíblia não timidamente, em segredo, mas numa *performance* arrebatadoramente teatral com atores e audiência, fosse aplaudindo, berrando ou em chocado silêncio. Queimando a Bíblia em público, os nazistas transformavam todos em cúmplices do ato de transgressão e, também neste sentido, a *Kristallnacht* era similar aos rituais carnavalescos públicos de humilhação de anos anteriores.

Queimar a Bíblia era uma impressionante exibição de superioridade sobre os judeus, tão gigantesca, brutal e transgressora que era como se estivessem efetivamente dizendo aos judeus e a outros europeus que eles e não os judeus eram agora o povo escolhido. O ato de destruição era também um ato de apropriação da autoridade da Bíblia hebraica e uma espécie de superação de um pecado original das origens — a saber, de as raízes do cristianismo (e, portanto, do cristianismo alemão) serem judaicas. Em suas ações, os nazistas transmitiam que a nova raça dominante estava substituindo o antigo povo escolhido. Em Regensburg, os judeus que iam na frente da parada de humilhação foram obrigados a carregar uma faixa dizendo: "Êxodo dos Judeus". Ao exorcizar todo passado religioso que associava judaísmo e identidade alemã, os nazistas criavam um novo passado para o Terceiro Reich e para o cristianismo alemão.

Na pequena Baden-Baden, a *Kristallnacht* pôs fim à comunidade judaica local, que foi mencionada pela primeira vez no registro histórico do ano de 1267. Em 1584, os judeus locais, exceto as duas famílias mais ricas, foram expulsos.

A residência permanente só foi concedida em 1862, em seguida à emancipação dos judeus no estado de Baden. Depois que a Alemanha foi unificada em 1871, a comunidade se desenvolveu rapidamente e uma bela sinagoga no estilo do revivalismo românico foi construída em 1897-1898 na Stephanienstrasse 5. Um cemitério foi consagrado em 1921. A comunidade continuou pequena: em 1925, viviam 425 judeus numa cidade de 25.692 habitantes. Antissemitismo, sionismo e o atrativo da grande cidade e de terras estrangeiras reduziram a população judaica para 260 em 1933. Após a ascensão de Hitler ao poder, a comunidade definhou rapidamente; sobraram 65 judeus entre 1933 e 1938.

Arthur Flehinger, que foi professor no ginásio local nos anos 1930, recordou como os homens judeus da comunidade foram detidos na manhã de 10 de novembro e levados para a chefatura de política. Um policial apareceu em seu apartamento às sete da manhã e levou-o para a chefatura. Nessas primeiras horas da manhã as ruas estavam praticamente desertas, fora outros judeus, um total de cerca de cinquenta homens e líderes comunitários locais, que foram também arrebanhados e levados para a chefatura.

Lá para o meio-dia, começou uma marcha forçada para a sinagoga. A distância entre a chefatura de polícia e a sinagoga era bastante curta, mas a marcha atravessou intencionalmente as principais ruas da cidade, passando pela Praça Leopold, a Praça Augustus e a Praça Ludwig-Wilhelm. À frente

da marcha caminhavam dois membros idosos da comunidade segurando uma estrela de davi com a inscrição: "Deus, não nos abandone!" A ironia não precisava de explicação. A parada evocava associações religiosas. "Relatou-se que um dos muitos cidadãos decentes teria dito", recordou Flehinger, " 'O que eu vi não foi um Cristo, mas toda uma coluna de figuras de Cristo que estavam marchando de cabeça erguida e ombros não curvados por qualquer sentimento de culpa'". Uma grande multidão estava esperando na frente da sinagoga em Stephanienstrasse. Os judeus subiram os degraus do templo através de fileiras de gente hostil. No santuário foram forçados a tirar os chapéus, a cantar o hino "Horst Wessel" e a ouvir preleções antissemitas. Mandaram então que Flehinger fosse até o atril de onde a Torá costumava ser lida e recitasse trechos de *Mein Kampf*, de Hitler, para a congregação. Os nazistas não ficaram satisfeitos com sua leitura porque ele não mostrou suficiente convicção. Ele foi devidamente espancado. Outros membros da comunidade foram convidados a ler alguma coisa do livro e também foram espancados. Após essas cerimônias, que tomaram algum tempo, os homens tiveram permissão de se aliviar no pátio contra os muros da sinagoga. Cinquenta e dois deles foram então carregados para caminhões e levados para Dachau. E aí a sinagoga foi incendiada. Foi dito que a multidão tentou atirar o cantor da sinagoga nas chamas, mas que ele foi salvo por um bombeiro. "Se dependesse de mim", disse um dos nazistas aos judeus, "[todos] vocês teriam morrido nesse incêndio."[23]

A sinagoga foi demolida. As pedras restantes foram usadas para pavimentar uma estrada e foi construído um parque no local onde ficava a sinagoga.

A brutalidade de 9 de novembro surgiu precisamente da persistente tentativa de remover qualquer laço entre identidade alemã e identidade judaica. Naturalmente, sadismo, raiva, embriaguez, pressão dos demais e incessante propaganda antijudaica estavam presentes, mas só esses elementos são insuficientes para explicar o alegre desejo de magoar e insultar e o prazer de humilhar. Uma mistura de intimidade e repulsa guiava a perseguição.

E assim os judeus, amarrados uns nos outros por cordas, foram obrigados a marchar através de Trebniz, perto de Breslau, para ver a sinagoga ardendo. Todos os judeus em Emden, na East Friesland, incluindo os que viviam no asilo local, foram obrigados a desfilar pela cidade para participar do incêndio da sinagoga. Lá, diante das chamas, foram forçados a cantar. O rabino Jacob Horovitz, de Frankfurt, que já sofrera um colapso nervoso devido a maus-tratos nas mãos da Gestapo, foi forçado a deixar o hospital em 9 de novembro para ver a queima de sua sinagoga, onde o pai, Marcus Horovitz, fora rabino antes dele. Teve uma segunda crise diante da sinagoga e morreu no início de 1939. No final da Harscampstrasse, em Aachen, os nazistas incendiaram a sinagoga e depois atiraram brasas incandescentes nos judeus.[24] Em Emmerich, judeus foram obrigados a pôr fogo em sua própria sinagoga.[25] E novamente em Emden, um judeu, que se chamava Mindus, foi forçado pelos nazistas a declarar diante de seus pares judeus, todos parados diante da sinagoga em combustão lenta, que fora ele quem pusera fogo no prédio.[26]

O cônsul americano em Leipzig, David Buffum, mandou o seguinte relatório para Washington:

> Tendo demolido residências e atirado a maior parte dos bens móveis nas ruas, os perpetradores, insaciavelmente sádicos, jogaram muitos dos assustados moradores num pequeno córrego que corre pelo jardim zoológico, mandando os horrorizados espectadores cuspirem neles, sujarem-nos com lama e zombarem de sua provação... A menor manifestação de simpatia despertava uma fúria efetiva por parte dos perpetradores e a multidão se via impotente para fazer qualquer coisa além de desviar os olhos, cobertos de horror, da cena brutal ou deixar o local. Esses métodos foram praticados toda a manhã de 10 de novembro sem a intervenção da política, sendo aplicados a homens, mulheres e crianças.[27]

A orgia de violência era para os alemães ao mesmo tempo chocante e familiar. Em certo nível, a *Kristallnacht* não era uma ruptura dramática nas políticas nazistas, mas uma amplificação do que estava acontecendo desde 1933. Ao queimar a Bíblia, os alemães atingiam diretamente a Arca da Torá para aplicar o que muitos na sociedade alemã, como os acadêmicos que estudavam os judeus, vinham defendendo há alguns anos — ou seja, romper qualquer conexão entre judaísmo e identidade alemã. A brutalidade familiar dava continuidade a um padrão de violência que tinha estado presente desde janeiro de 1933, pois sinagogas foram incendiadas e demolidas, e os judeus expulsos de comunidades alemãs antes de novembro de 1938.

Mas num nível diferente, a *Kristallnacht* foi chocante. Em Regensburg, um alto funcionário regional reportou a Munique que, embora a população apoiasse medidas legais contra os judeus, o vandalismo da *Kristallnacht* despertou oposição e, de fato, aumentou a simpatia pelos judeus.[28] Quando os judeus foram forçados a marchar pelas ruas de Regensburg, alguns residentes tinham lágrimas nos olhos.[29] Um homem em Württemberg escreveu numa carta: "Terrível o que aconteceu aqui. Isto é afinal uma casa de Deus. Não se enganem, Deus não deixa seu povo ser ridicularizado".[30] O que chocou os alemães em 1938 foi a transgressão contra símbolos de religião e moralidade — isto é, a incômoda percepção de que, ao queimar sinagogas e a Bíblia, o Terceiro Reich estivera tentando mudar não apenas a história secular dos alemães e judeus, mas também o papel dos judeus na civilização cristã.

Ao queimar sinagogas e a Bíblia, os nazistas colocavam inevitavelmente no centro do palco as relações entre nazismo e cristianismo. O racismo científico era um conjunto de imagens relativamente novo com o qual imaginar os judeus; tinha de negociar com imagens antissemitas cristãs, bem como com imagens religiosas dos judeus como o povo da Bíblia, dos Dez Mandamentos, da Lei e, portanto, para alguns, da moralidade. A descrição feita pelo racismo científico, após 1933, dos judeus como vermes e micróbios não conquistou simplesmente da noite para o dia a imaginação de nazistas e outros alemães, por mais difundida que fosse a propaganda nazista. Velhas e novas ideias se mesclavam.

Esse processo de negociação dava sentido a ideias antissemitas nazistas: não importa o que dissessem sobre os judeus como inimigos raciais, os nazistas ainda tinham de imaginá-los dentro da passada tradição religiosa dos judeus como o povo da Bíblia. O antissemitismo moderno, racial, estava intimamente conectado à tradição de antijudaísmo cristão. Os dois eram diferentes, mas não estavam separados porque o antissemitismo moderno, racial, ganhou forma dentro do contexto de memórias, hábitos e crenças herdados do antijudaísmo cristão e em circunstâncias anteriores a 1933. Evidentemente, alguns nazistas eram anticristãos, particularmente anticatólicos, mas sua imaginação antissemita era não obstante uma mistura de imagens cristãs e raciais. Precisamos reconhecer a persistência de uma tradição imaginária cristã sobre os judeus para compreender a transformação da imaginação antijudaica no Terceiro Reich.

O nazismo não rejeitou e não poderia rejeitar o cristianismo. As sensibilidades religiosas na sociedade alemã durante o Terceiro Reich eram profundas. Pelo cálculo de 1939, mais de 95% dos alemães eram registrados, batizados e membros contribuintes das igrejas protestante e católica.[31] O próprio Hitler nunca abandonou a igreja católica. Muitos alemães não observavam regularmente práticas religiosas; mais importante, no entanto, era que compartilhavam um senso de tradição cristã que estava vinculado à sua identidade nacional. Os nazistas eram parte dessa tradição. O amplo apoio popular desfrutado pelo Terceiro Reich devia muito à preservação da religião pelo regime, assim como da propriedade privada e do consumo de massa. A tentativa revolucionária nazista de construir uma nova sociedade racial reconhecia que mesmo a transformação mais radical era mantida por laços com o passado. Ao contrário, os bolcheviques, nos anos 1920 e 1930, atacaram o cristianismo, demolindo igrejas, convertendo-as em galpões para estocar cereais e alojar vacas, quando não as explodiam inteiramente. Viam a prática religiosa como atividade perigosa, traiçoeira, e estavam determinados a soltar as amarras do passado propondo uma visão de mundo que não tinha lugar para o cristianismo.[32] Ser bolchevique e praticar o cristianismo era, pelo menos ideologicamente, uma contradição. Mas no Terceiro Reich muitos nazistas eram aberta e orgulhosamente cristãos e os nazistas nunca consideraram seriamente a possibilidade de adotar políticas religiosas estilo bolchevique. O objetivo deles não era erradicar o cristianismo, mas erradicar as raízes judaicas do cristianismo; não substituir o cristianismo pelo racismo, mas combinar os dois.

Tradicionais motivos cristãos antijudaicos se alojaram no racismo nazista. Os judeus eram rotineiramente associados ao diabo. A literatura infantil, usando temas familiares e de fácil compreensão para apresentar os alemães do futuro, enfatizava particularmente esta associação. O livro *A German Mother* [*Uma Mãe Alemã*], de 1938, inculcava: "Crianças, olhem aqui! O homem que está pendurado na Cruz foi um dos maiores inimigos dos judeus de todos os tempos... Ele disse ainda aos judeus: O pai de vocês é o Diabo! Vocês sabem, crianças, o que isso significa? Significa que os judeus descendem do Diabo".[33]

A ideia do judeu como um presságio de enfermidade e epidemias também fora lugar-comum durante séculos na Europa cristã. O medo dos nazistas de uma contaminação racial estava ligado a essa ideia, assim como seu equivalente metafórico. Como Hitler escreveu em *Mein Kampf*, o judeu é "uma pestilência, uma pestilência moral, com a qual a população foi infectada [...] pior que a Peste Negra (do século XIV medieval)".[34]

Houve aplicações mais diretas da ideia secular de que os judeus traziam enfermidades. Em abril de 1933, no Instituto Kaiser Wilhelm, em Berlim, foi negado a cientistas judeus acesso a culturas de tifo, cólera e outras doenças, pelo temor de que envenenassem o suprimento de água. Logo após a invasão da Polônia, em setembro de 1939, o órgão nazista *Völkischer Beobachter* relatou que judeus tinham envenenado suprimentos de água usados por tropas alemãs. O *New York Times* relatou de Berlim, em 20 de novembro de 1939, que os alemães planejavam confinar os judeus de Varsóvia num gueto porque, segundo os alemães, "eles são perigosos portadores de doença e pestilência".[35] A representação nazista dos judeus como feios e malcheirosos tinha também uma antiga tradição.

O distintivo judeu foi uma invenção medieval (o primeiro, apresentando as Tábuas da Lei, foi introduzido em 1218), como foi o uso de inscrições hebraicas ou pseudo-hebraicas para conotar a maldade judaica e acusar os judeus de crimes contra Cristo e os cristãos.[36] Em 1941, os nazistas introduziram o distintivo amarelo, uma estrela com a inscrição pseudo-hebraica da palavra *Jude* (judeu) no meio. Há muito tempo os judeus tinham a reputação de ter poderes sobrenaturais na cultura europeia; os nazistas articularam novamente essa ideia após 1933 e, com especial vigor, durante a guerra, quando afirmaram que o judaísmo universal havia instigado o conflito para liquidar a Alemanha.

Os cristãos na Idade Média cobiçavam muitos amuletos judeus com inscrições hebraicas, que trariam boa sorte.[37] Teriam os nazistas em Aachen, que guardaram pedaços da Torá para ter sorte, sabido deste precedente? Provavelmente não. Não existe elo genealógico recuando diretamente do nazismo para a sociedade medieval; o nazismo não começou na Idade Média. Os nazistas tinham consciência de alguns precedentes históricos no repertório antissemita europeu de imagens e símbolos, mas com frequência usavam de forma não intencional e não de todo consciente esse repertório, embora lhe dando um sentido novo, moderno. Certos tipos de símbolos aparecem repetidamente durante extensos períodos da história porque passam a ser identificados com um determinado objeto. Criam um certo manual simbólico arquetípico que está disponível para uso, embora o sentido se altere de um período histórico para outro. A imaginação antijudaica nazista misturava "ciência" racial, que lhe dava a legitimidade da racionalidade moderna, com elementos cristãos, que lhe davam a familiaridade da tradição.

Em seu intuito de erradicar as raízes judaicas do cristianismo, os nazistas encontraram apoio nas igrejas alemãs. O Movimento Cristão Alemão era um entusiástico grupo pró-nazista dentro da igreja protestante alemã que, durante o Terceiro Reich, foi lentamente ganhando controle da maior parte das igrejas protestantes regionais que havia no país, atraindo entre um quarto e um terço dos membros da igreja. A Igreja Confessional, grupo minoritário dentro da igreja protestante que atraía cerca de 20% dos membros da igreja, se opôs ao que encarava como esforços do Movimento Cristão Alemão para minar a doutrina cristã básica, mas não contestava Hitler nem o regime nazista. A Igreja Católica tinha as mais complexas relações com o nazismo em termos de poder político e religioso. Desde a unificação nacional em 1871, os protestantes alemães identificavam protestantismo com identidade nacional. Dois terços dos alemães eram protestantes, incluindo o imperador, que governou até 1918. Sentimentos anticatólicos entre os protestantes e uma suspeita de que os católicos deviam primariamente fidelidade ao papa em Roma em detrimento da nação alemã levaram a uma intensificação das tensões. Otto von Bismarck, o chanceler protestante que unificou a Alemanha, lançou uma campanha torpe contra o catolicismo político na década de 1870, que teve impacto duradouro sobre as relações entre o Estado e o catolicismo. Os católicos eram patriotas, mas queriam proteger a autonomia de sua igreja e de suas escolas da ingerência do Estado, não importa o regime que estivesse no poder. Esses fatores também desempenharam um papel no Terceiro Reich, durante o qual as relações da Igreja Católica com o regime foram frequentemente tensas. Mais importante, no entanto, para nosso tópico é que, durante o Terceiro Reich, as três igrejas estiveram no geral unidas pela visão dos judeus como uma influência moral e espiritual degenerada sobre os cristãos alemães que devia, de um modo ou de outro, ser removida. Nenhuma das igrejas defendeu os judeus após 1933.

Embora o regime nazista tentasse enfraquecer o poder político e a autoridade moral das igrejas institucionais, especialmente da Igreja Católica, em outro nível havia uma afinidade fundamental entre cristianismo e nazismo. O aspecto singular mais persistente do nazismo era o antissemitismo, assim como o cristianismo proporcionava ao nazismo a mais rica tradição de antijudaísmo. Ao mesmo tempo, nas décadas anteriores a 1933, teólogos e clérigos protestantes (e também alguns católicos) alemães passaram a valorizar o potencial do racismo como veículo para livrar o cristianismo de tudo que fosse judeu, moldando, ao mesmo tempo, um cristianismo nacional alemão. O racismo tornou possível afirmar que Jesus não era judeu e que o cristianismo nada devia ao Antigo Testamento. Argumentava-se que Jesus era ariano e, como arianos e judeus eram raças opostas, Jesus e o cristianismo nada tinham em comum com o judaísmo. No Terceiro Reich, os católicos também compartilharam a ideia de desjudaizar o cristianismo alemão. Em 1933, o cardeal Von Faulhaber, de Munique, defendeu em seus sermões na época de Natal que o Antigo Testamento não fosse eliminado como um livro judeu, como exigido pelo Movimento Cristão Alemão. Sua argumentação, porém, não era a favor dos judeus; ao contrário, ele afirmava que o Antigo Testamento era de fato um texto antijudaico que demonstrava os costumes pecaminosos do povo judeu.[38] Pelo menos Von Faulhaber defendeu a manutenção do Antigo Testamento como parte da liturgia cristã. Outros, nos círculos de poder cristãos, foram mais radicais. O Sínodo da Saxônia declarou em 1933 que "reconhecemos [...] no Antigo Testamento a apostasia de Deus por parte dos judeus e, nisso, seu pecado. Esse pecado é tornado manifesto em todo o mundo na crucificação de Jesus. Daí por diante e até o dia presente, a maldição de Deus cai sobre este povo".[39]

A queima da Bíblia, ainda que extrema, se encaixa dentro de uma história mais ampla da Bíblia na Europa nas décadas anteriores a 1933 e dentro de debates teológicos sobre a separação do cristianismo do judaísmo, especialmente entre teólogos protestantes. Já no final do século XIX, várias lideranças protestantes liberais alemãs queriam que o cristianismo se separasse por completo do judaísmo. Alguns argumentavam que a obstinada resistência judaica a reconhecer Jesus como o Messias podia ser atribuída a um imutável caráter racial judaico. Adolf von Harnack, um dos principais teólogos protestantes do século XX, propunha separar o Antigo Testamento do cristianismo. Em 1920, ele publicou seu estudo sobre Marcião de Sinope, o pregador do século II que ensinava que o Deus da misericórdia do Novo Testamento não tinha a menor relação com o Deus imperfeito, irado, do Antigo Testamento e que cristianismo e judaísmo tinham de ser totalmente desconectados. Em seu livro, Harnack não atacava o mundo judaico contemporâneo em nome do antissemitismo político. Sua crítica era teológica, ainda que bastante clara: "Preservar [o Antigo Testamento] no protestantismo como um documento canônico [nos dias de hoje] é consequência de uma mutilação religiosa e eclesiástica".[40]

Eliminar o Antigo Testamento do cristianismo era, portanto, não simplesmente uma ideia nazista ou uma crua nazificação do cristianismo: tais ideias foram propostas e discutidas por teólogos protestantes (e alguns católicos) sérios em décadas que transcorreram antes que o movimento nazista adquirisse qualquer poder significativo.[41] Foi nesse terreno que o nazismo e correntes do cristianismo alemão encontraram um denominador comum no Terceiro Reich: eles propunham um projeto de identidade nacional baseado na remoção física dos judeus da Alemanha e na remoção cultural de qualquer traço (real ou percebido como tal) de origens judaicas. Raça e essa versão do cristianismo alemão correspondiam a mais que ideias opostas; eram duas visões de mundo que se encontravam no desejo de criar uma identidade nacional alemã que nada devia aos judeus, eliminando assim qualquer dependência simbólica do judeu como origem da modernidade, do passado alemão e do cristianismo.

Mas remover os judeus era equivalente a extirpar as origens mesmas do cristianismo, pois a afirmação cristã de que Jesus era o Messias estava baseada na crença de um cumprimento da promessa que o Antigo Testamento fazia de uma figura messiânica. Independentemente do que pensassem sobre a inferioridade dos judeus, os nazistas operavam dentro de uma civilização que compartilhava história, cultura e aspectos religiosos com os judeus, e eles tinham consciência disso. Os judeus podiam ter sido sub-humanos, mas ainda se encontravam nas origens de Jesus e do Novo Testamento e, portanto, de qualquer noção de cristianismo alemão. Aqui descobrimos um elemento fundamental na perseguição e extermínio dos judeus. Os nazistas perseguiam os judeus porque estes eram um elemento crucial, que vinha do interior de sua própria civilização alemã e europeia-cristã; para reconstruir de novo essa civilização, tinham de destruir uma parte central de sua própria cultura.

A esse respeito, os judeus, como uma raça inferior, eram distintos de súditos coloniais, pois o colonialismo europeu sustentava relações diferentes com raízes e perseguições nas colônias. Os alemães e outros europeus não viam as culturas de povos colonizados na África, Ásia e Oriente Médio como parte de sua própria cultura. Impérios coloniais se propunham a conquistar culturas e sociedades encaradas como claramente exteriores à sua própria civilização europeia, o que dava justificativa a genocídios nas colônias. Mas os nazistas e outros alemães trataram a perseguição e extermínio dos judeus com a convicção misturada a um senso de transgressão precisamente porque vítimas e perpetradores compartilhavam denominadores comuns históricos e culturais.

O problema que os nazistas enfrentavam era como justificar a violenta erradicação de sua própria herança. Siegfried Leffler, um líder cristão alemão pró-nazista e funcionário do ministério da educação da Turíngia, explicou em fevereiro de 1936 num encontro de teólogos:

> Numa vida cristã, o coração tem sempre de estar aberto para o judeu e é como tem de ser. Como cristão posso, devo e tenho sempre de possuir ou encontrar uma ponte para o judeu em meu coração. Mas como cristão, tenho também de seguir as leis de minha nação [Volk], que são com frequência apresentadas de modo muito cruel, fazendo com eu seja levado de novo para o mais áspero conflito com o judeu. Mesmo se sei que "não matarás" é um mandamento de Deus, assim como "amarás o judeu", pois ele também é filho do pai eterno, sou capaz de saber também que tenho de matá-lo, tenho de atirar nele e só posso fazer isso se me é permitido dizer: Cristo.[42]

Leffler não ficou perturbado por seu apelo para matar os judeus e não há indicação de que sua audiência tenha reagido a esses comentários ou os tenha discutido. Ao que parece, a ideia não parecia chocante nem original. O que o perturbava era como conciliar o objetivo de criar uma Alemanha sem judeus e judaísmo com o reconhecimento da posição histórica dos judeus no cristianismo. Suas palavras deixam claro que ele já tinha decidido que o laço entre judaísmo, de um lado, e cristianismo alemão e identidade nacional do outro tinha de ser violentamente cortado. Ele e sua audiência estavam além desse limiar mental. Dois anos depois, os alemães queimaram a Bíblia como parte dessa imaginação nazista e não, em absoluto, como uma aberração.

Para muitos nazistas e alemães esse projeto de uma Alemanha sem judaísmo não era anticristão porque significava uma refundação do cristianismo alemão. Para outros alemães, a queima da Bíblia era abominável. Uma diferença também pode ser discernida entre protestantes e católicos porque a teologia protestante era muito mais aberta à ideia de refundar o cristianismo sem judeus. A complexidade das relações entre nazismo e cristianismo deve ser mantida em mente e não pode ser plenamente discutida aqui. Ao mesmo tempo, emerge um padrão do imaginário de uma Alemanha sem judeus compartilhado por nazistas e as igrejas cristãs. As igrejas protestante e católica no Terceiro Reich apoiaram a política nazista de separar o judaísmo do cristianismo. Elas não criticaram a *Kristallnacht* publicamente, uma postura que só em parte foi determinada por cálculo político. O *pogrom* de fato criou alguma tensão entre a Igreja Católica Alemã e o regime. Mas as ações e declarações das igrejas, que se distanciavam dos judeus e sua provação, começaram com efeito a criar um novo cristianismo sem raízes judaicas. Em 10 de novembro, a Associação Nacional-Socialista de Professores decidiu expulsar todos os alunos judeus que ainda restavam nas escolas alemãs e proibir que lhes fosse dada educação religiosa cristã, afirmando que "uma glorificação da nação de assassinos judeus não podia mais ser tolerada em escolas alemãs". Pouco depois disso o cardeal Bertram deixou clara a posição da Igreja Católica quando protestou junto ao ministro de educação do Reich, Rust, dizendo que todos sabem que "a afirmação [que a religião cristã glorificava os judeus] é falsa e que o contrário é verdadeiro". Em fevereiro de 1939, a Igreja Evangélica da Turíngia baniu seus próprios judeus batizados das igrejas. A medida logo se espalhou pela Saxônia, Anhalt, Mecklenburg e Lübeck. Não muito depois, todos os pastores de ascendência não ariana foram exonerados.

Em abril de 1939, a Conferência de Líderes da Igreja Evangélica assinou um acordo com o ministério dos assuntos religiosos definindo melhor as relações entre as igrejas protestantes e o Estado. A Declaração de Godesberg, desse mesmo mês, articulou os novos princípios: "Qual é a relação entre judaísmo e cristianismo? O cristianismo se derivou do judaísmo e se tornou, portanto, sua continuação e conclusão ou o cristianismo se encontra em oposição ao judaísmo? Nós respondemos: o cristianismo está em oposição irreconciliável ao judaísmo".[43]

E no entanto os rolos da Torá e sinagogas carbonizados, incendiados, realmente violavam uma fronteira tangível. Deve ter sido este o sentido de um incidente em Gablonz, na Boêmia (Sudetos), que deixou a comunidade sem palavras. Quando a sinagoga foi incendiada, as pessoas empurraram um judeu chamado Robitschek para as chamas. De repente, o órgão da sinagoga começou a tocar. O terror e "um sentimento estranho" tomaram conta da comunidade. Deixaram o judeu em paz e nada mais lhe aconteceu.[44]

O silêncio da comunidade de Gablonz traz um desafio interpretativo para o historiador porque os alemães não sabiam muito bem como articular sua transgressão. Quando procuramos menções explícitas por alemães da queima da Bíblia, as fontes da *Kristallnacht*, que são tão ricas sobre outros assuntos, se mantêm em silêncio. As fontes que utilizei para reconstruir o evento vêm de testemunhos dados por judeus logo após a *Kristallnacht* e conservados desde então na Biblioteca Wiener, em Londres. O participante da tropa de choque que gritava do telhado da sinagoga — "Limpem suas bundas com ela [a Torá], judeus" — não se estendeu sobre a motivação de sua ação. Os nazistas e outros alemães não andaram de um lado para o outro articulando pública e privadamente suas motivações para queimar a Bíblia e as sinagogas. No geral, só aqui e ali encontramos nas fontes expressões de ideias raciais nazistas como motivações para a *Kristallnacht* e elas soam como a repetição de clichês contemporâneos. Para um acontecimento que destruiu um objeto sagrado no âmago da cultura alemã e europeia, o revelador é precisamente o silêncio. A evidência que buscamos, portanto, vai além do que era explícito e consciente, além de expressões de crenças na ideologia formal propagada pelo regime, no qual não era explícita nem consciente — estava nas sensibilidades, emoções e sentimentos revelados em atos públicos — sendo, portanto, potencialmente mais fundamental. Pois os seres humanos nem sempre dizem o que pensam e nem sempre sabem explicar por que fazem certas coisas. A *Kristallnacht* é um caso onde aquilo que os atores realmente articulavam como significado do evento é menos significativo que aquilo sobre o qual mantinham silêncio.

Mas nem todos mantinham silêncio. Algumas vozes perfuravam a muralha de reserva e articulavam o que aconteceu em termos morais ligados ao passado judeu-cristão. Julius Streicher, o notório nazista antissemita e editor de *Der Stürmer*, fez um discurso em 10 de novembro para uma multidão de quase 100 mil pessoas na Praça Adolf Hitler, no centro de Nuremberg: "Não esqueçam que este assassino é um judeu. O judeu tem o crime do Gólgota na consciência. Este povo não pode ser um povo 'escolhido'. Os professores de Nuremberg decidiram que, no futuro, só ensinarão às crianças as palavras que vêm da boca de Cristo. Eles se recusam a continuar ensinando às crianças sobre um povo sagrado de Deus".[45] Deixou-se que a audiência ficasse imaginando quem era agora o povo escolhido. Em Munique, um padre disse à sua congregação que o sentido de eventos recentes era que os judeus acabariam tendo de pagar pelo sangue de Cristo. Não estava claro quando isso aconteceria, mas "o que aconteceu com os judeus [em 9 de novembro] é vontade de Deus".[46]

Uma opinião diametralmente oposta foi expressa exatamente uma semana após a *Kristallnacht*, na quarta-feira, 16 de novembro, Dia de Oração e Arrependimento, um feriado protestante na Alemanha. Helmut Gollwitzer, um sacerdote da Igreja Confessional que estava próximo do teólogo antinazista Martin Niemöller, começou o sermão em Dahlem, um bairro nobre de Berlim, perguntando: "O que deveríamos hoje pregar? Nossa boca não está abarrotada? O que mais podemos fazer hoje senão ficar em silêncio?" Ele anotou no final do dia: "Segundo a velha liturgia prussiana do Dia, li os Dez Mandamentos. No completo silêncio da comunidade chocada eles soavam como golpes de martelo. As perguntas que deram início ao sermão eram qualquer coisa, menos retóricas".[47] Gollwitzer, nascido em 1908, era na época um padre jovem que mal tinha feito 30 anos. Chegou a Berlim depois de ter sido expulso da Turíngia, em 1937, pela Gestapo. Após a prisão de Niemöller, Gollwitzer tomou seu lugar no púlpito da importante paróquia de Dahlem. Em 1940, quando foi expulso também de Berlim e proibido de pregar, alistou-se como enfermeiro voluntário no exército e foi mandado para a frente oriental. Em maio de 1945, nos últimos estertores da guerra, foi feito prisioneiro pelo Exército Vermelho. Retornou a seu país em 31 de dezembro de 1949 e escreveu um livro sobre suas experiências que o tornaram famoso na Alemanha e no exterior.

O padre Julius von Jan fez um sermão, num feriado, em Oberlenningen, perto de Stuttgart no sul da Alemanha, sobre Jeremias 22:29: "O profeta grita: "Ó terra, terra, terra! Ouve a palavra do Senhor"... Temos hoje realmente todas as razões para realizar um Dia de Arrependimento, um dia de lamentações por nossos pecados assim como pelos pecados de nosso povo".[48] Mais tarde Von Jan foi detido, maltratado por um grupo de pessoas que o viam como traidor, levado a julgamento e aprisionado. O prelado Bernhard Lichtenberg, da Catedral de Santa Edviges, em Berlim, terminou assim seu sermão em 10 de novembro: "O que houve ontem, nós sabemos; o que haverá amanhã, não. Mas o que aconteceu hoje, vivemos por experiência própria: lá fora ardeu o templo [...] que é também uma casa de Deus!"[49] Ele foi mais tarde assassinado pelos nazistas por suas orações públicas pelos judeus deportados para o leste.

Naturalmente, Streicher, de um lado, e Gollwitzer, Von Jan e Lichtenberg de outro fizeram avaliações completamente diferentes da *Kristallnacht*. Mas o ponto é precisamente este. A despeito das diferenças, todos reveladoramente encaravam seu significado embutido não na ideia de raça, políticas de emigração ou ódio incontrolado, mas nas relações entre nazismo, cristianismo e judaísmo, no nexo de moralidade, transgressão e Terceiro Reich. Pode-se argumentar que esses indivíduos eram casos excepcionais e não representavam a maioria dos alemães em 1938. Streicher não era um dos principais líderes do Partido Nazista e seu antissemitismo chamava atenção mesmo entre os nazistas, enquanto poucos pastores tiveram coragem moral para levantar a voz contra os nazistas. Mas às vezes indivíduos extraordinários expressam o que indivíduos comuns não conseguem articular devido ao medo, oportunismo, repressão, culpa ou obstáculo emocional. Encarnam "o excepcional normal", quando uma dissonância, como falar após 9 de novembro sobre a queima da Bíblia, indica de fato um sentido geral, mais profundo.[50]

É frequentemente o que acontece diante de acontecimentos graves que, anos mais tarde, ressurgem na memória das pessoas num contexto diferente, quando as pessoas de repente passam a "recordar" sua importância, a compreender seu significado e a apreender sua experiência sob uma luz diferente. Será que os alemães se lembrariam da *Kristallnacht* durante a guerra com um sentimento de urgência, até mesmo de culpa, renovado, alterado?

Mas os alemães de fato articulavam seus pensamentos mais pessoais na *Kristallnacht* externando dramaticamente as emoções, que falavam mesmo quando as pessoas mantinham silêncio, e transportando-as a dois rituais públicos: extinguir o judaísmo pelo fogo e humilhar os judeus em paradas pelas ruas de suas comunidades, para fora e para longe do bairro, cidade, região e país.[51]

Pouco depois das 10 da manhã na quinta-feira, 10 de novembro, 49 judeus da comunidade de Regensburg foram forçados a marchar pela cidade. A essa altura, a sinagoga já havia sido incendiada, todos os homens judeus estavam detidos e 21 já haviam sido transportados para Dachau, enquanto o restante do grupo fora submetido a horas de abuso violento e de zombarias. Encabeçando a marcha ia uma faixa dizendo "Êxodo dos Judeus", carregada por dois jovens, um dos quais era Paul Hettinger, o filho de 16 anos do advogado e líder comunitário Fritz Hettinger. Outros rapazes judeus vestiam os mantos cerimoniais que os nazistas tinham encontrado na sinagoga na noite anterior. O vendedor de tabaco Joel Lilienthal, de 66 anos, que estava doente, foi colocado numa carroça puxada pelo filho, Kurt. Assim a parada se deslocou da Praça Saint--Georgen, via Unter den Schwibbögen e Goliathstrasse, para a velha prefeitura e de lá para a Wahlenstrasse e a Residenzstrasse, passando pela capela e pela Maximilianstrasse, até alcançar a estação ferroviária.[52] Alguém tirou uma foto da parada na Maximilianstrasse.

E assim foi, com variações locais, por toda a Alemanha. Em Dinslaken, a parada judaica consistiu de crianças do orfanato judeu local que foram colocadas num carroção puxado por quatro adolescentes judeus. Outras crianças foram conduzidas pela cidade com cordas amarradas aos pescoços.[53] Em Kippenheim, uma pequena comunidade de Baden onde viviam setenta judeus em 1938, o diretor da escola, um homem chamado Gallus, cancelou as aulas

na manhã de 10 de novembro para permitir que os alunos estivessem presentes quando os judeus fossem obrigados a marchar para fora da cidade.[54] Em Zeven, uma comunidade de 3079 almas na Baixa Saxônia, os 21 judeus que sobravam na cidade foram forçados a subir num utilitário e a rodar pela cidade ao som de buzinas e pessoas batendo em latas. O motorista freava com frequência de maneira brusca, fazendo os judeus, para alegria geral, caírem da caçamba. À tarde, os homens foram levados para a sede da Gestapo e de lá para o campo de concentração de Sachsenhausen. As mulheres e crianças foram libertadas. Enquanto isso, uma pira foi instalada na praça central. O *Zevener Zeitung* informou que a modesta sinagoga, consistindo de um aposento numa casa, "foi limpa e todo o material levado para a praça do novo mercado, onde foi publicamente queimado como símbolo de que a tolerância com relação aos judeus chegou ao fim".[55]

Através das emoções brutas de cólera, rancor, zombaria, medo, transgressão e culpa, os alemães comunicavam um sentimento, talvez mesmo uma compreensão de que uma Alemanha sem judeus e o judaísmo estava se tornando realidade e, consequentemente, que um limiar levando a uma nova ideia de moralidade havia sido cruzado. Uma abordagem diminui a importância das emoções na história e na compreensão da perseguição e extermínio dos judeus. Há uma visão comum do nazismo como a progressão do antissemitismo cru para o antissemitismo sem emoções, das brutais cenas de rua dos anos do pré-

-guerra e da *Kristallnacht* para o frio extermínio das câmaras de gás durante a guerra. Um estudioso descreveu a brutalidade da *Kristallnacht* como os métodos bárbaros da SA e da multidão antes do momento de reviravolta, que viria pouco depois, para o "antissemitismo 'moderno', sem emoções, executado pelos administradores do Estado investidos da autoridade da lei".[56] Mas ao encarar a *Kristallnacht* como o início de um momento de reviravolta da emoção bruta para o processo frio, administrativo de extermínio, desconectamos a *Kristallnacht* do genocídio durante a Guerra. Essa visão presume que emoções antissemitas fazem parte da sociedade tradicional, pré-moderna, enquanto o antissemitismo moderno é contido e desprovido de sentimentos. Vê a modernidade como racional (e, por implicação, secular), como se as emoções também não fizessem parte dela; ainda mais importante, vê as emoções e os anos do pré-guerra como de certa forma isolados do genocídio dos judeus na guerra. Mas nos perguntamos se algum dia o antissemitismo pôde não ser produto de emoções e imaginação.

Expressando emoções, os alemães deram sentido à *Kristallnacht*, quer participando dela, aprovando-a ou se opondo à violência. Alguns se orgulharam da destruição e tiraram fotos de *souvenir* na frente de sinagogas destruídas, como fez um grupo de homens da SA em Münster, que posou para uma foto entre as ruínas da sinagoga local. Alguns sorriem para a câmera, mas outros estão sérios, experimentando talvez o peso do momento ou um sentimento de

mal-estar. Em Dortmund, habitantes locais tiveram sua foto batida na frente da arruinada sinagoga Hörder, sorrindo e rindo.[57]

Pessoas de todas as camadas sociais participaram da violência. Os homens jovens, alistados na SA e na SS, estavam muito bem representados. Mas todas as seções da sociedade alemã estiveram envolvidas. Professores dispensaram crianças das aulas para tomar parte no que estava acontecendo, como em Schweinfurt, na Francônia, onde as crianças foram enviadas para saquear o apartamento de uma mulher de 80 anos. Funcionários públicos e profissionais liberais instruídos também estiveram presentes. Em Würzburg, o reitor da universidade, Ernst Seifert, foi um dos líderes do grupo que queimou a sinagoga. Em outro lugar, uma mulher judia reconheceu entre os vândalos o arquiteto paisagista que criara seu jardim alguns anos antes.[58] A participação de profissionais com formação universitária coloca em questão a distinção artificial entre o antissemitismo arruaceiro da multidão e o suposto antissemitismo sem emoções, frio, ponderado, de profissionais instruídos nazistas. Essa distinção presume que a ralé tem emoções fora de controle, enquanto os profissionais instruídos burgueses são racionalistas comedidos. Mas isso pode ser simplesmente uma autoprojeção de intelectuais, que são profissionais instruídos.

Sob o verniz de uma alegre destruição se escondiam emoções contraditórias e coexistentes, incluindo culpa. O conselheiro da embaixada britânica em Berlim, *sir* George Ogilvie Forbes, relatou suas primeiras impressões: "Observei especialmente a conduta dos grupos que seguiam cada bando de saqueadores. Não ouvi qualquer expressão de vergonha ou repulsa, mas a despeito da completa passividade dos espectadores reparei no sorriso amarelo que com frequência trai, inadvertidamente, a consciência culpada".[59] Não se trata só do fato de a zombaria e a brutalidade terem acompanhado a *Kristallnacht* para toda parte. Na realidade essas emoções criaram o sentido do evento: foram essenciais para exorcizar judeus e judaísmo do solo alemão, enquanto ao mesmo tempo a terrível violência que reduzia o judeu a um não ser era essencial para a defesa contra um sentimento de mal-estar moral.

Vergonha e medo frequentemente acompanhavam um sentimento de mau agouro. "Todos sentiram no fundo da alma: era um crime inominável", recordou um padre católico num sermão de homenagem às vítimas em novembro de 1948.[60] Em Aachen, um homem murmurou na frente da sinagoga em chamas: "Esperemos que isto não tenha consequências".[61] Em Colônia, uma mulher disse a um policial que tentava dispersar uma multidão parada na frente da sinagoga incendiada na manhã de 10 de novembro: "Não temos permissão de pensar no que devíamos ter feito?"[62] Os alemães em Regensburg contemplaram com lágrimas nos olhos e outros se mantiveram em silêncio quando os judeus, humilhados, atravessaram as ruas. A vergonha também levou muitos em Dinslaken a observar a parada dos judeus em silêncio.[63]

Muitos alemães não gostaram da violência da *Kristallnacht*, mas ainda assim a aceitaram e nada fizeram para detê-la. "Pôr fogo na sinagoga era, acredito eu, encarado por muitos habitantes de Aachen como um crime", disse uma testemunha ocular. "Outras ações, como a destruição de lojas, tiveram um teor diferente e foram percebidas de modo diferente. Não envolviam aqueles [judeus] pobres, menos bem de vida."[64] Em Regensburg, um homem que assistia à parada dos judeus comentou que, em princípio, concordava com a expulsão dos judeus da cidade, mas "Hirschfeld", significando Max Hirschfeld, um conhecido dele, proprietário de um negócio local, realmente não merecia aquele tratamento.[65] Este homem representou muitos outros ao evitar a questão no centro da *Kristallnacht* — nomeadamente, a destruição do judaísmo em solo alemão — enquanto projetava o que aconteceu sobre os supostos crimes dos judeus: os judeus eram culpados a menos que parecessem pobres ou fossem meu conhecido Hirschfeld.

Embora sem dúvida nem todos os alemães concordassem com as medidas antijudaicas na *Kristallnacht*, o evento tornou possível e disponível um novo horizonte imaginário. Para todos os fins e propósitos, a Alemanha foi, após novembro de 1938, uma terra sem judeus e judaísmo. Um laço histórico fundamental tinha sido quebrado. Em cinco anos e dez meses, a sociedade alemã provocara uma das mudanças mais fundamentais na história da civilização europeia e a mudança mais fundamental na história moderna de judeus e cristãos na Europa. Embora há séculos isso não acontecesse, os judeus já tinham sido expulsos antes de países europeus, mas ainda assim o judaísmo, como predecessor do cristianismo, nunca tinha sido suprimido.

O caráter do nazismo como um movimento nacional alemão entra aqui agudamente em foco. Ao queimar a Bíblia, os nazistas lançavam as bases de uma ideia revolucionária de tempo que podia legitimar seus planos expansionistas e genocidas do futuro: ao destruir uma parte essencial da civilização europeia, introduziam a construção de uma nova. A erradicação dos judeus e da Bíblia era um ato transgressor nazista contra um símbolo essencial da cultura europeia, transgressor mas também libertador: a nova identidade nacional nada devia aos judeus, mas também nada devia às anteriores restrições morais e culturais no trato com outros europeus cristãos. A escravização dos europeus, que logo se seguiria para espanto dos povos do continente, passava pela destruição dos judeus. O império nazista de destruição foi tornado possível primeiro pela imaginação de um novo império nazista do tempo.

Em comunidades locais, enquanto isso, a queima da Bíblia foi celebrada como uma nova identidade alemã. A pequena, dispersa comunidade judaica em Rätzenburg, na Pomerânia, vendeu a sinagoga local antes de novembro de 1938, que foi transformada num mercado de ovos. Quando veio a *Kristallnacht* e centenas de localidades por toda a Alemanha queimaram sinagogas, alguns habitantes de Rätzenburg protestaram. Também queriam uma sinagoga para queimar, pois o que era uma localidade sem uma sinagoga queimada? Isso equivalia a não tomar parte na nova história nacional. A comunidade judaica local foi assim forçada a anular a venda e devolver o dinheiro. Os ovos foram removidos, a sinagoga foi restaurada e os habitantes de Rätzenburg incendiaram sua sinagoga.[66]

CAPÍTULO 5

A Vinda do Dilúvio

Em Talheim bei Hilbronn, uma pequena cidade de Württemberg, o gabinete do prefeito anunciou em 11 de novembro de 1938: "Relações com judeus... 1) Aquele que ainda mantém relações com judeus, apesar de todas as advertências, será publicamente surrado no pelourinho judaico; 2) Qualquer presença pública de judeus nas ruas, praças ou em sua vizinhança está a partir de agora proibida".[1] A ordem foi revogada uma semana mais tarde, depois que os judeus, que não podiam comprar alimento, ficaram famintos. Agora, em grandes e pequenas cidades, só raramente se via um judeu na rua. Judeus não saíam, a não ser para os assuntos mais urgentes; quando o faziam, tomavam um táxi para não serem vistos em público. Falavam em sussurros e andavam na ponta dos pés.[2] Em Garmisch-Partenkirchen, um funcionário local informou que "a população saúda o desaparecimento de todos os judeus da área".[3] Depois que a Torá foi queimada, as sinagogas destruídas e os judeus brutalizados, "ficou tudo em silêncio como durante uma execução", segundo o jornalista americano Frederick Oechsner, informando de Berlim. Um silêncio da presença judaica desceu sobre a terra, pois os alemães imaginavam os judeus desaparecendo da existência.[4]

Em Berlim, muitos judeus "estão vagando pelas ruas e parques com medo de ir para suas casas... Pessoas [estão] a ponto de apodrecer de fome", telegrafou *sir* George Ogilvie Forbes para Londres. Houve uma nova corrida imediatamente depois de 9 de novembro, em todas as comunidades alemãs, para colocar mais tabuletas barrando os judeus. Em Munique, informou um jornalista britânico em 13 de novembro, "saindo curvados de cada esquina iluminada, se arrastam os judeus. Estão em busca de comida. Toda loja nesta quarta maior cidade da Alemanha traz hoje a inscrição 'proibida a entrada de judeus'. Mercearias, cafés e restaurantes, farmácias, hortifrútis e bancos — todos têm a mesma tabuleta pendurada. E os judeus só podem comprar seu pão, seu leite, depois que anoitece, pelas portas dos fundos — se por acaso conhecerem um comerciante amistoso".[5]

Os meses após a *Kristallnacht*, entrando por 1939, apresentaram um contexto novo, europeu, para a perseguição aos judeus na Alemanha porque todos na Europa agora sabiam que, mais cedo ou mais tarde, haveria guerra. Primeiro os nazistas, entre novembro de 1938 e agosto de 1939, deram fim a qualquer resquício de vida judaica viável na Alemanha. Então, em 1º de setembro de 1939, veio a guerra e com ela as mudanças chocantes para as pessoas no continente, assim como para a perseguição dos judeus. Contudo, por mais diferente do período pré-guerra que tenha sido a perseguição aos judeus entre setembro de 1939 e junho de 1941, quando a Alemanha nazista invadiu a União Soviética, os dois períodos compartilharam um denominador comum na imaginação nazista dos judeus, moldada entre 1933 e 1939. A guerra trouxe mudanças respaldadas por continuidades. Vamos acompanhar este período que vai de novembro de 1938 a junho de 1941.

Medidas nazistas entre novembro de 1938 e janeiro de 1939 deram fim a quaisquer fontes de subsistência que ainda existissem para os judeus. Em 12 de novembro, Hermann Göring decretou a suspensão de toda atividade econômica judaica a partir de 1º de janeiro de 1939. Os judeus foram banidos de quase todas as opções existentes para emprego, fora certos serviços feitos por e para judeus. Empregados judeus foram demitidos sem direito a reclamar pensão ou indenização. Judeus tinham de vender tudo, segundo o decreto: "suas empresas, assim como quaisquer terras, ações, joias e obras de arte". Todas as lojas judaicas "serão gradualmente transferidas para mãos arianas" e lojas que não tivessem sido vendidas no início de 1939 seriam tomadas pelo Estado.[6]

Também em 12 de novembro, Göring reuniu uma conferência de alto nível sobre a Questão Judaica no Reich, que foi assistida, entre outros, por Joseph Goebbels e Reinhardt Heydrich, chefe do Serviço de Segurança da

SS. A discussão se concentrou em novas medidas econômicas contra os judeus e no problema urgente da compensação pelo prejuízo causado à propriedade judaica durante a violência dos dias precedentes. Só os custos de seguro para as vitrines quebradas de lojas judaicas estavam avaliados em 6 milhões de dólares americanos. Dois dias antes, no entanto, Hitler já dera uma ordem secreta para que os judeus arcassem com todos os custos de reparo de seus negócios.

A reunião é muito interessante pelas discussões dos participantes sobre tópicos que ultrapassavam as medidas práticas contra os judeus. Elas se caracterizaram por ideias absolutamente fantásticas sobre como extinguir os judeus da vida alemã e tiveram um tom que oscilou entre a zombaria sádica e a obsessão, com várias ideias traindo ansiedade pela presença de judeus na Alemanha.

GOEBBELS: "Pode [...] se tornar necessário proibir os judeus de entrar em florestas alemãs. No Grünewald, eles andam em bandos de um lado para o outro..."

GÖRING: "Daremos aos judeus uma certa parte da floresta... [e vamos garantir] que vários animais que parecem tão abomináveis quanto os judeus — o alce tem o mesmo nariz recurvado — também cheguem lá e fiquem aclimatados".[7]

Algumas ideias eram já então familiares. Quando Goebbels declarou: "Considero como fora de cogitação a possibilidade de meu filho estar sentado ao lado de um judeu numa escola alemã e [que o judeu] esteja assistindo a uma aula de história", ele meramente expressou a ideia posta em prática na *Kristallnacht* de que qualquer elo estabelecido entre judaísmo e identidade alemã, mesmo um elo criado na mente de um judeu que pensa em história alemã, contaminava a cultura alemã.[8] Mais ideias, no entanto, foram logo sugeridas. Heydrich lembrou aos participantes que a emigração do Reich não resolveria todos os problemas porque o governo ainda teria de administrar as relações com os judeus restantes. A conversa se voltou, então, para a ideia dos guetos e de marcar os judeus com um sinal especial. Heydrich e Göring tiveram o seguinte diálogo:

HEYDRICH: "Quem é judeu de acordo com as Leis de Nuremberg terá de usar uma certa insígnia...".

GÖRING: "Um uniforme".

HEYDRICH: "Uma insígnia..."

GÖRING: "Mas meu caro Heydrich, você não conseguirá evitar a criação de guetos numa escala muito grande, em todas as cidades. Eles terão de ser criados".

HEYDRICH: "... O controle do judeu por meio dos olhos vigilantes de toda a população é melhor...".

GÖRING: "Só teríamos de proibir chamadas interurbanas [...] e todas as chamadas que fazem entre eles nas pequenas cidades".

[...]

HEYDRICH: "... Como medidas adicionais eu proporia retirar todos os documentos pessoais dos judeus, como licenças e carteiras de motorista... Além de não terem permissão para viver em certos bairros, eles também deveriam enfrentar restrições para se deslocarem livremente... O mesmo valeria para... a exclusão de judeus de teatros, cinemas...".

GÖRING: "[...de] estações de águas...".

HEYDRICH: "Bem, então eu gostaria de propor a mesma coisa para hospitais".[9]

Para Heydrich e Göring, a existência dos judeus que permaneceriam na Alemanha já significava bairros confinados, marcação com distintivos e isolamento fatal. Eles não estavam pensando nas circunstâncias especiais de uma guerra, mas em condições regulares em tempo de paz. Na verdade, uma área confinada para judeus já havia sido sugerida antes, em meados de 1938. Um "Memorando sobre o Tratamento de Judeus na Capital em Todas as Áreas da Vida Pública", escrito por Julius Lippert, prefeito e presidente da assembleia municipal de Berlim, discutia o afluxo de judeus das províncias e áreas rurais a Berlim e observava que, "embora tenha parecido impraticável no momento concentrar os judeus de Berlim num gueto", sua existência deveria ser restrita a bairros específicos e sem permissão de emprego.[10] Na reunião de 12 de novembro, nem as divergências pontuais de opinião entre Göring e Heydrich acerca da marcação de judeus nem as divergências sobre seu isolamento espacial foram resolvidas. Três semanas depois, Hitler tomou decisão contra os guetos e os distintivos, ao menos provisoriamente. Mas em 28 de dezembro foi emitido o primeiro decreto para concentrar todos os judeus em "Casas de Judeus".

Para os alemães, seu país de fato se tornava, nos meses após a *Kristallnacht*, uma terra sem judeus. Entre janeiro de 1933 e setembro de 1939, 282 mil judeus tinham partido da Alemanha e cerca de metade deles tinha partido em 1938-1939. Em maio de 1939, só 188 mil alemães de fé judaica permaneciam na Alemanha. Desses, mais de um terço vivia em Berlim, resultado da migração interna para a grande comunidade judaica em busca de emprego e da segurança que vinham com o anonimato da metrópole. Setenta por cento dos judeus moravam num total de 24 cidades, uma fração das comunidades alemãs em 1939: um terço dos judeus continuava vivendo em localidades menores, mas seus números iam diminuindo a cada dia. A população judaica estava idosa (21,3% tinham mais de 65 anos), assustada e profundamente isolada.[11] Para a maioria dos alemães, simplesmente não havia mais judeus nem elementos judaicos a serem vistos na Alemanha. O que se viam eram as tabuletas que em toda parte diziam: "Judeus não são bem-vindos". E aos poucos também as tabuletas foram retiradas, um reconhecimento de que os judeus haviam desaparecido. Os judeus continuavam a exercer influência malévola em Moscou, Londres e Washington, mas não na Alemanha: lá só existiam agora na imaginação, como relíquia do passado extinta da convivência pública, num período de tempo incrivelmente curto, por meio da violência e do fogo.

Uma Alemanha sem judeus e judaísmo era para todos os alemães uma novidade que requeria uma explicação, que requeria novas histórias e contadores de histórias. O Instituto para o Estudo e Erradicação da Influência Judaica sobre a Vida da Igreja Alemã foi aberto em 6 de maio de 1939 no castelo de Wartburg, onde Martinho Lutero, em 1521, traduziu o Novo Testamento para o alemão e onde estudantes alemães, em 1817, queimaram livros sujeitos a objeção. De modo apropriado, o impulso organizativo final para o instituto foi dado vários dias após a *Kristallnacht*; o objetivo do instituto era criar uma igreja alemã desjudaizada e formular novas interpretações bíblicas e nova substância litúrgica. Walter Grundmann, professor do Novo Testamento na Universidade de Jena e diretor acadêmico do instituto, explicou em seu discurso inaugural que o presente era similar à época da Reforma: agora os protestantes tinham de superar o judaísmo assim como Lutero teve de superar o catolicismo, pois assim como os cristãos no século XVI não podiam imaginar o cristianismo sem o papa, os cristãos contemporâneos não podiam imaginar a salvação sem o Antigo Testamento. Mas a tarefa podia ser realizada: a Bíblia seria purificada e sua verdade suprema restabelecida — ou seja, que Jesus procurava a destruição do judaísmo. "A eliminação da influência judaica sobre a vida alemã é a questão urgente e fundamental da atual situação religiosa alemã". A nova Reforma dos dias atuais completaria assim a obra iniciada por Lutero.[12]

Baseando-se nos trabalhos de teólogos e eruditos antes e depois de 1933, o instituto prosperou com palestras, conferências e publicações. Seu apelo foi extraordinário não apenas entre teóricos e estudantes da teologia protestante, mas também entre geógrafos, linguistas, arqueólogos, antropólogos e historiadores, num verdadeiro espírito interdisciplinar. A sede em Eisenach, não distante de Wartburg, funcionava sem pagar aluguel num prédio da Igreja Luterana Evangélica da Turíngia (havia sucursais na Romênia e Escandinávia). Muitos membros do instituto vinham dessa região fortemente protestante e o instituto recebia apoio do Estado e de instituições da igreja, assim como de pastores locais. O financiamento vinha do pró-nazista Movimento Cristão Alemão, de donativos de igrejas regionais e da venda de publicações. Os membros da equipe recebiam seus salários dos postos que ocupavam em suas igrejas e na universidade, permitindo assim que o instituto funcionasse com um orçamento modesto, cuja maior parte ia para a organização de conferências. A atividade acadêmica era dividida entre três grupos encarregados de projetos de estudos, conferências de estudiosos e do clero, bem como de publicações. Essas publicações, uma combinação de livros acadêmicos com panfletos populares, provocavam o impacto maior do instituto na sociedade alemã, especialmente as publicações dirigidas ao público leigo: um Novo Testamento, hinário e catecismo desjudaizados, que tornavam possível começar a cultuar um cristianismo sem judaísmo.[13]

Uma olhada na história do instituto é importante para identificar tendências no Terceiro Reich com respeito às relações entre raça, cristianismo e antissemitismo nazista. O instituto refletia o apelo popular do Movimento Cristão Alemão entre protestantes no Terceiro Reich e da ideia de uma Alemanha sem judaísmo. Fundia ideias nazistas sobre a raça ariana com cristianismo, enquanto pastores, intelectuais e instituições da igreja e do Estado emprestavam suporte e legitimidade à sua mensagem. Naturalmente havia outras ideias muito diferentes sobre esses assuntos no Terceiro Reich. Os Cristãos Alemães não eram um movimento majoritário. Muitos clérigos e leigos católicos e protestantes viam o nazismo como um adversário do cristianismo e, especialmente quando os crimes do regime tornaram-se mais evidentes, passaram a considerá-lo uma mancha moral na Alemanha cristã. Encontraremos mais tarde algumas dessas pessoas. Mas o instituto fornece uma importante indicação de como alguns alemães, em papéis teológicos e pastorais essenciais, começaram a compreender o fim do judaísmo na Alemanha e como contaram de novo a história dos testamentos.

Siegfried Leffler, que em 1936 pediu que os alemães amassem Cristo matando judeus, era um dos líderes do instituto. Membros e associados, muitos participando de uma geração mais jovem de teólogos e estudiosos do cristianismo primitivo, gente formada pelos principais professores da Alemanha nas melhores universidades, encaravam o objetivo do instituto como ao mesmo tempo teológico e nacional: erradicar o judaísmo para purificar o cristianismo e a Alemanha. O resultado, como Susannah Heschel observou, era colocar o "nazismo como o cumprimento mesmo do cristianismo... [e] Cristo [como] uma antecipação da luta da Alemanha nazista contra os judeus".[14] O trabalho deles após maio de 1939 — descrevendo a meta de Jesus como a destruição do judaísmo, removendo todas as referências judaicas positivas dos textos cristãos e eliminando o Antigo Testamento das liturgias da igreja — contribuiu, ao nível da exegese textual e da pesquisa acadêmica, para uma situação que já existia em toda cidade alemã: judeus e judaísmo já tinham sido destruídos em novembro de 1938.

Diferentes intérpretes em pequenas comunidades de província representaram ao nível local o que Grundmann e os acadêmicos seus parceiros se propuseram a cumprir ao nível nacional, teológico. Colocaram a história local da *Kristallnacht* dentro da nova história antijudaica nazista, como aconteceu em 19 de fevereiro de 1939, o primeiro Carnaval após a *Kristallnacht*. Localidades alemãs católicas deram continuidade à tradição do Terceiro Reich de incluir nos desfiles carros alegóricos e grupos de atores apresentando temas antis-

semitas. Em Neustadt an der Weinstrasse, na Renânia-Palatinado, houve a representação habitual do judeu como um negociante de gado carregando um maço de dinheiro no bolso.[15] Um carro alegórico em Mainz mostrava uma enorme caricatura da cabeça feia de um judeu de nariz recurvado usando um chapéu com uma grande aba e a inscrição: "ariano puro". Retratava os judeus escondendo sua identidade para enganar alemães inocentes.[16] Esses carros alegóricos representavam o estereótipo habitual dos judeus como racialmente inferiores, manipuladores econômicos e gente traiçoeira que procurava prejudicar os alemães.

Mas um novo carro foi acrescentado à parada em Neustadt an der Weinstrasse, uma localidade com cerca de 22 mil habitantes em 1933. Dos 266 judeus que moravam lá nesse ano, restavam 65 no final de janeiro de 1939, a maioria deles idosos e tentando fugir. Em setembro, o número tinha declinado para 41. A cobertura local da *Kristallnacht* foi típica. O jornal *Pfälzer Anzeiger* informou em 11 de novembro que "a esmagadora maioria dos judeus deixou a cidade ontem". Sobre 9 de novembro é dito o seguinte: "Além da sinagoga, a casa de retiro judaica na Karolinenstrasse foi também incendiada na quinta-feira à noite. Fora isso, tudo esteve tranquilo ontem em Neustadt".[17]

O novo carro alegórico apresentava uma sinagoga em chamas, enquanto um ator representava Moisés segurando as Tábuas da Lei, também destinadas à destruição. Os judeus eram mostrados não só como o antigo povo da Bíblia, mas também como um povo que já pertencia ao passado e não tinha lugar no presente. Fazer zombarias em torno da *Kristallnacht* numa cidade que quase não tinha judeus não era como zombar do presente (como, por exemplo, zombar do prefeito). Era recordar um evento que transformava os próprios judeus num passado. Os habitantes de Neustadt, assim, deram sentido a um importante evento pondo sua experiência local dentro do desdobramento recente da história alemã.

Enquanto isso, a legislação antijudaica nas poucas semanas entre 10 de novembro de 1938 e 30 de janeiro de 1939 reprimiu drasticamente a existência judaica. A relação de leis acelerava para os judeus um iminente sufocamento social total, enquanto trazia para os alemães a realidade de uma vida local e nacional sem judeus.

Judeus são excluídos do sistema geral de previdência social; não há mais hospitais ou serviços médicos oferecidos a eles. Crianças judias não podem frequentar escolas regulares; terão de ser abertas escolas só para judeus. O ministro do interior decreta que o acesso dos judeus a locais públicos seja limitado a algumas horas por dia. Berlim bane os judeus de todos os teatros, cinemas, cabarés, salas de concerto e conferência, museus, feiras, salões de exposições e instalações esportivas, assim como de bairros com repartições do governo, monumentos importantes e instituições culturais. Todos os judeus desempregados aptos para o trabalho têm de se registrar para trabalho compulsório. Judeus são privados de carteiras de motorista e têm de vender os carros para arianos. A Lei sobre Parteiras bane todas as judias desta ocupação. Judeus são proibidos de manter pombos-correio. Judeus são proibidos de ter uma linha telefônica.[18]

Então, na segunda-feira, 30 de janeiro de 1939, o intérprete mais importante da Questão Judaica na Alemanha tornou pública sua própria visão. Hitler impôs uma autoridade quase religiosa, explicando o passado, fixando o presente e definindo o curso do futuro. Sem dúvida podemos ficar surpresos pelo fato de ter falado pouco em público sobre os judeus de janeiro de 1933 a janeiro de 1939, quando levamos em conta a maciça política antijudaica orquestrada por ele e seu regime. Após a tomada do poder e durante todos os seus discursos de 1933 transmitidos para mais de 20 milhões de ouvintes de rádio, mal os mencionou. Hitler autorizou o boicote nacional de 1º de abril de 1933 contra os negócios judaicos, em que tropas de choque provocaram comerciantes judeus, marcaram suas lojas com a estrela de davi e impediram alemães de fazer compras. Mas ele se esquivou de ser publicamente associado com a ação deixando Berlim. Depois nada disse em público sobre política judaica até anunciar as Leis Raciais de Nuremberg em setembro de 1935.[19]

Nos primeiros anos do regime, Hitler tomou cuidado para preservar a imagem pública de um estadista e para distanciar-se do antissemitismo público, violento. Este foi deixado para Goebbels e os alemães que atuavam nas ruas. Hitler precisava de uma imagem respeitável no exterior para negociar com líderes de outros países, assim como no nível doméstico. Muitos alemães não eram contra as medidas discriminando comunistas, socialistas e judeus, mas queriam que elas fossem implementadas de maneira ordeira e legal, sem as caóticas consequências da violência pública. Além disso, as elites conservadoras no exército, na indústria e no ministério do exterior desconfiavam da SA, que era um agente fundamental da violência pública, e Hitler estava determinado, nos primeiros anos do regime, com um olho na guerra futura, a conservar a lealdade dessas elites para proporcionar estabilidade à ditadura.

Hitler, é claro, continuava a abrigar extremas fobias antijudaicas, mas guardava suas declarações para encontros privados e conversas na mesa do jantar. Então, em 30 de janeiro, no discurso anual para o Reichstag por ocasião do aniversário da tomada do poder, Hitler interpretou para si próprio e para o público alemão as relações pós-*Kristallnacht* entre alemães e judaísmo:

> Tenho sido frequentemente um profeta em minha vida e fui, na maioria das vezes, ridicularizado por isso. Na época de minha luta pelo poder foi em primeiro lugar o povo judeu que recebeu com nada mais que risadas minha profecia de que, um dia, eu assumiria a liderança do Estado e, com ela, de todo o povo e então, entre muitas outras coisas, levaria o problema judaico à sua solução. Creio que, nesse meio-tempo, os rugidos de risos desses dias podem perfeitamente ter sido sufocados na garganta dos judeus.

Quero ser de novo um profeta hoje: se o universo judaico da finança internacional na Europa e fora dela conseguir mergulhar novamente os povos numa guerra mundial, o resultado não será a bolchevização da Terra e, portanto, a vitória judaica, mas o aniquilamento da raça judaica na Europa.

Pela primeira vez desde 1933, Hitler tratava publicamente, francamente, do futuro dos judeus com ameaças claras. O contexto do discurso foi convincentemente reconstruído.[20] Era um estágio na preparação de Hitler para a guerra e visava, em sua mente paranoica, neutralizar a ameaça judaica ao poder da Alemanha. A finança internacional judaica e o comunismo estavam conspirando para transformar a guerra europeia numa guerra mundial de modo a impedir a vitória alemã. As ameaças mortíferas convenceriam os judeus na vida pública europeia e americana a moderar a propaganda antialemã e provocadora de guerra num momento em que a Alemanha e os Estados Unidos negociavam o problema dos refugiados judeus. Essa leitura é correta, mas o discurso ocupou também um lugar importante dentro da imaginação antijudaica que tinha se consolidado na Alemanha no início de 1939.

Hitler, o orador, era extremamente sensível à sua audiência. Podemos presumir que, desde 1933, ele passou anos achando que era cedo demais para sua audiência alemã (e certamente internacional) ouvir tal anúncio e, talvez mais importante, era cedo demais para o próprio Hitler se ouvir proferindo essas palavras como chanceler em público. Mas o ataque ao judaísmo em novembro de 1938 moldou um novo horizonte mental e abriu novas possibilidades destrutivas. Em seu discurso, Hitler reiterou o que fora, em certo sentido, ocupando lugar na Alemanha, apenas ampliando seu alcance para a Europa como um todo. Ele usou a palavra "aniquilamento" sem fornecer detalhes, como vaga metáfora. Contudo, já então judeus e judaísmo estavam há vários meses fora de vista na Alemanha. A novidade do discurso reside em que, pela primeira vez, o chanceler da Alemanha, como chefe de Estado, expressa uma aprovação oficial, pública, de uma política de "aniquilamento". Hitler só pôde proferir essas palavras oficialmente porque o "aniquilamento" já se tornara uma prática social compartilhada e parte da imaginação cultural. Para sua audiência — tanto no salão do Reichstag quanto por toda a Alemanha, para onde o discurso foi transmitido pelo rádio — Hitler meramente descreveu uma realidade existente. As palavras refletiam um laço imaginário entre orador e audiência. Os ouvintes de Hitler no salão, ao escutar suas palavras, não reagiram com choque, descrença ou silêncio atônito, mas irromperam imediatamente em retumbantes aplausos de instintiva compreensão.

De fato, a noção de aniquilar os judeus tinha se tornado, no período que precedeu janeiro de 1939, uma ideia compartilhada e um tópico respeitável de discussão na sociedade culta. Hitler mencionou-a várias vezes a dignitários estrangeiros entre setembro de 1938 e janeiro de 1939.[21] Discussões públicas sobre soluções para a Questão Judaica travadas por profissionais como especialistas raciais, estudiosos que estudavam judeus e autoridades da SS sempre incluíam a opção de extermínio, mesmo se, nesses primeiros anos, ela fosse em geral descartada.[22] A conversa sobre aniquilamento ficou comum imediatamente antes e depois da *Kristallnacht*. Em 8 de novembro, Himmler dirigiu-se a um grupo de alto escalão de oficiais da SS. No caso de guerra, ele previu, os judeus sabiam que, "se a Alemanha e a Itália não fossem aniquiladas, eles próprios seriam aniquilados... Na Alemanha, o judeu não conseguirá se manter; seria apenas uma questão de anos". Mas se o judeu vencesse — Himmler deixou a imaginação correr solta — ele exterminaria a Alemanha: "Todos serão incluídos, os partidários entusiásticos do Terceiro Reich e os outros; falar alemão e ter tido uma mãe alemã seria suficiente".[23] Himmler estava imaginando o futuro extermínio dos judeus projetando na Alemanha uma fantasia de aniquilamento. Algumas semanas depois da *Kristallnacht*, em 24 de novembro, o jornal oficial da SS, *Das Schwarze Korps*, publicou um artigo com o título sardônico: "Judeus, Agora o Quê?": "Esse estágio de desenvolvimento [dos judeus] vai nos impor a necessidade vital de exterminar a sub-humanidade judaica como exterminamos todos os criminosos em nosso Estado cumpridor da lei: a ferro e fogo! O resultado será o real e definitivo fim da comunidade judaica na Alemanha, seu total aniquilamento".[24]

Ferro e fogo acabara de ser usado por alemães contra judeus e acabara de ser levado a termo o fim da comunidade judaica na Alemanha. O que significava "aniquilamento" em janeiro de 1939 — para os alemães, mas também para Hitler — pois também Hitler era criação dos horizontes sociais, culturais, de sua sociedade limitada por espaço e tempo? Também ele só poderia ter proferido e imaginado certas coisas num determinado momento histórico. "Aniquilamento" não significava Auschwitz; ninguém na Alemanha sabia exatamente o que a palavra significava ou como essa metáfora de "aniquilamento" se realizaria. Na realidade, a imagem de aniquilamento brotava do passado muito recente. Quando falavam em aniquilamento, Hitler, Himmler e *Das Schwarze Korps* estavam de imediato e ao mesmo tempo reproduzindo, confirmando, interpretando e abrindo a novas possibilidades destrutivas as condições por meio das quais os alemães tinham sufocado em seis curtos anos todos os traços da vida judaica. Hitler não saiu à rua tocando fogo em sinagogas, mas multidões de alemães o fizeram (ou ajudaram, assistiram, deram apoio às ações). Quando Hitler falava de aniquilamento no abstrato, eles pensavam na experiência vivida de aniquilamento em suas localidades. As palavras de Hitler articulavam uma prática social e uma imaginação cultural antijudaicas que tinham se transformado num estilo de vida, numa sensibilidade compartilhada pelo Führer e sua audiência.

Mas como podemos conhecer e documentar essa sensibilidade compartilhada entre Hitler e sua audiência? Olhando para aquelas conexões e relações emocionais que existiram, mas não estão diretamente documentadas nas fontes históricas. As emoções reveladas no discurso de Hitler foram muito similares às emoções que tinham sido reveladas em ações públicas contra os judeus desde 1933. Hitler manifestou, em primeiro lugar, escárnio. Países estrangeiros, disse ele, criticam a Alemanha por tratar severamente um povo de tão elevada cultura quanto os judeus. Por que então esses países não se aproveitavam da dádiva da Alemanha e acolhiam esse "povo magnífico"? Outras emoções foram articuladas: ressentimento — "fui na maioria das vezes ridicularizado"; vingança com sarcasmo — "nesse meio-tempo, os rugidos de risos desses dias podem perfeitamente ter sido sufocados na garganta dos judeus"; e ódio brutal — "o resultado será [...] o aniquilamento da raça judaica".

O trecho inteiro está expresso num tom de enfurecida violência. Eram precisamente estas as emoções manifestadas pelos alemães que tinham agido contra os judeus e compreendidas por aqueles que não agiram. Nazistas e outros alemães podiam se conectar emocionalmente à zombaria, ressentimento e violência expressas no discurso de Hitler porque eles próprios comunicavam essas emoções em ações antijudaicas. O sentido do discurso não era revelado primariamente pela decifração do que Hitler queria dizer por "aniquilamento" e pelo que o público alemão realmente compreendia por isso. O próprio Hitler não sabia exatamente o que significava "aniquilamento" na noite de 30 de janeiro de 1939. O significado primário do discurso é que ele refletia, assim como dava forma, a uma sensibilidade existente. Em 30 de janeiro, Hitler antes deu voz oficial a uma realidade que já fora criada do que expressou uma ideia inovadora.

Essa compreensão do discurso é importante por duas razões. Primeiro, devolve a Hitler o lugar como indivíduo influenciado pela cultura de seu tempo, mesmo quando tomava a frente para fazer avançar as políticas antijudaicas. Muitas biografias veem Hitler dando forma à Alemanha nazista, mas nunca sendo, em retorno, formado por ela. Hitler, no entanto, era parte das sensibilidades emocionais antijudaicas no Terceiro Reich: ele as moldava e era por sua vez moldado por elas. O sentido do discurso não é tanto ter sido uma guinada radical que pavimentou o caminho da perseguição ao extermínio quanto ter sido reflexo de uma sensibilidade antijudaica, em que Hitler é revelado não simplesmente como um formador da cultura alemã, mas também como seu produto.

Segundo, é um corretivo para a interpretação comum entre leigos e acadêmicos de que o Holocausto era inimaginável e que a eliminação total dos judeus não fora prevista. Naturalmente, os alemães não podiam imaginar, em 1939, o fuzilamento em massa, em apenas dois dias de setembro de 1941, de 33.771 judeus em Babi Yar nem as câmaras de gás de Auschwitz. Mas Hitler só pôde proferir suas palavras porque ele e os alemães podiam imaginar um mundo em que era aplicada violência extrema para livrá-los dos judeus e eliminar o judaísmo.

De fato, examinando os primeiros seis anos do regime, podemos observar com certeza que muitos alemães participaram da perseguição aos judeus enquanto muitos outros, de fato a sociedade alemã como um todo, não se opuseram às iniciativas antijudaicas do regime. Nenhum grupo na sociedade alemã rejeitou firmemente o assalto nazista aos judeus e ao judaísmo. O que os alemães criaram e possibilitaram com essas atitudes de participação e não oposição? O problema não é até que ponto os alemães *realmente* acreditavam na ideologia nazista. A ideologia e intenções nazistas não eram coisas fixas que estavam lá, convidando as pessoas a realmente acreditarem nelas ou não, pois com o tempo os nazistas as alteravam. Na verdade o que os alemães criaram foi uma cultura que disponibilizou, como ideia reconhecível, internalizada, o imaginário de uma Alemanha sem judeus e o judaísmo. Em 1939, os alemães podiam imaginar esta ideia e aqui se encontra a realização revolucionária antijudaica dos nazistas nos anos de pré-guerra.

Todos na Europa compartilhavam a iminente expectativa de guerra à medida que passavam os meses de 1939. O ritmo da agressão nazista se acelerava. Em março, Hitler rasgou o Pacto de Munique, assinado menos de seis meses antes, garantindo a soberania da Tchecoslováquia. Durante a noite de 14 e 15 de março, a Wehrmacht marchou para a Tchecoslováquia, sem encontrar resistência militar. Em 16 de março, um Hitler vitorioso entrou em Praga e anunciou do Castelo de Praga a incorporação da Boêmia e Morávia (as duas regiões da República Tcheca) ao Reich como protetorado. Os alemães tinham agora acrescentado a substancial indústria de armamentos tcheca à sua máquina de guerra militar. Em maio, a Alemanha assinou o Pacto de Aço com a Itália, lançando as bases da aliança no período de guerra entre Mussolini e Hitler. E em agosto veio a suprema realização diplomática da preparação de Hitler para a guerra com a assinatura do Pacto Alemão-Soviético de Não Agressão, mais conhecido como acordo Ribbentrop-Molotov. Revelado a um mundo atônito em 23 de agosto, o pacto incluía uma seção pública com protestos de amizade entre o arquirrival comunista e os poderes nazistas. Isso já era bastante chocante. A seção secreta dividia a Europa oriental entre esferas de interesse alemãs e soviéticas e estabelecia uma linha no meio da Polônia como fronteira. Hitler estava se preparando para um ataque iminente à Polônia. Seus generais, que tinham receio de suas políticas expansionistas, não estavam agora em posição de contradizê-lo. O acordo com a União Soviética assegurava que ele evitaria uma guerra em duas frentes se a França e a Grã-Bretanha declarassem guerra à Alemanha. A guerra era uma questão de mais alguns dias.

Com relação aos judeus, em setembro de 1939 restavam, segundo uma estimativa, 185 mil judeus na Alemanha. Cerca de 115 mil tinham deixado a Alemanha nos dez meses entre novembro de 1938 e 1º de setembro de 1939, a maior emigração de judeus da Alemanha nazista pré-guerra num ano. No total, 400 mil judeus haviam deixado o Reich (Alemanha e Áustria) desde janeiro de 1933. A maioria foi para os Estados Unidos, Palestina e Grã-Bretanha, mas os judeus iam para qualquer lugar, para qualquer país que os aceitasse, como o Brasil, Argentina, Austrália e África do Sul — foram até mesmo para a Xangai ocupada pelos japoneses, para onde 8 mil fugiram. Os que não podiam fugir estavam velhos e empobrecidos. Foram excluídos do sistema geral de assistência social após a *Kristallnacht* e tinham de recorrer a agências especiais na esperança de receber ajuda. Os serviços de assistência social judaicos ajudavam como podiam. Em dezembro de 1938, o Seguro de Trocas de Trabalho e Desemprego do Reich ordenou que todos os desempregados judeus aptos para o trabalho se registrassem para trabalho compulsório.[25] Os judeus temiam a Gestapo, mas outra preocupação assombrava sua vida diária: temiam passar fome porque desde 1939 o regime limitava quando e onde os judeus podiam comprar. Os cartões de racionamento para judeus foram reduzidos; eles recebiam menos carne e manteiga e nenhum chocolate ou arroz.

O ritmo da legislação antijudaica continuou imperturbável entre fevereiro e agosto de 1939. Para os nazistas, os judeus ainda eram um formidável inimigo.

Judeus não estão autorizados a comprar flores. Judeus devem entregar suas joias, diamantes e metais preciosos. O custo da remoção das ruínas de sinagogas judaicas será lançado sobre as comunidades judaicas; as sinagogas não serão reconstruídas. Lei do Inquilinato para Judeus: um judeu não pode recorrer a proteção judicial se o senhorio oferece a ele ou a ela acomodações substitutas, naturalmente de qualidade inferior. Os judeus são excluídos de zonas de caça e não podem receber uma licença de caça. Ao informar ações judiciais contra judeus, os jornais são advertidos para mencionar o nome intermediário Israel e Sara para que o leitor saiba que o acusado é judeu. O presidente da Loteria Alemã proíbe a venda de bilhetes de loteria a judeus.[26]

Uma atmosfera depressiva tomava conta dos judeus que permaneciam na Alemanha. Victor Klemperer fora, antes de 1933, professor de literatura francesa moderna na Universidade de Tecnologia de Dresden. Embora o pai fosse rabino, ele se convertera ao protestantismo em 1912, quando tinha 31 anos, e se sentia completamente alemão. Seu ambiente era a cultura alemã. Os nazistas pensavam de modo diferente, é claro. Juntamente com todos os judeus que lecionavam em universidades alemãs, Klemperer perdeu seu cargo após a tomada do poder. O tremendo golpe veio mais tarde, quando ele foi aos poucos percebendo a total rejeição de que estava sendo alvo por parte de amigos e conhecidos. Klemperer lutou arduamente para explicar como fora possível que a cultura alemã produzisse o nazismo e suas respostas oscilaram conforme suas circunstâncias e as do Reich. A princípio, como Christopher Isherwood e muitos outros, achou que o nazismo não ia sobreviver, mas, à medida que os anos passavam, teve de reconhecer a popularidade do regime. Contudo, ele queria a todo custo manter-se fiel à sua ideia pura de cultura alemã. Oscilava, então, entre encarar o nazismo como um fenômeno não alemão e antialemão ou encará-lo como um reflexo do sentimento popular. Enquanto isso, sobrevivia ao Terceiro Reich em grande parte graças à esposa, Eva, que não era judia e lhe proporcionava pelo menos uma certa proteção. De 1933 em diante ele manteve um notável diário.

A vida de Klemperer tornou-se consideravelmente mais difícil após a tomada do poder, mas para ele a mudança dramática, quando qualquer tipo de vida normal se tornou impossível, veio nos meses após a *Kristallnacht*, não durante a guerra. Como moravam em Döltzschen, nos arredores de Dresden, os Klemperer foram poupados da violência da *Kristallnacht*. Mas novas medidas promulgadas nos meses seguintes tornaram a vida deles insuportável. Como judeu, Klemperer não tinha permissão de dirigir, o que não só tornava a vida difícil, mas também o privava de uma atividade de que gostava. Uma restrição mais séria veio quando não lhe foi permitido mais usar ou até mesmo entrar na biblioteca pública. O bibliotecário chorou quando comunicou a proibição a Klemperer. E as autoridades locais importunavam os Klemperer acerca dos detalhes mais triviais da manutenção de sua casa e jardim.

"Estamos completamente isolados", escreveu Klemperer dois meses antes da *Kristallnacht*, em 10 de agosto de 1938. *Frau* Lehman, uma amiga, fez planos para visitá-los. Ela chegou num estado de agitação. Tinha esperado que a noite caísse por completo para entrar na casa, para que ninguém a visse visitando o casal. Mas quando Lehman chegou, havia alguém na rua e agora ela estava com medo. "Ela não percebeu de que forma terrível isso nos deprimiu", Klemperer escreveu. Algumas semanas depois, em 2 de setembro, acrescentou: "Estou gradativamente começando a acreditar com muito vigor, como se fosse um franco partidário, que nada pode abalar o NSDAP*... Assim nossos ânimos estão muito abatidos, cada dia um pouco mais".[27]

Vinte de junho de 1939 foi um belo dia de verão: "O jardim floresce como nunca floresceu. Temos rosas e mais rosas, jasmins, cravos, girassóis... Silêncio absoluto da parte de todos os parentes e amigos. Isolamento absoluto. Nas últimas duas semanas só dispendiosas corridas de táxi até o dentista".[28]

O verão estava prestes a terminar e a guerra batia à porta. O que aconteceria à ideia de uma Alemanha sem judeus? A maioria dos alemães não chegou a pensar profundamente, na véspera da guerra, sobre as consequências a curto e a longo prazos de seu novo imaginário. Esquivavam-se das consequências a longo prazo de construir uma nova humanidade baseada na erradicação violenta, numa escala europeia como prometido por Hitler, de uma tradição e de um livro que pertenciam inextricavelmente à sua própria cultura. E se esquivavam das consequências a curto prazo de suas ações numa guerra que se aproximava cada vez mais. Pois os alemães já tinham maltratado, humilhado, explorado, seviciado, assassinado e negado a legitimidade da existência (ou consentido com tudo isto) a seus "próprios" judeus, cidadãos alemães que pareciam com eles e falavam como eles, membros distintos da sociedade. Como tratariam, então, os judeus da Europa oriental na guerra que se aproximava? Esses judeus tinham uma aparência diferente e falavam de modo diferente, sendo vistos como primitivos, sujos, bolcheviques, quando não sub-humanos, e eram significativamente mais numerosos que os judeus alemães. No mínimo receberiam o tratamento dos judeus "deles". Para eliminar esses judeus da existência, que opções tinham os alemães deixado a si próprios senão exercer a violência mais severa? Em que termos esses judeus teriam permissão, se é que teriam, para viver nos territórios conquistados?

---

* Sigla de Nationalsozialistische Deutsche Arbeiterpartei, o Partido Nazista. (N.T.)

"Durante as horas da manhã de 1º de setembro de 1939, irrompeu a guerra entre Alemanha e Polônia... Estamos testemunhando o alvorecer de uma nova era na história do mundo... Onde quer que pise o pé de Hitler, não há esperança para o povo judeu."[29] Chaim Kaplan, um sionista, hebraísta, educador e diretor de uma escola judaica em Varsóvia, descreveu em seu diário o começo da Segunda Guerra Mundial. Desde 1933, quando tinha 53 anos, Kaplan mantivera um diário em hebraico e continuou a escrevê-lo durante a guerra. O que começou como um diário registrando assuntos pessoais converteu-se num documento registrando uma época extraordinária. Sua avaliação também poderia ter sido compartilhada por alemães: a guerra seria séria e os judeus não tinham lugar no novo império nazista. Kaplan foi tomado por um sentimento sufocante de maus presságios quando escreveu várias semanas mais tarde, em 28 de outubro: "Movemo-nos pela terra como homens condenados à morte... Aos olhos dos conquistadores, estamos fora da categoria de ser humano... Sentimos que fomos apanhados numa rede, que estamos condenados à destruição".[30]

Kaplan, como outros diaristas judeus do período, revelava um lado dos nazistas que era difícil para eles expressar. As vítimas judias podiam às vezes perceber sentidos de que os perpetradores estavam inconscientes, sentidos que não queriam compreender ou preferiam não admitir. Sentiam que só elas poderiam esclarecer o que lhes parecia um período sem precedentes de perseguição e buscavam arduamente compreender as motivações conscientes e inconscientes dos nazistas. Kaplan escreveu, já em 3 de fevereiro de 1940, com apenas alguns meses de guerra e antes que o extermínio começasse, que "só aquele que experimentou o domínio nazista em todo o seu ser e essência [...] só este tipo de escritor, se for um homem sensível e de pena fluente, poderá ser capaz de fazer uma descrição precisa" do nazismo.[31] Em vez de tomar suas palavras ao pé da letra, vamos antes usá-las como uma janela para compreender como as vítimas e os alemães compreenderam a perseguição e o extermínio dos judeus durante a guerra.

Dezessete meses mais tarde, Emanuel Ringelblum confirmou os mais fortes temores de Kaplan. Ringelblum era um educador jovem e promissor, um historiador da comunidade judaica polonesa que criou o arquivo Oyneg Shabes para registrar em detalhe a vida judaica no Gueto de Varsóvia. *Oyneg*

Shabes é uma expressão iídiche para "o prazer do Sabbath", referindo-se a reuniões culturais que têm lugar no Sabbath. Com o correr dos anos, o arquivo se expandiu para registrar todos os aspectos da vida e morte no gueto, incluindo documentos, projetos de pesquisa, mapas, desenhos, diários e fotos. Em maio de 1941, Ringelblum descreveu as condições do gueto em seu diário:

> Nos meados de maio, a fome e a mortalidade tinham atingido um pico. Nos últimos dias, as pessoas têm morrido a uma taxa de 150 por dia [...] e a mortalidade continua crescendo. Os mortos são enterrados à noite, entre uma e cinco da manhã, em túmulos coletivos, sem mortalhas, mas em papel branco, que é também mais tarde removido. A princípio costumavam ser enterrados em túmulos separados, um ao lado do outro; agora são todos enterrados num único túmulo. Existe agora uma escassez de áreas de sepultamento... Consequentemente, os alemães e autoridades sanitárias polonesas estão pensando em construir um crematório especial para os judeus. Vários grupos de visitantes vão constantemente ao cemitério, pessoal militar e visitas particulares. A maioria não mostra absolutamente qualquer simpatia pelos judeus; pelo contrário, alguns acham que a mortalidade é baixa demais. Há quem tire fotos. De especial interesse [para esses visitantes] é o barracão, onde dúzias de cadáveres jazem durante o dia esperando para serem enterrados [à noite].[32]

A guerra que Kaplan e Ringelblum descreviam começou às 4h45 da manhã de 1º de setembro de 1939, quando soldados da Wehrmacht avançaram para a Polônia. A França e a Grã-Bretanha declararam guerra à Alemanha em 3 de setembro, embora não tenham iniciado de imediato uma ação militar. A rapidez do avanço alemão foi atordoante e no início de outubro a Polônia se rendeu. Algumas semanas após a ofensiva alemã, a União Soviética atacou o território polonês a partir do leste, parando na linha estabelecida pelo acordo Ribbentrop-Molotov. Os alemães dividiram seu território polonês em dois. A parte ocidental, incluindo Dantzig e Łódź, foi anexada ao Grande Reich Alemão. A parte restante, que incluía Varsóvia, Cracóvia e Lublin, foi chamada de Governo Geral e administrada como uma colônia. O governador-geral era o jurista Hans Frank, antigo companheiro de Hitler e antissemita fanático.

As políticas contra os judeus poloneses após setembro de 1939 eram genocidas e, para os soldados alemães, eram tanto novas e não testadas quanto familiares e decifráveis. Eram novas porque os alemães não trataram dessa maneira os judeus alemães entre 1933 e 1939, mas eram inteligíveis porque eles já haviam concordado e se acostumado à ideia de que judeus e judaísmo não tinham lugar na nova Alemanha. Uso o termo *genocídio*, baseado na substancial quantidade de estudos comparativos de genocídios, para me referir não só ao completo aniquilamento físico de um certo grupo mas, de forma mais ampla, ao estrangulamento das oportunidades de vida de um grupo pela fome, pela deportação e pela criação de outras condições para destruir sua vida no todo ou em parte. O genocídio desencadeado pelo Terceiro Reich contra os judeus poloneses no período que vai do outono de 1939 a junho de 1941, quando a Alemanha invadiu a União Soviética, não resultou de o esforço de guerra nazista correr mal ou de percepções da liderança nazista de que o Reich corria perigo militar. A Alemanha estava vencendo em todas as frentes. De Berlim, o Reich governava nesse período Viena, Praga, Varsóvia, Copenhague, Oslo, Amsterdã, Bruxelas e Paris. Na realidade o genocídio era um resultado da experiência e imaginação compartilhadas dos alemães, construídas em seis anos de pré-guerra. O ponto de partida da atitude dos alemães para com os judeus poloneses não foi a perseguição de 1933, mas o exorcismo de judeus e judaísmo em 1938. O limiar da expectativa dos alemães sobre o novo mundo que estavam construindo dizia respeito a como, com que rapidez e onde os judeus desapareceriam.

 A guerra, contudo, alterou as relações do pré-guerra entre alemães e judeus. Entre 1933 e 1938, os alemães compartilharam uma experiência antijudaica por todo o território nacional. Naturalmente, cada localidade teve sua própria experiência, mas a criação da cultura antijudaica aconteceu por todo o Reich com padrões familiares, públicos, envolvendo medidas legais, propaganda e violência de rua. A guerra quebrou a uniformidade da experiência antijudaica. Após setembro de 1939, oficiais e soldados alemães trataram milhões de judeus não alemães de formas mais brutais do que as que tinham sido praticadas contra os judeus na Alemanha. Nos anos de pré-guerra, as ações contra judeus eram na esfera nacional, enquanto depois de setembro de 1939 ocorreram em sua maioria longe de civis alemães.

Durante a campanha polonesa, os soldados alemães primeiro trataram os judeus com base nas ações antijudaicas com que tinham se familiarizado nos anos do pré-guerra. A experiência prévia é com frequência o primeiro guia da ação. Sinagogas foram queimadas e rolos da Torá destruídos por toda a Polônia. Em Włocławek, soldados da Wehrmacht queimaram as duas grandes sinagogas no Dia do Perdão. Depois detiveram 26 judeus e os obrigaram a assinar uma declaração de que tinham posto fogo nos prédios. Brandindo a declaração, os alemães disseram então aos homens que eles seriam presos como incendiários a não ser que pagassem 250 milzlotis. A comunidade judaica reuniu a soma e os homens foram soltos.[33] A zombaria carnavalesca do evento e a alegre brutalidade davam continuidade ao comportamento antijudaico do pré-guerra.

Essa continuidade foi comum. Fritz Cuhorst, agora prefeito nazista de Lublin, escreveu em dezembro de 1939 sobre uma visita de dignitários alemães à cidade. "Tiveram sorte: foi justamente numa segunda-feira judaica", o que significava um dia de maus-tratos e humilhação pública dos judeus. "Foi um grande espetáculo!!", ele escreveu. "Fiquei duas horas lá e peguei um rolo da Torá" — talvez como *souvenir* de um povo em vias de extinção ou como um amuleto de boa sorte. "Quanto ao mais", resumiu Cuhorst, "meus dedos continuaram limpos".[34] O uso de excremento para humilhar os judeus era comum, como tinha acontecido na *Kristallnacht*. Ringelblum escreveu em seu diário sobre "um rabino [que] foi obrigado a defecar nas calças".[35] Os soldados da Wehrmacht em Wieruszów recorreram a um repertório familiar em 3 de setembro. Todos os homens judeus entre 17 e 40 anos foram reunidos e, depois de submetidos a uma bateria de severo espancamento, foram jogados em caminhões abertos do exército que estavam decorados com dizeres em letras grandes: "Aqui estão os porcos judeus que pediram a guerra e atiraram em soldados alemães". O comboio cruzou a fronteira do território do Reich, onde os judeus tiveram de desfilar em várias cidades alemãs. Alguns judeus, gravemente feridos pelos espancamentos, morreram nos caminhões durante os desfiles.[36]

Mas desde o início ficou claro que as práticas antijudaicas na Alemanha nazista do pré-guerra constituíam um limiar mínimo da conduta para com os judeus na Polônia. Naquele mesmo dia, a companhia de soldados em Wieruszów, contou mais tarde uma testemunha ocular judia, levou "vinte judeus para o mercado e atirou neles... Liebe Lewi, a filha de Israel Lewi, correu para o pai para se despedir dele. Os cruéis alemães ordenaram que ela abrisse a boca por sua insolência, deram-lhe um tiro na boca e ela caiu morta ali mesmo".[37] Uma tal execução pública de "nossos" judeus alemães não tinha ocorrido no Terceiro Reich. Todas as restrições morais estavam agora removidas com relação aos judeus poloneses, que tinham uma aparência diferente dos judeus alemães e pareciam confirmar, aos olhos dos soldados, as caricaturas antissemitas de *Der Stürmer*. A esmagadora maioria praticava o judaísmo, muitos usavam roupas diferentes e tinham barbas e tranças. Oitenta e cinco por cento falavam hebraico ou iídiche como língua materna, não polonês e não certamente alemão. E acima de tudo, havia muitos, muitos deles. Em 1939, havia 3 milhões e meio de judeus na Polônia e 2 milhões viviam em áreas ocupadas pela Alemanha em setembro de 1939.

As políticas com relação aos judeus só podem ser compreendidas dentro dos planos globais dos nazistas para mudanças demográficas na Polônia e na Europa oriental. Hitler falou a seus generais, pouco antes da deflagração da guerra, sobre o iminente "extermínio" da nação polonesa como coletividade. Em 7 de setembro de 1939, Heydrich ordenou que as unidades especiais da polícia e da SS destruíssem a elite que exercia a liderança na Polônia e banissem todos os judeus das áreas sob controle alemão: "Nobreza, clero e judeus têm de ser mortos". Os poloneses deviam ser reduzidos a um povo de escravos e seu direito de viver estava vinculado à utilidade para o império racial alemão e sua economia. Os alemães proibiram as atividades que criavam a educação, a arte e a cultura polonesas, se apoderaram de negócios e aterrorizaram a população para evitar oposição. Uma rede de campos de concentração e campos de trabalho internou poloneses e judeus como trabalhadores escravos para construir estradas, represas e realizar outros projetos. É importante enfatizar que a maioria dessas medidas envolvia tanto gentios poloneses quanto judeus.[38]

Himmler foi o cérebro da reorganização racial da Polônia em 1939 e da Europa oriental como um todo durante a guerra. Seu Plano Geral para o Leste em 1941-1942 concebia a Europa oriental trinta anos após o fim da guerra como uma vasta área povoada por alemães. O plano estabelecia como alvo um decréscimo da população local com base nos seguintes números: poloneses, 85%; bielorrussos, 75%; ucranianos, 65%; tchecos, 50%. Essa tremenda diminuição seria alcançada pelo extermínio através do trabalho forçado, enfermidades, fome e controle da natalidade. O destino final dos eslavos sobreviventes seria a extinção linguístico-cultural. Essas políticas são qualificadas como genocidas segundo a convenção de 1948 das Nações Unidas e devemos compreender o domínio nazista na Europa, entre 1941 e 1945, como uma série de genocídios interconectados. O plano em si, que projetava o resultado mais extremo do domínio nazista na Europa oriental, não pôde ser realizado plenamente devido às exigências da guerra e à derrota alemã. E também porque os nazistas encaravam os judeus como o inimigo mais perigoso e imediato. Dentro do universo dos genocídios nazistas em tempo de guerra, os judeus eram uma prioridade.[39]

E assim, nos meses que se seguiram ao início da guerra, os nazistas conceberam vários planos para se livrarem dos judeus. Já em 21 de setembro de 1939, Heydrich, agora chefe do Escritório Central de Segurança do Reich (Reichssicherheitshauptamt ou RSHA), ordenou que os comandantes dos Einsatzgruppen ou Forças-Tarefa concentrassem todos os judeus da Polônia em cidades maiores "como [um] primeiro pré-requisito para o objetivo final", que deveria ser mantido em sigilo. Por "objetivo final" ele provavelmente se referia à deportação da população judaica das várias regiões polonesas e sua concentração numa reserva de Lublin.[40] Pouco depois o plano já tinha deixado de ser assim tão secreto, mostrando com que rapidez caíam as barreiras mentais. Alguns dias mais tarde, em 27 de setembro, Heydrich mencionou numa conferência do RSHA outra ideia, aprovada por Hitler, a saber, expulsar para a União Soviética todos os judeus que viviam do outro lado da linha de demarcação. Theodor Schieder, um historiador de Königsberg, na Prússia oriental, propôs um plano diferente, criativo. Num memorando submetido a Himmler, sugeriu um vigoroso povoamento alemão em áreas polonesas, a expulsão de judeus das cidades alemãs e, sobretudo, uma "completa desjudaização do restante da Polônia", cumprindo o objetivo de enviar toda a população judaica para o exterior.[41] Schieder se tornaria mais tarde um historiador de grande importância na Alemanha Ocidental do pós-guerra. O plano seguinte surgiu com base nessa ideia original. Após a queda da França, em maio de 1940, foi sugerido que todos os judeus europeus fossem enviados para Madagascar, que, como parte do império francês, tinha agora caído em mãos alemãs. Hitler falou sobre isso e o RSHA redigiu memorandos para esse efeito. Hans Frank, o governador-geral da Polônia ocupada, estava exultante: a última coisa que ele queria era ver os judeus sendo jogados em seu quintal de Lublin. Devemos embarcá-los, disse em 12 de julho de 1940 para uma multidão extremamente festiva em Lublin, "peça por peça, um homem depois do outro, uma mulher depois da outra, uma menina depois da outra".[42] E quando os planos para a invasão da União Soviética estavam em pleno andamento no início de 1941, Himmler levantou a ideia de banir os judeus para a Sibéria após a vitória.

Embutidos em todos esses planos, havia dois significados, um expresso, o outro oculto. No nível programático, os nazistas planejavam a remoção dos judeus, possivelmente após a guerra vitoriosa, para além dos Urais, para Madagascar ou outro lugar qualquer. Mas num nível diferente, já imaginavam um mundo sem judeus e tinham estabelecido que os judeus não mereciam viver entre seres humanos (isto é, entre eles). A criação mesma de diferentes planos colocava os judeus como um "problema" que precisava de uma "solução". O espectro de soluções possíveis presumia que os judeus não tinham direito a uma vida efetiva num mundo nazista: o ponto de partida dos nazistas era este ou aquele plano em Lublin ou além dos Urais, mas a partir daí qualquer solução era imaginável. Não que os nazistas procurassem manipular outras pessoas e ocultar uma intenção existente de matar todos os judeus. Os dois níveis de significados coexistiam em variados graus de autoconsciência. Os programas nazistas diziam respeito aos tecnicismos (como remover os judeus e para onde deslocá-los) de produzir um mundo sem judeus. Articulavam uma política de deslocar os judeus dentro de um imaginário que negava existência humana às suas vítimas. Alguns planejadores pensavam seriamente em "só" deslocar os judeus espacialmente em vez de simplesmente matá-los (como aconteceria dois anos mais tarde), mas livrar-se dos judeus fisicamente, de uma vez por todas, já estava no espectro de possibilidades imagináveis.

Todos esses planos presumiam que os judeus não mereciam viver no império nazista: fatores contingentes — como o desenvolvimento da guerra em

1940, a situação internacional, a opinião pública ou o plano para assentar alemães na Polônia — não alteraram a ideia básica. A essência dos planos era a expectativa de que os judeus acabariam perecendo pelas medidas combinadas de migração forçada, fome, amontoamento de pessoas, doenças, trabalho árduo, falta de desenvolvimento econômico sustentável e pura e simples violência, fosse em Lublin, Madagascar ou em algum lugar além dos Urais. Enquanto isso, o regime continuava oficialmente a promover também a emigração. Aderir a políticas variadas não era contraditório. Todas as medidas eram úteis para resolver o Problema Judaico. Seja como for, nenhum nazista pensava seriamente que a emigração para Madagascar tivesse por objetivo a prosperidade judaica. Os nazistas queriam que os judeus emigrassem para desaparecer de sua vista. A solução territorial foi sempre uma ficção, uma fábula nazista acerca de como se livrar dos judeus.

Uma interpretação encara esses planos como prova da experimentação nazista para encontrar soluções para o Problema Judaico e como demonstração da radicalização do pensamento nazista durante os meses de setembro de 1939 a junho de 1941, quando eles realmente ainda não tinham um modelo para o extermínio dos judeus. Há elementos a recomendar nesta visão, como a ênfase no extremismo crescente das ideias nazistas e a natureza contingente da política nazista neste período, mas ela também encara algumas coisas erradamente. Não basta argumentar que os nazistas não tinham uma ideia clara do que fazer com os judeus em 1940. A questão é: que ideias eles tinham? Que opções para tratar os judeus os nazistas realmente viam como possíveis, práticas e em harmonia com suas crenças? Os planos que concebiam mostram que procuravam meios de resolver o Problema Judaico — mas só na medida em que os planos eram diferentes expressões da vontade de destruir judeus através das forças da natureza, sem a utilização de armas e gás. Os nazistas propuseram diferentes planos, mas sempre dentro da ideia básica de que o direito dos judeus a viver neste mundo era discutível.

Esse período de perseguição foi um período de experimentação, mas o período de extermínio que se seguiu também foi. Cada período foi experimental à sua maneira. Os meses de setembro de 1939 a junho de 1941 não foram simplesmente uma antecâmara do período principal de extermínio. Essa visão está baseada em nosso conhecimento retrospectivo da Solução Final que viria, mas os alemães que viveram durante esses meses não sabiam disso na época. Davam sentido pontual às suas ações, compreendendo as novas ações antijudaicas nos territórios ocupados com base nas experiências dos anos de pré-guerra e de início da guerra. O período 1939-1941 faz sentido dentro da cultura antijudaica de um mundo sem judeus.

Isto foi entendido tanto por alemães quanto por judeus. Eduard Koenekamp, membro do Instituto Stuttgart para Países Estrangeiros, registrou em 1939, numa carta a um amigo, suas impressões depois de uma visita a vários postos judaicos na Polônia: "O extermínio desta sub-humanidade se daria no interesse do mundo inteiro. Contudo, tal extermínio é um dos problemas mais difíceis. Fuzilamentos não seriam suficientes. Além disso não se pode permitir o fuzilamento de mulheres e crianças. Aqui e ali se esperam perdas durante deportações... Todas as agências que lidam com a Questão Judaica estão conscientes da insuficiência de todas essas medidas. Uma solução deste complicado problema ainda não foi encontrada".[43] Os sentimentos de Koenekamp nos lembram daqueles de Siegfried Leffler. Nenhum dos dois estava perturbado com o apelo para exterminar os judeus, mas ambos estavam preocupados sobre como reconciliar isto com seus sentimentos pessoais, cristãos no caso de Leffler e de dignidade moral no caso de Koenekamp. Tudo bem exterminar os judeus, Koenekamp parece estar dizendo a si mesmo, mas temos de encontrar um meio de fazê-lo que não choque nossas sensibilidades.

Planos imaginários como os da reserva de Lublin e o projeto Madagascar, assim como a guetização efetiva dos judeus poloneses, eram meios de "exterminar a sub-humanidade" mantendo intactas as sensibilidades morais alemãs. Era um genocídio perpetrado através do estrangulamento dos meios de vida da comunidade, como as ações alemãs de concentrar judeus poloneses em guetos isolados do mundo exterior deixou claro. Em 23 de novembro de 1939, todos os judeus com mais de 10 anos foram obrigados a usar na manga direita uma braçadeira branca com pelo menos 10 centímetros de largura estampando uma estrela de davi azul.[44] Seguiram-se uma série de restrições sobre movimentação, trabalho e posse de propriedades por parte de judeus. A guetização começou em outubro de 1939, um processo prolongado que durou meses. Judeus do campo foram forçados a ir para as grandes cidades, perdendo, é claro, todos os seus bens; os judeus da região de Warthegau, anexada ao Reich e destinada à germanização, foram também banidos para grandes guetos urbanos.

O gueto de Łódź foi instituído em abril de 1940 e, em 1º de maio, os alemães isolaram hermeticamente do mundo o gueto e seus 163 mil habitantes. Os judeus de Varsóvia também receberam ordens para se deslocarem e passarem a viver numa parte da cidade. "Num funeral para as criancinhas do orfanato da rua Wolska", relatou Ringelblum sobre as condições no início de setembro de 1940, "as crianças da casa puseram uma coroa no monumento com a inscrição: 'Para as Crianças que Morreram de Fome — Das Crianças que Estão Famintas'." Em 16 de novembro, o gueto de Varsóvia foi lacrado. "Uma onda de maldade rolou por toda a cidade, como se respondendo a um sinal de cima", Ringelblum escreveu três dias depois.[45] Cerca de 338 mil judeus foram agora isolados do mundo. Um terço dos habitantes da cidade estava amontoado em 2,4% de seu território, uma área de pouco menos de 404 hectares. No início de 1941, a população do gueto inchou para cerca de 445 mil pessoas como resultado do fluxo de judeus vindos das áreas vizinhas. A taxa de mortalidade entre os judeus de Varsóvia subiu de 1 por 1000 em 1939 para 10,7 em 1941. Em Łódź, a taxa foi de 43,3 em 1940 e 75,9 em 1941.[46] Entre setembro de 1939 e junho de 1941, mais de 500 mil judeus poloneses morreram em guetos e campos de trabalho.

Para os nazistas, o objetivo da política de gueto lacrado era, em última análise, livrar-se dos judeus. O gueto lacrado estava no mesmo espectro imaginário dos diferentes planos para remover territorialmente os judeus. No nível dos planos de programas em aberto, os nazistas discutiam o gueto como uma solução temporária até a remoção final dos judeus depois da guerra. Mas no nível da imaginação, os judeus já estavam mortos. Essa dualidade se manifestava no debate entre "moderados" e "extremistas" sobre o problema da guetização entre os responsáveis pelos programas nazistas em Varsóvia e Łódź entre 1939 e 1941.[47] Os "moderados" queriam manter o gueto como uma unidade produtiva para ajudar no esforço de guerra alemão e, assim, permitir que os judeus sobrevivessem sem fome e doença desde que continuassem sendo úteis à economia. Os "extremistas" rejeitavam essa possibilidade. Alexander Palfinder, um funcionário da administração do gueto em Łodź, sustentava que "principalmente na questão judaica, a ideia nacional-socialista [...] não admitia compromissos" e, portanto, "uma rápida extinção dos judeus é para nós algo totalmente indiferente, para não dizer desejável".[48] Em fins de 1940 e inícios de 1941, os "moderados" venceram o debate, antes que a política fosse alterada no final de 1941 e princípios de 1942 para o extermínio. O debate mostra a complexidade da política de guetização (houve judeus que permaneceram em áreas rurais onde não foram criados guetos e, na Alta Silésia oriental, que foi tirada da Polônia e anexada ao Reich, os guetos só foram criados em 1943), mesmo quando confirma o argumento levantado aqui sobre a imaginação nazista refletida nos guetos lacrados.

Independentemente de alguns nazistas serem "moderados" ou "extremistas", o crucial foi a discussão em si: os judeus não tinham direito de viver como seres humanos; iam morrer ou continuar vivos como unidades produtivas para dar apoio à guerra alemã. Em termos de imaginação, os participantes desse debate já haviam internalizado que os judeus não deviam desenvolver vidas plenas, criativas, saudáveis e emocionalmente satisfatórias. Com relação a isso, a criação de guetos lacrados em 1940-1941 e o extermínio dos anos seguintes estavam no mesmo espectro de possibilidades imaginárias para resolver o Problema Judaico. A política de guetização foi constituída não só por medidas administrativas e implementação prática cumpridas pelas autoridades alemãs na Polônia, mas também pelas fantasias subterrâneas que, às vezes, não eram totalmente claras para os próprios nazistas nem podiam ser explicitamente expressas por eles.

O gueto lacrado indicava, assim, não apenas uma política de transição ou uma medida de experimentação. Manifestava, antes, uma disposição mental que concretizava um mundo alemão sem judeus, não matando-os diretamente, mas aplicando à sua existência uma data indefinida de expiração. "Logicamente, temos de desaparecer", escreveu Kaplan em 1940. "Conforme as leis da natureza, estamos condenados à destruição e ao total aniquilamento. Como pode uma comunidade inteira se alimentar quando não tem meios de vida? Não há ocupação, não há profissão que não estejam limitadas e restritas para nós!... Segregação total de todas as profissões da vida. Segregados e separados do mundo, vamos nos atrofiar em nossa pobreza, sofrimento, fadiga e sujeira, vamos apodrecer até que chegue o nosso fim."[49]

Oskar Rosenfeld, escritor, jornalista e homem de letras no meio da casa dos 50 que obtivera um doutorado da Universidade de Viena, foi deportado de Viena para o gueto de Łódź em 4 de novembro de 1941. Ele manteve um diário impressionante entre 17 de fevereiro de 1942 e 28 de julho de 1944 como membro ativo do grupo de arquivistas que documentava a vida do gueto. Deu uma contribuição constante à crônica diária do gueto. O que identificou como essência do gueto lacrado em maio de 1942 se aplica à sua história desde o começo:

> Toda comunidade há de ganhar fôlego, florescer, crescer, criar. Faz parte do instinto animal, da lei da natureza. Nascer, crescer, morrer, sempre renovando a vida, paralelamente à natureza... [O] gueto [é] a exceção. Às pessoas [...] é concedido apenas ar suficiente para vegetar. Elas não plantam nada [...] não se pode produzir. Quando o terno fica velho, temos de andar em farrapos... As fazendas ficam da cor de ferrugem, as cores desbotam... Não há desenvolvimento, tudo vai aos poucos caindo aos pedaços. E sem trabalho, passando fome aqui, estão os engenheiros, químicos, matemáticos, botânicos, zoólogos, farmacologistas, médicos, arquitetos, professores, escritores, atores, diretores, músicos, linguistas, funcionários administrativos, banqueiros, farmacêuticos, profissionais como eletricistas, marceneiros, carpinteiros, trabalhadores em metal, estofadores, pintores de paredes, peleiros, alfaiates, sapateiros, trabalhadores têxteis, torneiros, relojoeiros...[50]

No Reich, enquanto isso, os judeus viviam isolados e com medo. Desde o início de setembro de 1939, foram proibidos de possuir um rádio e só tinham permissão de comprar em determinadas lojas. A fome e a pobreza se tornaram um meio de vida. Judeus não recebiam cartões de racionamento para roupas. Em Berlim, desde julho de 1940, só podiam comprar alimentos entre quatro e cinco da tarde, o que significa que as mulheres, que faziam a maior parte das compras, tinham de correr após o trabalho para a padaria, o açougue e outras lojas, onde encontravam longas filas e pouca coisa em oferta. Em Breslau, os judeus só podiam comprar alimentos entre onze da manhã e uma da tarde, um período em que a maioria das mulheres trabalhava. Em janeiro de 1940, o racionamento se tornou mais restrito para os judeus, que não podiam receber legumes, nem a maioria das frutas, nem carne. Um judeu fazendo trabalho pesado recebia 200 gramas de carne por semana comparados com quase um quilo para um alemão.[51]

A legislação e decretos antijudaicos continuaram durante a guerra, atenuados, mas sempre presentes. De 1º de setembro a 31 de dezembro de 1939, os nazistas promulgaram 55 novas leis e decretos; em 1940, um adicional de 101. Os anos de 1941 e 1942 marcaram o ápice, com 135 e 169 novas leis, respectivamente. Isso refletiu a mudança para a política de extermínio, quando a fixação com os judeus alcançou novos patamares. Embora a Alemanha estivesse em guerra com metade do mundo, os alemães estivessem aniquilando judeus por toda a Europa e praticamente não tivessem sobrado judeus na Alemanha após as deportações, foi importante decretar em 1942 que os judeus estavam proibidos de comprar bolos. Então, não restando mais judeus na Alemanha, a torrente de leis secou: 37 em 1943, 22 em 1944 e apenas 3 em 1945.

Quando a guerra começou, os nazistas encontraram, de 1º de setembro a 31 de dezembro de 1939, novas restrições a impor aos judeus, algumas relacionadas ao esforço militar, outras ao medo da palavra judaica.

Judeus foram proibidos de participar de treinamentos para ataques aéreos. Judeus deviam construir e financiar seus próprios abrigos antiaéreos. Multa de reparação: judeus são multados em 250 milhões de Reichsmarks necessários para a indústria de armamentos. Ministro da educação: autores de dissertações de doutorado deviam evitar a citação de autores judeus; quando fosse absolutamente necessário, as citações desses autores deveriam ser postas em aspas especiais. 1940: Judeus são colocados sob toque de recolher noturno e são proibidos de estar nas ruas de nove da noite às cinco da manhã durante o verão e entre oito da noite e seis da manhã durante o inverno. Cartões de racionamento para judeus são marcados com um J adicional. Judeus são excluídos de planos de saúde privados.[52]

Em maio de 1940, os Klemperer alugaram sua casa em Döltzschen porque os judeus foram obrigados a se mudar de suas acomodações privadas para a Casa dos Judeus de Dresden. Eva e Victor puderam levar poucos pertences. Tiveram de se desfazer de muitas coisas e deixar o que sobrou num depósito. Os dias da mudança coincidiram com o ataque alemão aos Países Baixos e à França. Na quinta-feira à noite, 16 de maio, Klemperer escreveu: "Talvez o mais melancólico aniversário de casamento que comemoramos até hoje. O caos da mudança começou, nove décimos de nossa mobília têm de ir para o depósito, muito material escrito e impresso, que tínhamos preservado por tanto tempo, está sendo destruído como lastro... Os sucessos no Ocidente são prodigiosos e a nação está inebriada". Alguns dias mais tarde, na terça-feira, 21 de maio, ele acrescentou: "Estamos os dois na mais profunda depressão com o curso incompreensível dos acontecimentos. Ele destrói nosso futuro. Eva [está] terrivelmente exausta por todo o trabalho da mudança". No dia seguinte, ele condensou assuntos mundiais e pessoais: "A derrota francesa está se tornando uma catástrofe... Fazemos o possível para não desesperar".[53]

A assombrosa vitória de Hitler no Ocidente contra a Holanda, a Bélgica e a França, somando-se à ocupação alemã da Dinamarca e da Noruega em abril, estendia o império alemão de Paris ao Cabo Norte, na Noruega, e a Varsóvia. O colapso da França em meras seis semanas foi a mais espetacular vitória de Hitler. Tropas alemãs entraram em Paris a 14 de junho e os franceses assinaram um armistício em Compiègne, em 22 de junho, no mesmo vagão de trem em que as forças alemãs tinham se rendido em 1918. Hitler havia derrotado a memória negativa da Primeira Guerra Mundial e eliminado como potência europeia o mais poderoso adversário militar da Alemanha. Era venerado pelos alemães e sua supremacia no continente parecia incontestada. Só a Grã--Bretanha, agora sob a decidida liderança de Winston Churchill, continuava a combater o Terceiro Reich. Hitler levou adiante os planos de invadir as ilhas britânicas. A partir de agosto de 1940, a Luftwaffe, a força aérea alemã, executou ataques aéreos maciços contra instalações militares, cidades e portos. A Batalha da Grã-Bretanha grassou no outono e inverno de 1940-1941. Os habitantes de cidades como Coventry e Londres ficaram submetidos a um constante bombardeio alemão, que cobrou um pesado tributo. Mas a Grã-Bretanha se manteve firme. Esta não parecia uma batalha que Hitler iria ganhar.

Para os judeus na Alemanha, as restrições sufocavam o último sopro de ar, mas para os alemães faziam pouca diferença, pois eles já tinham deixado de reparar na presença dos judeus. Em Kippenheim, na Alemanha meridional, ocorreu um vigoroso debate comunitário, em abril de 1940, sobre o que deveria ser feito com a sinagoga, que permanecera em ruínas desde a *Kristallnacht*, e o terreno que ela ocupava. O prefeito nacional-socialista, Friedrich Spielmann, queria acabar de demoli-la. Outros esperavam tirar proveito das possibilidades comerciais do lucrativo terreno. Além disso, havia complicações legais a resolver. No total, levou dois anos para a cidade se tornar, em outubro de 1942, a proprietária legal da área. A cidade comprou o terreno não da comunidade judaica, mas do RSHA de Heydrich, que detinha agora a posse legal de toda a propriedade judaica na Alemanha.[54] Uma pequena comunidade de judeus ainda vivia em Kippenheim quando o negócio começou a ser feito em abril de 1940. Logo depois, em outubro de 1940, juntamente com toda a comunidade judaica de Baden e do Saar-Palatinado, eles foram deportados para Vichy, a zona não ocupada da França. Os judeus da Alsácia-Lorena já tinham sido banidos para Vichy em 16 de julho de 1940. Sete anos após chegar ao poder, os nazistas tinham conseguido criar as primeiras regiões na Alemanha *Judenrein* ou livre de judeus.

Mais ou menos na época em que partes da Alemanha ficaram livres de judeus e um genocídio de judeus poloneses estava em andamento, dois importantes filmes interpretaram para os alemães o estado das relações judaico-alemãs. *Judeu Süss (Jud Süss)* estreou em Berlim na sala Palast-am-Zoo em 24 de setembro de 1940, enquanto *O Judeu Errante (Der ewige Jude)* foi lançado em 28 de novembro de 1940. Ambos os filmes foram concebidos por Goebbels e visavam instruir e doutrinar os alemães acerca dos judeus. Mas eles não devem ser vistos simplesmente como uma ferramenta ideológica que o regime criou para o público. Os filmes explicavam o evoluir das relações entre alemães e judeus desde 1º de setembro de 1939 — para o público, para os nazistas e para o próprio Goebbels.

Em termos de mensagem e linguagem visual, os dois filmes estavam relacionados, mas fora isso não eram em absoluto similares. *Judeu Süss* contava a história de Joseph Süss Oppenheimer, o judeu cortesão e assessor financeiro do duque de Württemberg em Stuttgart entre 1733 e 1737. Interpretado por Ferdinand Marian, Süss exibia toda a variedade de motivos antissemitas nazistas básicos, de extorquir dinheiro a seduzir donzelas alemãs. Num final feliz, a justiça prevaleceu e Süss foi condenado à morte. A cena final é o banimento de todos os judeus de Württemberg. Drama antissemita de costumes do século XVIII, o filme foi imensamente popular. Tinha sido visto por 20 milhões de espectadores em fins de 1942.[55] O filme se ajustava à imaginação antijudaica geral, amplamente compartilhada, criada entre 1933 e 1939: uma Alemanha sem judeus e judaísmo, mas também sem um excesso de violência visível (em comparação com a Polônia).

O Judeu Errante era um documentário mostrando de forma ostensiva a má influência dos judeus no mundo. Passou por muitas revisões porque Goebbels não sabia com que profundidade o perigo judaico deveria ser visualizado. O filme acabou sendo lançado em duas versões, uma para homens adultos, incluindo cenas repugnantes, como o abate ritual de animais, e uma versão higienizada para mulheres e crianças. Antes da guerra, Goebbels queria enviar uma equipe à Polônia para filmar judeus em seu ambiente, mas não obteve permissão das autoridades polonesas. Após setembro de 1939, ele próprio foi a Łódź com uma equipe para supervisionar a filmagem no gueto, mandando depois para lá o diretor, Fritz Hippler. Hippler recordou mais tarde que Goebbels lhe disse para "captar tudo da vida do gueto judeu antes que ele seja extinto. O Führer fará com que todos se mudem para Madagascar ou alguma outra área."[56] Tendo Goebbels dito realmente isto ou não, o filme inclui uma cena muito mais sinistra que qualquer coisa mostrada em *Judeu Süss*, uma chocante imagem dos judeus como uma horda de ratos. A cena final é um trecho de um jornal cinematográfico com Hitler proclamando sua profecia no Reichstag em 30 de janeiro de 1939. *O Judeu Errante* foi um fracasso comercial; estreou em Berlim em pelo menos 36 cinemas, mas em meados de dezembro só uma sala ainda estava exibindo o filme.[57] O público obviamente rejeitou a ilustração direta, franca, do destino dos judeus sob o nacional-socialismo.

Por que o público alemão se reconheceu na descrição do destino dos judeus em *Judeu Süss*, mas teve dificuldade em aceitar a descrição de *O Judeu Errante*? *O Judeu Errante* é explícito e violento, mas queimar uma sinagoga também é algo bastante explícito e violento. Por que a profecia de Hitler, que criou um laço emocional instintivo entre o Führer e seu público em janeiro de 1939, não conseguiu atingir o mesmo efeito no filme em novembro de 1940?

A recepção pública dos dois filmes indicava o evoluir da imaginação antijudaica durante a guerra. Em *Judeu Süss*, os alemães reconheceram suas políticas antijudaicas do pré-guerra. A maioria dos alemães podia se identificar com o banimento dos judeus, no final do filme, como uma ilustração precisa da situação na Alemanha. *O Judeu Errante*, por outro lado, com suas alusões ameaçadoras e evocações visuais de assassinato em massa, trazia à mente não as políticas do pré-guerra (que não precisavam de alusões e evocação porque eram conhecidas e tinham sido vistas por todos), mas o tratamento dos judeus após setembro de 1939. O discurso de Hitler trazia agora à tona emoções diferentes. Em janeiro de 1939, a profecia associava Hitler e seu público no projeto compartilhado de remoção dos judeus. Mas em setembro de 1940, com a perseguição nazista aos judeus da Polônia em curso, a profecia era compreendida como uma imagem de aniquilamento que ia bem além do que tinha transpirado no Reich entre 1933 e 1939. Entre as imagens de ratos e a profecia de Hitler pouco era deixado à imaginação do espectador com relação ao destino dos judeus na Europa ocupada. *O Judeu Errante* fornecia uma descrição do presente, assim como do destino futuro dos judeus, que comprometia diretamente o espectador alemão. Foi por isso que o público virou as costas ao filme.

A maioria dos alemães conhecia, apesar da distância, o destino dos judeus na Polônia e, por extensão, na Europa, mas os filmes o colocavam de forma clara, direta e pessoal. As políticas antijudaicas na Polônia eram públicas e oficiais. Relatos da imprensa e cinejornais traziam ao conhecimento do público a situação dos judeus. Mais importante talvez, um fluxo de soldados e civis visitava a Polônia e os guetos, produzindo uma torrente de cartas e fotos das condições dos judeus: adultos esquálidos, crianças mendigando, judeus com tranças e barbas sendo humilhados e assim por diante. Fotografar pilhas de cadáveres no cemitério judaico de Varsóvia lamentando a baixa taxa de mortalidade dos judeus, como descrito por Ringelblum, não era excepcional. Alemães no *front* e em casa sabiam do destino dos judeus. O conhecimento trazia uma atitude nova e diferente: um endurecimento do antissemitismo como meio de justificar o genocídio, mas também um sentimento de surpresa e horror ao ver como se alterara o tratamento aplicado aos judeus desde a perseguição do pré-guerra. Uma coisa era tornar a Alemanha livre de judeus expulsando-os — como tinha sido feito nos anos do pré-guerra e estava representado no *Judeu Süss* —, outra, bem diferente, assassinar e matar de fome milhares de judeus — como tinha sido feito desde setembro de 1939 e estava representado em *O Judeu Errante*.

Melita Maschmann, uma jovem ativista da Liga de Moças Alemãs, a ala feminina da Juventude Hitlerista, foi mandada no final de 1939 como correspondente de jornal ao Warthegau, a área da Polônia ocidental que fora anexada ao Reich e estava destinada ao assentamento alemão. Ela passou por um gueto judeu em Kutno, ao norte de Łódź, e viu as pessoas miseráveis, famintas, que pareciam mais mortas que vivas: "O estado deplorável das crianças deu um nó na minha garganta. Mas cerrei os dentes. Gradualmente aprendi a desligar meus 'sentimentos pessoais', de forma rápida e completa, em tais situações. Isso é terrível, disse para mim mesma, mas repelir os judeus é uma das coisas infelizes com que temos de conviver se o 'Warthegau' for mesmo se tornar uma região alemã".[58] Para Maschmann, o tratamento dos judeus era justificado, mesmo que emoções intensas de horror e choque revelassem um sentimento de inquietação, até mesmo de dúvida, se insinuando. Ela justificava o genocídio com base no reassentamento nacional, embora no íntimo estivesse horrorizada pelo que estava descobrindo sobre si mesma e seus camaradas alemães. Enfrentava agora as consequências da imaginação do pré-guerra que tornava esses atos e cenas possíveis. Não haveria perseguição branda: livrar-se "apenas" dos judeus e do judaísmo em nossa pequena cidade natal. A promoção feita pelo nazismo da destruição do judaísmo como base da nova identidade nacional significava um projeto numa escala europeia: um novo império racial baseado na erradicação do judaísmo em toda parte.

Maschmann manifestou piedade com o que viu, mas não teve problemas em falar sobre o assunto e imaginá-lo, contradizendo a opinião persistente após 1945, entre estudiosos e também entre o público, que os alemães não podiam imaginar ou falar sobre o assassinato dos judeus. Se as políticas antijudaicas na Polônia foram comentadas e anotadas, assim como fotografadas, para muitos alemães que adquiriram este conhecimento abriu-se um fosso entre a "boa" perseguição dos anos de pré-guerra e a perseguição "excessiva" da guerra. O resultado, como Maschmann escreveu, foi desligar sentimentos pessoais sobre os assassinatos em massa, com as pessoas tentando não pensar neles nem falar deles. O sentimento de choque de Maschmann mostra que ela percebeu claramente o destino dos judeus. Essa mescla de choque e reconhecimento esteve também por trás da rejeição pública de *O Judeu Errante*: as audiências preferiram ignorar o filme precisamente porque souberam ler sua mensagem de aniquilamento. Desde o início da guerra, alguns alemães começaram a manter silêncio e a se sentirem perturbados com os assassinatos em massa no Leste, um comportamento que se alastraria nos anos de extermínio total de 1941 a 1945. Mantinham silêncio não porque não soubessem o que estava acontecendo, mas, ao contrário, precisamente porque sabiam alguma coisa e podiam imaginar o que estava acontecendo. Não precisavam conhecer os detalhes exatos das mortes no gueto de Łódź ou, mais tarde, em Auschwitz para compreender — para *perceber* é a palavra exata — que os judeus estavam sendo levados, de um modo ou de outro, ao completo desaparecimento.

"Estou praticamente devastando meu passado", escreveu Victor Klemperer em 21 de maio de 1941, visto que estava "queimando, queimando, queimando durante horas sem fim" toda a sua vida passada durante os preparativos da mudança para o novo domicílio na Casa dos Judeus. Nos anos do pré-guerra, os nazistas perseguiram os judeus porque eles representavam uma modernidade presente e raízes passadas, mas os judeus ainda podiam procurar emigrar — na verdade, eram encorajados pelos nazistas a fazê-lo — e começar uma nova vida. Mas entre setembro de 1939 e junho de 1941, os nazistas transformaram os judeus em pessoas sem tempo, que ainda estavam vivas (por um tempo breve), mas basicamente sem o direito de ter uma história, um passado, presente ou futuro.

Os guetos lacrados na Polônia exemplificavam esse estado de ânimo nazista. "Entramos, então, numa nova vida e ninguém pode fazer ideia da ansiedade e do medo no bairro judeu", escreveu Kaplan em 17 de novembro de 1940. "De repente, vemo-nos cercados de todos os lados, segregados e separados do mundo inteiro, exilados da companhia de seres humanos, um povo repugnante a ser banido, como pessoas contaminadas e leprosos que é um *mitzvá* distanciar e separar da sociedade humana para que não poluam e contaminem o ambiente."[59] Em Lvov, logo após a invasão nazista da União Soviética em junho de 1941, os alemães lacraram o gueto de todos os lados e os judeus tiveram de organizar uma espécie de municipalidade para tratar de seus assuntos. Os judeus de Lvov a chamaram de "a municipalidade da morte bizarra".[60] Os nazistas negaram aos judeus o elemento básico que torna possível a vida social, uma noção de tempo: a capacidade de associar memórias de nosso passado individual e coletivo numa narrativa que se baseia no presente e se projeta no futuro. "Não me sinto vivo", escreveu Genka Wimisner, de 19 anos, em 1940, de Cracóvia, a um parente em Nova York, expressando o sentimento de que os judeus estavam suspensos no tempo sem nenhuma relação com o passado, sem atividade no presente e sem perspectivas de futuro. "Agora aqueles que estão vivos invejam com frequência os mortos", acrescentou Klara, mãe de Genka.[61] "Nossas emoções humanas tornaram-se tão opacas", observou Kaplan dolorosamente, "que paramos de ter sentimentos."[62] Talvez mais que as deportações de judeus poloneses para os guetos e de judeus alemães para a França de Vichy, mais que as mortes por trabalho escravo, fuzilamento e fome, o isolamento dos judeus do tempo humano indicasse as intenções conscientes e inconscientes dos nazistas.

Um senso de tempo — isto é, de história e memória — permeava as percepções tanto de judeus quanto de alemães sobre o desaparecimento dos judeus: um senso de que o povo judeu havia se tornado uma coisa do passado, de recordação e comemoração, enquanto os nazistas os tinham substituído e se apropriado da imagem do judeu como associada a moralidade, a origens históricas e a ser escolhido, lançando assim a fundação de uma nova civilização nazista. Em Kippenheim, várias pessoas da comunidade juntaram-se ao debate sobre o futuro da sinagoga argumentando que o prédio devia ser conservado como um monumento arquitetônico que pertencia à herança histórica da cidade. Extinguir a comunidade judaica em Kippenheim e matar seus judeus não significava para os kippenheimer eliminar a memória da comunidade judaica local. Na realidade, conservar a sinagoga relegava os judeus ao passado como objetos que ficavam bem num museu e como tema de comemoração, ao mesmo tempo que acentuava a supremacia dos alemães sobre eles.

Os eventos locais eram acompanhados por programas institucionais e profissionais. O Instituto para o Estudo da Questão Judaica e o Instituto para o Estudo e Erradicação da Influência Judaica sobre a Vida da Igreja Alemã eram dois dentre vários centros de pesquisa cujas atividades, incluindo conferências, publicações e a alocação de fundos, tinham por objetivo construir uma história nazista dos judeus. O novo Instituto para a Pesquisa da Questão Judaica foi inaugurado em Frankfurt, em 16 de março de 1941, com Wilhelm Grau como diretor (ele foi obrigado a deixar o Instituto para o Estudo da Questão Judaica, que originalmente dirigiu, após uma desavença profissional e pessoal). O novo instituto fazia parte do plano mais amplo de Alfred Rosenberg para uma universidade nacional-socialista a ser fundada após a guerra. Em seu discurso inaugural, Rosenberg explicou a razão para a criação do instituto em termos de memória histórica: "Se a questão judaica estiver resolvida na Alemanha — e estará um dia em toda a Europa — talvez uma nova geração que venha depois de nós não consiga lembrar do que realmente se tornou conhecido durante essas décadas. Nossos netos, libertos da influência judaica, podem ainda cair vítimas de ideias excêntricas e não ser capazes de avaliar a força do povo judeu entre os europeus como temos hoje de fazer. A memória humana é muito curta."[63] Matar os judeus e manter viva sua memória — isto é, a versão nazista de sua memória — eram tarefas nazistas que se mesclavam.

Os nazistas procuravam contar de novo a história judaica e inseri-la dentro de uma nova narrativa alemã. Isso já tinha acontecido, é claro, nos anos de pré-guerra. Em 1935, o médico judeu Walter Heinemann, de Braunschweig, emigrou para a Palestina e pediu às autoridades locais permissão para levar consigo a coleção Judaica da sinagoga Hornburger local. Planejava doá-la à Universidade Hebraica em Jerusalém, presumindo que os nazistas não teriam interesse no material. Ficou surpreso quando Johannes Dürkop, um historiador da arte, membro do partido e diretor do Museu Regional da *Heimat*, negou o pedido. Numa carta ao ministro local da educação popular, em 30 de novembro, Dürkop adiantou como motivo de sua decisão que "a sinagoga permanece na coleção da história da *Heimat* do museu como um corpo estranho, mas precisamente por isso é um exemplo tão ilustrativo do papel que o judaísmo tem desempenhado em nossa área, assim como em toda parte". O ministro concordou. Dürkop planejava introduzir no museu uma exposição permanente sobre os judeus que "mostrará não apenas a imagem racial dos judeus em nossa área, mas também o modo como operam e como os pesquisadores 'objetivos' de gerações mais velhas" não conseguiram captar este significado. Como resultado, novos pedidos para remover objetos judaicos da área também não foram atendidos.[64]

Em 1939-1940, a essência da apropriação nazista da história judaica mudou drasticamente. Em 1935, Dürkop reescrevia a história judaica enquanto deixava Heinemann emigrar; após setembro de 1939, os nazistas reescreviam a história judaica matando judeus.

A história nazista sobre alemães e judeus incluía elementos raciais e da *Heimat*, como a de Dürkop, que julgava a história judaica local bastante importante para a elaboração da história alemã local. Ela também incluía elementos cristãos. Em 1940, os judeus foram eliminados de um local inaugural de memória, cujo espírito e essência tinham definido desde o começo: o Novo Testamento. O Instituto para o Estudo e Erradicação da Influência Judaica sobre a Vida da Igreja Alemã publicou um Novo Testamento desjudaizado intitulado *God's Message* [*Mensagem de Deus*].[65] O Antigo Testamento tinha, é claro, sido eliminado da Bíblia vários anos antes. Todas as referências a nomes e lugares judeus foram eliminados do novo texto, assim como todas as citações do Antigo Testamento, a não ser que retratassem o judaísmo sob uma luz negativa. Foi também deletada a descendência genealógica de Jesus desde a Casa de Davi e seu cumprimento de qualquer profecia do Antigo Testamento sobre o Messias. O novo texto contava a vida de Jesus numa linguagem militarizada, masculina, heroica, nazificada, concentrando-se antes em seu triunfo que na derrota em sua luta contra seus inimigos, os judeus, que provocaram sua morte. Cerca de 200 mil exemplares da nova Bíblia foram vendidos durante a guerra. Este apagar da memória não simplesmente precedeu o aniquilamento físico, mas, sob certos aspectos, imaginou-o.

Nas comunidades alemãs, a fusão nazista dos elementos raciais, elementos da *Heimat* e cristãos desenvolveu seu próprio caráter local. Em Schnaittach, na Francônia, nos primeiros anos da guerra, a sinagoga judaica foi incorporada ao museu *Heimat* local num ato de apropriação da memória nacional e religiosa.

Gottfried Stammler, um entusiasta local da *Heimat*, que fundou a Associação do Museu em 1923 e ingressou no Partido Nazista em 1937, já queria, no início de 1938, tirar proveito da comunidade judaica cada vez menor integrando a sinagoga local nas posses do museu da *Heimat*. Quando da *Kristallnacht*, ele correu para a sinagoga em chamas, ordenou que os bombeiros extinguissem o fogo e conseguiu salvar alguns dos objetos de seu interior. Por causa disso, o líder do partido no distrito ameaçou atirá-lo num campo de concentração. Mas Stammler tinha seus contatos e o prefeito aprovou a entrega da sinagoga ao museu. Os objetos da Judaica passaram a fazer parte do acervo do museu em 1939 e 1940. Fotografias do período mostram que eles não eram acompanhados de texto antissemita e não há prova de que Stammler tenha sido motivado por quaisquer sentimentos antissemitas.

Na realidade, Stammler encarava a preservação da história judaica local como parte de seus deveres como historiador local da *Heimat*; ele internalizou e considerou como a ordem das coisas que judeus e judaísmo pertenciam agora a um mundo passado. Como historiador e ativista do museu, deu a este sentimento uma ênfase profissional. Com a partida dos judeus, coletou a Judaica local e transformou os judeus de um grupo que estava vivo e se desenvolvendo no mundo real num grupo que pertencia ao passado, num museu. Não está claro se ficou perturbado com o fato de suas aquisições judaicas terem sido possibilitadas pelo terror e de, embora ele tivesse salvado a memória dos judeus locais, os judeus terem sido condenados por ele e sua comunidade. Seja como for, o nazismo, a ideia da *Heimat*, o cristianismo e o judaísmo estavam muito bem misturados para Stammler. Ele tirou duas grandes lápides do cemitério judaico e instalou-as, com as inscrições viradas para cima, como degraus na entrada do museu da *Heimat*. Na sinagoga, colocou no lugar onde ficava a Arca Sagrada uma *pietà* gótica. Reconhecia assim o lugar do judaísmo na identidade local e cristã alemã, mesmo se suas ações assinalavam a morte dos judeus e a apropriação do judaísmo pela identidade alemã e cristã. O judaísmo, submerso na identidade local, nacional e cristã, foi drenado de vida e, morrendo, tornou-se um objeto que iluminava os grandiosos passado e presente alemães.

As lápides foram removidas da entrada do museu em 1946 após protestos judaicos; a *pietà* foi removida na década de 1980.[66]

Na mesma época, no gueto de Varsóvia, uma pessoa muito diferente chegou a conclusões similares às de Dürkop e Stammler, dos estudiosos da pesquisa sobre judeus e dos teólogos que reescreveram o Novo Testamento. Chaim Kaplan também viu a chave para compreender a perseguição nazista no laço indissolúvel entre alemães e judeus. Para ele, o nazismo estava tanto imitando quanto substituindo os judeus, procurando tomar seu lugar:

> Estamos lidando com uma nação de cultura elevada, com o povo do livro. Um artigo [no *Deutsche Allgemeine Zeitung*], "Livros, Livros, Livros", relatava a mania de leitura que se apoderou de toda a Alemanha. Uma coisa passou simplesmente a enlouquecer os alemães — livros. Em cada livraria há longas filas de pessoas à espera do momento feliz em que conseguirão comprar um livro. Estão famintas não por pão, não por água, não por qualquer prazer mundano tangível, mas pela palavra [...] do escritor alemão... A Alemanha se tornou uma casa de loucos — loucos por livros. Digam o que quiserem, eu temo essas pessoas! Onde está baseado na ideologia e numa visão de mundo que é essencialmente espiritual, o roubo não tem paralelos em termos de poder, durabilidade e longevidade. Tal nação não vai perecer. O nazismo tem nos despojado não apenas de nossas posses materiais, mas também de nosso bom nome como "o povo do livro". O nazista é também [como o judeu, uma combinação de] características espirituais e mundanas — essa é a fonte de seu poder e heroísmo.[67]

Ao instalar a *pietà* no espaço vazio da Arca Sagrada, Stammler criou uma imagem por meio da qual o cristianismo e, por extensão, o nazismo consumiam o judaísmo. Imagens semelhantes do judaísmo sendo devorado emergiram de Dürkop e do Novo Testamento. Kaplan, escrevendo no Dia de Natal em 1939, tinha em mente uma imagem relacionada: "Há uma nova força no mundo, seu nome é nazismo, e ela fundará uma nova ordem mundial sobre as ruínas da antiga... [Seus princípios] são contra a lei da natureza estabelecida desde os seis dias da criação. Ela visa criar um... [novo] mundo". E acrescentou, usando uma imagem do caos da criação: "Se dissermos que o sol escureceu sobre nós ao meio-dia, isso não seria meramente uma metáfora".[68]

PARTE III

1941-1945
O Judeu como Origem da História

CAPÍTULO 6
━━━◆━━━

Imaginando uma Gênese

A questão judaica é a chave para a história do mundo.

Gabinete de Imprensa do Reich, 3 de fevereiro de 1944

Para nós, a história cessou.

Primo Levi, sobrevivente de Auschwitz

O BATALHÃO DE POLÍCIA 309 DO EXÉRCITO ALEMÃO ENTROU EM BIAŁYSTOK sem luta em 27 de junho de 1941. A cidade, na área soviética do nordeste da Polônia, era o lar de 100 mil pessoas, metade delas judeus. O comandante, general-de-divisão Johann Pflugbeil, tinha ordens de "limpar a cidade da população que é considerada uma inimiga dos alemães". Uma orgia de violência começou no centro da cidade, uma área habitada principalmente por judeus. À tarde, soldados alemães levaram centenas de judeus para a principal sinagoga, agora cercada por metralhadoras. Quando o prédio estava cheio com mais de 700 judeus, a maioria homens, as portas foram trancadas pelo lado de fora e foi posto fogo na sinagoga. Todos foram queimados vivos, exceto alguns judeus que pularam pelas janelas e foram baleados no local.[1]

Alguns meses depois, num domingo, 2 de novembro de 1941, um soldado escreveu para casa (provavelmente para a namorada) contando suas experiências, em algum lugar da União Soviética ocupada, numa carta que parece uma espécie de comentário sobre os acontecimentos em Białystok: "[Antigamente havia aqui] uma enorme sinagoga construída em 1664. Agora só existem as paredes. Ela nunca voltará a ser usada para seu propósito original. Acho que os judeus neste país em breve não precisarão de qualquer sinagoga. Já relatei a você por quê. Para essas horríveis criaturas, esta é certamente a única solução justa".[2]

Em 22 de junho de 1941, a Alemanha invadiu a União Soviética. Quando ficou claro que a Grã-Bretanha não seria derrotada a curto prazo, Hitler voltou suas vistas para o Leste que, com vastas extensões de terra e recursos preciosos como grãos e petróleo, sempre fora o cenário principal para as ambições territoriais e o império racial dos nazistas. A escala da operação foi extraordinária: os alemães atacaram numa frente de 2.130 quilômetros com 3.050.000 homens e 3.350 veículos blindados.[3] Hitler esperava uma vitória rápida, alimentado por estereótipos sobre a estupidez do "temperamento russo" e uma crença na qualidade precária do Exército Vermelho ante a superioridade tecnológica da Wehrmacht. Desde o início, tratou-se de uma guerra ideológica, racial, de extermínio, contra comunismo, bolchevismo e judeus.

Num breve período dos meses que se seguiram, os nazistas alteraram várias vezes as políticas com relação aos judeus num ritmo rápido, frenético, que acabou levando à Solução Final. Vamos primeiro seguir este curso de eventos antes de nos voltarmos para a imaginação refletida no extermínio. O assassinato em massa de judeus acompanhou a invasão desde o início. Uma diretiva de Hitler, de março de 1941, sobre políticas básicas com relação a judeus, comunistas e outros, e várias ordens de Heydrich em junho e julho deram às forças alemãs carta branca para executar a população civil judaica. As diretivas eram importantes porque forneciam orientações para a ação das mais altas autoridades. Mas sua importância não deve ser exagerada. Nazistas e outros alemães não matavam porque Hitler e Heydrich lançavam diretivas. Para muitos soldados jovens, o nazismo tinha sido um meio de vida e a existência de uma noção universal de moralidade que abrangia todos os seres humanos pertencia a um velho mundo anterior a 1933 que, para muitos, meramente evocava memórias da infância. Desde 1933, a vida judaica fora se tornando progressivamente sem valor. Centenas de milhares de judeus já tinham morrido como resultado de programas alemães de guetização, fome e trabalho forçado desde setembro de 1939. Em 22 de junho de 1941, outros meios, mais violentos e imediatos, de fazer os judeus desaparecerem estavam no ar.

Os assassinos pertenciam à Wehrmacht, à SS, a Unidades Especiais de polícia. Particularmente importantes foram quatro Einsatzgruppen (Forças-
-Tarefa). O Einsatzgruppe A reportou 118.430 judeus dos Estados bálticos e da Bielorrússia executados em 15 de outubro, enquanto o Einsatzgruppe B foi responsável por 45.467 judeus assassinados em 31 de outubro. O Einsatzgruppe C matou 75 mil judeus em 20 de outubro e os comandantes do Einsatzgruppe D informaram 55.696 judeus executados em 12 de dezembro. Além disso, operações independentes da SS e de Unidades Especiais da polícia passaram um pente fino nas zonas da retaguarda, fuzilando mais de 100 mil judeus. Durante as primeiras semanas da invasão, mulheres e crianças foram em geral poupadas dos fuzilamentos, mas em agosto de 1941 os fuzilamentos foram ampliados para também incluí-las. As unidades alemãs agora retornavam às aldeias e pequenas cidades onde os homens judeus já tinham sido mortos para executar mulheres e crianças. A partir de setembro, o termo *Judenfrei*, ou livre de judeus, começou a aparecer regularmente nos relatórios dos Einsatzgruppen para descrever áreas inteiras.[4] Nos primeiros cinco meses da campanha soviética, os nazistas mataram cerca de meio milhão de judeus nos territórios do Leste recentemente conquistados.[5] O número superou 600 mil no final do ano. De setembro de 1939 a dezembro de 1941, entre 1,1 e 1,3 milhão de judeus foram mortos.

Chacinas tão vastas em aldeias, vilas e cidades eram eventos públicos. Aryeh Klonicki relata em seu diário as chacinas em Tarnopol, em 25 de junho de 1941: "Os alemães, a quem se juntaram ucranianos, iriam de casa em casa à procura de judeus. Os ucranianos tiravam os judeus das casas e os alemães, à espera, os matavam. Ou na frente das casas das vítimas ou depois de transportá-las a um local determinado onde todas seriam executadas. Foi assim que cerca de 5 mil pessoas, a maioria homens, encontraram a morte".[6] Numa questão de dias, semanas ou meses, localidades foram dizimadas, seus judeus arrebanhados e abatidos no local ou em bosques vizinhos. Os massacres, com frequência uma ação conjugada de habitantes locais e alemães, não eram secretos e ninguém pretendia que fossem. Os judeus iam para a execução em plena luz do dia e seus pertences eram depois meticulosamente distribuídos entre vizinhos e outros habitantes locais. Em Vilna, a "Jerusalém da Lituânia", que tinha cerca de 60 mil judeus numa população de 200 mil habitantes, 33 mil judeus foram assassinados de julho a dezembro de 1941, a maioria nos bosques da aldeia vizinha de Ponary.

Soldados compartilhavam notícias dos assassinatos em massa com parentes e amigos na Alemanha em conversas e cartas. Fotografias que não deixam nada à imaginação acompanhavam com frequência as cartas. Alguns soldados descreviam em detalhe o que sentiam enquanto matavam, como nesta carta de 5 de outubro de 1941:

> Tenho mais uma coisa para lhe escrever. Eu realmente também estava lá, no outro dia, na grande morte em massa. No primeiro carregamento do caminhão minha mão estremeceu um pouco quando atirei, mas a gente se acostuma. No décimo carregamento, eu já mirava calmamente e atirava direto nas várias mulheres, crianças e bebês. Eu estava consciente de que também tenho dois bebês em casa que teriam sido tratados por esta horda exatamente da mesma maneira, senão dez vezes pior... Bebês voavam fazendo grandes arcos no ar e nós os acertávamos ainda no voo, antes que [caíssem] na cova... As palavras de Hitler estão se realizando quando ele disse no início da guerra: se o judaísmo pensa em instigar outra guerra na Europa, essa guerra não representará sua vitória, mas o fim do judaísmo na Europa... Mogilev* perdeu de novo [judeus equivalentes a] um número com três zeros, mas aqui isso não é uma coisa do outro mundo. Estou realmente feliz e muitos aqui dizem [o mesmo]: quando estivermos de volta à *Heimat*, será a vez de nossos judeus locais.[7]

Por mais extremos que fossem os massacres, eram parte da tradição de ações públicas antijudaicas formada no Terceiro Reich. Naturalmente, os assassinatos em massa estavam numa escala moral completamente diferente das ações violentas na Alemanha nazista do pré-guerra, mas cordões de emoções e conduta ligavam os acontecimentos extremos do período de guerra a práticas anteriores à guerra. As chacinas eram frequentemente caracterizadas por zombaria sádica mesclada a raiva obsessiva e horrível violência que, no entanto, traíam um sentimento de insegurança ante a presença de judeus no mundo. Um senso de transgressão pairava sobre as chacinas.

---

* Cidade no leste da Bielorrússia. (N.T.)

Alguns massacres combinavam várias emoções familiares numa atmosfera quase carnavalesca; a escala assassina superava em muito a violência de antes da guerra, mas algumas emoções não deixavam de ser familiares. Em Stanisławów, no sul da Galícia, o assassinato se misturou com bebida e comida num quadro dominado pela zombaria. Comandados pelo chefe da Polícia de Segurança local, Hans Krüger, os judeus da cidade foram levados, em 12 de outubro de 1941, para serem fuzilados no cemitério local. Era Hoshaná Rabá, o último dia de Sucot, a Festa dos Tabernáculos que ocorre após o Dia do Perdão. O primeiro grupo de mil judeus atravessou os portões do cemitério, onde foi ordenado que se despissem e onde foram então baleados na beira de covas abertas. Krüger cuidou das bebidas para fortalecer o moral. Mesas com vodca e comida para as forças da chacina foram colocadas ao lado dos túmulos coletivos e o próprio Krüger dava de vez em quando um giro oferecendo sanduíches de salame e *schnapps*. A cena era caótica: judeus em pânico, às vezes famílias inteiras, eram forçados a pular para dentro das covas ainda vivos; outros tentavam escapar escalando os muros do cemitério e eram baleados. Quando a escuridão caiu, depois que aproximadamente 10 a 12 mil judeus tinham sido mortos, Krüger anunciou aos sobreviventes que Hitler os havia perdoado.[8]

Nos meses que se seguiram a junho de 1941, os nazistas procuraram criar seu mundo sem judeus com medidas muito mais decisivas, aniquilando sistematicamente civis judeus de regiões inteiras das terras europeias. Naquele outono, os massacres alcançaram proporções gigantescas quando os alemães, com a cumplicidade de habitantes locais, assassinavam judeus aos milhares — até mesmo às dezenas de milhares — em cada operação. As chacinas aconteceram em Kaunas, Minsk, Odessa e cidades da Galícia oriental. Em Kiev, 33.771 foram executados num período de dois dias na ravina de Babi Yar. Em Riga, 15 mil judeus foram mortos da aurora ao anoitecer de 30 de novembro na Floresta Rumbula. Ainda existia uma ampla variedade de políticas antijudaicas nazistas na Europa: nos territórios ocupados do Leste, os judeus com frequência encontravam morte imediata por execução, os da Polônia definhavam em guetos, enquanto os judeus nas cidades europeias ocidentais, como Amsterdã, Bruxelas e Paris, viviam precariamente, mas podiam manter um vestígio de vida normal inimaginável para Chaim Kaplan e Emanuel Ringelblum. E no entanto, os enormes massacres indicavam um limiar mental: os judeus seriam eliminados, mais cedo ou mais tarde, durante ou após a guerra, e todos os meios violentos eram agora considerados adequados.

Mas essa política foi alterada durante o outono e inverno de 1941 por Hitler e seus colaboradores mais próximos na Questão Judaica, Himmler e Heydrich, quando eles formularam uma política antijudaica uniforme: todos os 11 milhões de judeus europeus deviam ser mortos imediatamente, durante a guerra, e em segredo. Os nazistas obviamente sentiam-se pressionados por uma grande urgência em se livrarem de imediato dos judeus, temendo que um atraso de alguns anos se mostrasse fatal. A partir de setembro de 1941, os judeus na Alemanha tiveram de usar a estrela de davi como identificação. Em 23 de outubro, toda a emigração judaica do Reich foi proibida, aplicando assim um fecho legal à ficção de uma solução territorial dentro ou fora da Europa. Também em outubro começaram as primeiras deportações de judeus da Alemanha e de outros lugares da Europa central e ocidental para a execução no Leste, que era mascarada como "reassentamento". Os primeiros experimentos de matar judeus com gases ocorreram em Mogilev e Minsk de 3 a 18 de setembro. No mesmo mês, 600 prisioneiros de guerra soviéticos em Auschwitz foram mortos com o uso do gás cianureto Zyklon B; naquele verão, Himmler já tinha decidido transformar o campo num centro de extermínio. Em novembro, furgões com escapamento de gás foram usados para assassinar judeus no distrito de Kalisch, em Warthegau, na área polonesa anexada à Alemanha. O centro de extermínio em Chelmno (Kulmhof em alemão), perto de Łodź, entrou em operação em dezembro de 1941.

Enquanto isso, no outono de 1941, Hitler rompia um longo silêncio retórico com relação aos judeus. De outubro de 1941 a janeiro de 1942, ele se manifestou acerca dos judeus com frequência e em detalhe, tanto em particular quanto em público: todas as inibições foram abandonadas, visto que ele soltava as mais torpes invectivas de ódio antijudaico que incluíam ameaças implícitas e explícitas de extermínio, referindo-se à Providência e à sua famosa profecia de janeiro de 1939. Goebbels logo acompanhou o mestre. No final de outubro, ele visitou a frente oriental e o gueto judeu de Vilna. Em 2 de novembro, anotou em seu diário: "Aqui os judeus se agacham uns entre os outros, formas horríveis de ver, para não mencionar tocar... Os judeus são os piolhos da humanidade civilizada. Têm de ser de alguma forma exterminados... Só se agirmos contra eles com a necessária brutalidade acabaremos com eles".[9] Em 1º de dezembro, o ministro da propaganda com doutorado da Universidade de Heidelberg fez um discurso diante da academia alemã na nova sala de conferências da Universidade Friedrich-Wilhelm, em Berlim. Mencionou a profecia de Hitler e revelou à augusta audiência: "Estamos agora experimentando a implementação desta profecia... [A comunidade judaica] está agora sofrendo um processo gradual de extermínio".[10] Os distintos convidados e professores ouviram com atenção.

Respaldando essa nova política de aniquilamento imediato, um jorro frenético de legislação antijudaica engolfou o Reich de agosto a dezembro de 1941. As leis incluíram a particular mistura nazista de medidas políticas e medo de contaminação: assim, enquanto um decreto deportava os judeus alemães para a morte no Leste, outro proibia aqueles ainda na Alemanha de usar telefones públicos, como se isto ainda tivesse alguma importância. Vale a pena listar cronologicamente alguns desses decretos para captar a progressão da imaginação genocida desses meses.

Dois de agosto: judeus são proibidos de usar bibliotecas de empréstimo; agosto: homens judeus em idade produtiva (18 a 45) são proibidos de emigrar; 14 de agosto: o ensino do hebraico e aramaico em instituições de ensino superior é proibido; 18 de setembro: judeus são proibidos de deixar a "área de sua comunidade residencial" sem permissão da polícia local. Ao usar os transportes públicos, judeus são proibidos de sentar enquanto ainda houver passageiros alemães de pé. Na hora do pico, judeus são proibidos de usar qualquer transporte público. Judeus são proibidos de usar vagões--dormitórios e vagões-restaurantes, assim como salas de espera, restaurantes e abrigos para passageiros de estações de trem; 19 de setembro: judeus são obrigados a usar a Estrela Amarela; 24 de setembro: judeus são proibidos de usar cheques; 9 de outubro: judeus são proibidos de usar o transporte público durantes finais de semana e feriados; 23 de outubro: todos os judeus são proibidos de emigrar; Himmler, 24 de outubro: cerca de 50 mil judeus do Reich, Áustria e da Boêmia e Morávia devem ser enviados para guetos no Leste (em Riga, Łódź, Kaunas, Minsk); 4 de novembro: judeus que não são necessários para a força de trabalho serão deportados nos próximos meses para o Leste; além de 100 Reichsmarks e 50 quilos [110 libras] por pessoa, suas posses são confiscadas; 13 de novembro: judeus devem entregar câmeras, instrumentos óticos, gravadores, bicicletas, máquinas de escrever e de somar; 14 de novembro: judeus são proibidos de vender os livros que possuem num mercado paralelo; 25 de novembro, 11º Decreto da Lei de Cidadania do Reich: "Um judeu perderá a cidadania alemã se, quando este decreto tornar-se lei, mantiver seu local regular de residência no exterior" ou se "as circunstâncias sob as quais [está permanecendo no exterior] indicarem que sua estada não é temporária"; o decreto com efeito privava todos os judeus alemães que tinham sido ou seriam deportados de sua cidadania. Judeus deportados perdiam direitos de assistência social, como pensões; 12 de dezembro: judeus são proibidos de usar telefones públicos.[11]

Ao mesmo tempo, Heydrich e seu lugar-tenente Adolf Eichmann planejaram um encontro em 9 de dezembro, na Am Kleinen Wannsee 16, em Berlim, para discutir, como dizia o convite, "todos os preparativos organizacionais e técnicos necessários para uma solução abrangente da Questão Judaica". Entre os participantes estavam representantes dos ministérios do interior, justiça, economia e propaganda, da chancelaria do Reich, do ministério do exterior e do ministério dos territórios ocupados no Leste. Outros convidados vinham do Partido Nazista e agências da SS. O encontro acabou sendo adiado, ocorrendo várias semanas depois, em 20 de janeiro de 1942 — a famigerada Conferência de Wannsee.[12]

O centro de extermínio Belzec entrou em operação em março de 1942, Sobibor em abril, Treblinka em julho. Em março de 1942, judeus das áreas vizinhas a Auschwitz foram mandados para as câmaras de gás do campo. No início de 1942, 75% dos judeus que seriam mortos no Holocausto ainda estavam vivos. No início de 1943, 75% das vítimas que seriam assassinadas já estavam mortas.[13] A imagem de Auschwitz sintetizando o Holocausto como um genocídio frio, industrial, administrativo, não é precisa: além do 1,1-1,3 milhão de judeus mortos de setembro de 1939 a dezembro de 1941, outro 1,5 milhão foi fuzilado em 1942 e 1943. No conjunto, quase 50% das vítimas do Holocausto foram mortas à queima-roupa, num contato cara a cara. No total, quase 6 milhões de judeus foram assassinados.

Qual foi a ideia que respaldava o completo extermínio dos judeus e lhe dava sentido? Os historiadores deram, recentemente, duas respostas básicas relacionadas a essa pergunta: uma se concentra na ideologia racial antissemita, enquanto a outra enfatiza a paranoia política nazista que encarava a comunidade judaica mundial como um protagonista internacional que provocara a guerra contra a Alemanha. Ambas são lúcidas. Mas como o extermínio se encaixou dentro do mundo sem judeus arquitetado pelos nazistas desde 1933?

A pergunta exige que procuremos novos meios de perceber o Holocausto. A compreensão popular e acadêmica tem sido baseada na ideia de que o extermínio foi um evento radical cuja explicação se articula ao redor da noção de ruptura a expensas da noção de continuidade. A história que contei até aqui, ao contrário, tem procurado identificar continuidades culturais que associavam o mundo de nazistas e alemães antes e após 1941. A Solução Final foi uma ruptura radical, mas não tão radical quanto costuma ser retratada. Eu gostaria de perguntar em que exatamente consistiu essa ruptura com relação à anterior política antijudaica nazista? Os nazistas definiram em 1933 que os judeus não tinham lugar na Alemanha; em 1938, que o judaísmo não tinha lugar no Reich e seu futuro império; em setembro de 1939, que os judeus não tinham lugar entre os seres humanos e estavam destinados a definhar lentamente neste ou naquele território esquecido por Deus; em junho de 1941, que o assassinato em massa de civis judeus era necessário para que as pessoas se livrassem dos judeus mais depressa do que os deixando perecer lentamente. Se os nazistas tivessem ganho a guerra nas portas de Moscou em dezembro de 1941, teriam feito os judeus desaparecerem do mundo, fosse pela Solução Final ou pelo uso de meios mais vagarosos. O elemento radical da Solução Final, portanto, não foi a decisão básica de criar um mundo sem judeus, mas a decisão de criá-lo imediatamente, num movimento de roldão, durante a guerra. É de uma perspectiva de continuidade, então, que o radicalismo da Solução Final emergiu e é com essa perspectiva de continuidade em mente que devemos investigar seu sentido. A Solução Final foi simultaneamente uma ruptura radical e uma continuidade essencial: foi uma ruptura embutida na poderosa continuidade de criar, desde 1933, um mundo nazista sem judeus.

Vamos levar esse argumento um passo mais longe. O Holocausto estava ligado ao vasto projeto nazista imperial, racial, de tratar grupos inteiros como gente sem direitos, um projeto de campos de trabalho, campos de concentração e genocídios. Os judeus eram apenas um alvo no universo nazista de inimigos raciais, já que os nazistas procuravam realizar seus planos de reassentamento, expulsão e aniquilamento na Europa central e oriental. Mas o universo de inimigos raciais e genocídios só incita a pergunta: por que os nazistas viam o extermínio dos judeus — mas não o extermínio de algum outro grupo — como o mais urgente? O que os judeus simbolizavam que tornava possível para os nazistas imaginar, explicar e justificar seu extermínio? Qual era, em outras palavras, a imagem que tornava a ruptura do extermínio ao mesmo tempo radical e imaginável?

Um modo diferente de colocar essa questão é perguntar como perpetradores, alemães de volta à frente interna, e judeus deram sentido ao extermínio. Não devemos nos abster de perguntar sobre o sentido do extermínio a pessoas da época: é chocante, por razões evidentes, falar sobre "dar sentido" ao extermínio, mas se quisermos descobrir como as pessoas deram, no passado, sentido a seu mundo, por mais moralmente questionável que fosse tal mundo, essa então é a expressão correta e a investigação correta a realizar.

Os contemporâneos não tiveram a visão do "Holocausto" que temos hoje, auxiliados por trabalho histórico, fotos e pela cultura popular. O conhecimento do processo exato do extermínio era incompleto e só altos funcionários nazistas sabiam da decisão tomada na Conferência de Wannsee. Mas os contemporâneos sem dúvida sabiam, e às vezes com grande detalhe, sobre as deportações, os assassinatos em massa e os campos da morte. A questão não diz respeito ao "conhecimento" específico do "Holocausto"; diz respeito a como alemães e judeus imaginavam os acontecimentos dramáticos que experimentavam ou dos quais ouviam falar, acontecimentos que deixavam sua rua, bairro, cidade, país e continente sem judeus.

Procurei ouvir nazistas, outros alemães, judeus e europeus. Eles imaginavam o extermínio dos judeus como um ato de criação, no sentido de uma gênese, em que o mundo judaico seria destruído para dar espaço ao mundo nazista. Como um ato de criação, o extermínio foi percebido produzindo um resultado cósmico, quer salvação, quer condenação eterna. Foi percebido como sendo uma experiência humana que não tinha precedente histórico, como é, por definição, cada criação. E foi percebido, assim, como uma transgressão, no sentido de que era uma violação de todas as práticas passadas conhecidas. A noção de criação era a metáfora organizadora usada por alemães, judeus e europeus para dar sentido ao que estava acontecendo com os judeus após 1941. Permitia aos contemporâneos representar uma ruptura radical, pois uma gênese não tem raízes no passado, enquanto ao mesmo tempo se encaixava no desdobramento da imaginação nazista desde 1933.

Por mais radical que fosse o extermínio, então, ele compartilhava continuidades com a imaginação cultural alemã dos anos precedentes. Havia um sentido interior da perseguição nazista e extermínio dos judeus, pois a remoção progressiva dos judeus significava a conquista do tempo: do presente, em 1933, através da exclusão deles da sociedade alemã; de um passado moral, em 1938, através da eliminação do judaísmo e da Bíblia; finalmente da história e, portanto, do futuro, em 1941, através do extermínio da face da Terra dos judeus como fonte de todo mal histórico. A ideia de gênese descrevia a urgência simbólica que tinham os nazistas de matar todos os judeus imediatamente. E assim, mais uma vez, como em 1933 e 1938, os judeus estavam no centro da criação da vida nazista: era o extermínio deles que dava sentido ao império nazista.

Havia um elo direto entre imaginar o extermínio dos judeus como uma espécie de gênese e a transformação da guerra numa conflagração apocalíptica que colocava a Alemanha nazista contra o mundo inteiro. Após as rápidas, inebriantes vitórias alemãs contra a União Soviética no verão e outono de 1941, o desencadear do inverno russo, tão temido pelos generais alemães, retardou o avanço da Wehrmacht para Moscou. Em dezembro, o exército alemão parou nas portas da capital russa. Mais uma vitória e a guerra estaria terminada para o continente. Mas o Exército Vermelho conseguiu deter o avanço da Wehrmacht; a invasão alemã entrou em colapso diante de Moscou.

O fracasso em conquistar uma rápida vitória sobre a União Soviética em 1941 minou profundamente a guerra nazista. As forças nazistas estavam extremamente estendidas ao longo de uma frente imensa e profunda. As perdas da Wehrmacht eram significativas e era difícil, se não impossível, substituí-las. O número de soldados alemães mortos em ação entre junho e agosto de 1941 foi maior do que em todo o período de guerra entre setembro de 1939 a maio de 1941. Em dezembro de 1941, mais de um quarto de todo o exército alemão no Leste fora morto (172.722) ou ferido (621.308).[14] Os soviéticos, ao contrário, apesar de estarem sofrendo baixas muito grandes, podiam contar com uma enorme reserva de homens e podiam recorrer a reforços mais facilmente do que a Wehrmacht. Eles detiveram o avanço alemão, estabilizaram a frente e usaram os meses de inverno para se reagruparem.

 A milhares de quilômetros de lá, sob céus claros, o Japão atacava a base naval de Pearl Harbor em 7 de dezembro de 1941, trazendo assim os Estados Unidos para a guerra. Desde junho de 1941, Hitler já estava enfrentando a guerra contra a Grã-Bretanha e a União Soviética, que se tornaram aliadas quando Churchill e Stalin puseram de lado a inimizade ideológica para combater a Alemanha nazista. Em 11 de dezembro de 1941, Hitler declarou guerra aos Estados Unidos, pondo a Alemanha contra as ideologias universais do liberalismo e do comunismo numa guerra mundial de fúria sem paralelos. Ele agora enfrentava uma imponente aliança da Grã-Bretanha, Estados Unidos e União Soviética. Apesar das muitas tensões que a aliança experimentou durante a guerra, Stalin, Churchill, Roosevelt e, mais tarde, Harry S. Truman não se desviaram do objetivo de derrotar Hitler. Dezembro de 1941 foi um momento crucial em que a guerra passa da fase de vitórias nazistas para uma fase em que a maré se inverte. Até então Hitler tinha a supremacia militar com vitórias estonteantes na Polônia, França, Holanda, Bélgica, Noruega, nos Bálcãs e na União Soviética. Mas a tentativa de derrotar a Inglaterra na Batalha da Grã--Bretanha fracassara e seu jogo para uma rápida vitória no Leste malogrou repentinamente na Batalha de Moscou. Ele agora enfrentava a perspectiva de uma guerra prolongada contra três grandes potências industriais, incluindo os Estados Unidos, a primeira economia do mundo.

 Não era uma guerra comum. Discursando no Reichstag em 11 de dezembro, quando declarou guerra aos Estados Unidos, Hitler expôs o caráter redentor que desde o começo a luta tivera: "Se a Providência quis que o povo alemão não fosse poupado desta luta, então estou grato a ela [Providência] por ter confiado a mim a liderança desta confrontação histórica, uma confrontação que moldará de forma decisiva não só a história de nossa Alemanha, mas a da Europa, na realidade a do mundo inteiro pelos próximos 500 ou 1000 anos". Ele então falou sobre o ataque à União Soviética como algo que defendia a Europa do comunismo e, por fim, sobre a responsabilidade americana pela guerra, atribuída principalmente aos presidentes Woodrow Wilson e Franklin Roosevelt. Mas depois, lá para o final do discurso, Hitler mudou de tom e de tópico, apresentando numa tirada de raiva o verdadeiro inimigo que causava aquela guerra mundial: "Ele [Roosevelt] foi fortalecido nisto [na decisão de entrar na guerra] pelo círculo de judeus que o cercam que, com um fanatismo como o do Antigo Testamento, acreditaram que os Estados Unidos podem ser o instrumento para preparar outro Purim para as nações europeias que estão se tornando cada vez mais antissemitas. Era o judeu, em sua plena torpeza satânica".[15]

A propaganda nazista encarava os judeus como responsáveis pelo desencadear da guerra. Goebbels expôs essa fé em seu artigo no *Das Reich*, de 16 de novembro de 1941: "Os judeus quiseram esta guerra e agora eles a têm... Eles começaram esta guerra e a controlam". Mas a responsabilidade judaica não era meramente política. Wilson e Roosevelt eram inimigos políticos, mas uma guerra de sentido providencial não podia ser reduzida a política, presidentes e assuntos mundanos. Para os nazistas, os judeus nunca tinham sido um mero inimigo político, mas um inimigo salvático, histórico. Os judeus sempre haviam dado sentido às lutas políticas nazistas, tanto em 1933, durante a fundação do Reich, quanto agora, numa guerra mundial de extrema complexidade travada do Atlântico aos Urais e ao norte da África contra adversários muito diferentes. Nem o liberalismo nem o comunismo, nem Roosevelt nem Stalin tinham a chave dessa luta, pois eles eram inimigos mortais que chegavam e passavam. Ao contrário dos judeus: "*A questão judaica*", como o gabinete de imprensa do Reich declarou no início de 1944, "é a chave da história do mundo". Os judeus encarnavam as origens históricas do mal.

O título do artigo de Goebbels resume a responsabilidade imemorial dos judeus, que ultrapassava as acusações específicas do presente: "Os Judeus são

Culpados!" A responsabilidade deles pela guerra era apenas a manifestação mais recente de uma culpa histórica sem limites, pois o Problema Judaico, ele escreveu, "tem ocupado há milênios a humanidade!"[16] O extermínio desse inimigo era indispensável para que surgisse o império nazista: "Ao desencadear a guerra, a comunidade judaica mundial errou completamente no cálculo das forças que poderia reunir. Está agora sendo gradualmente engolfada pelo mesmo processo de extermínio que tinha preparado para nós e que teria permitido que acontecesse sem quaisquer escrúpulos, tivesse ela conseguido o poder para tanto".[17] Ao censurar a "comunidade judaica mundial" pelo desencadear da guerra, Goebbels imaginava uma entidade abstrata, não limitada por tempo e espaço, e o extremo oposto de um poder político demarcado que residia na Casa Branca, no número 10 da Downing Street ou no Kremlin. Uma confrontação histórica organizada pela Providência dotava seu ilustre inimigo histórico de natureza satânica.

Tal inimigo impunha respeito. O liberalismo e o comunismo eram ameaças porque comandavam potências estatais no presente, mas os judeus eram uma ameaça porque comandavam poderes em toda parte, em termos espaciais e temporais. Para Hitler, no discurso de 11 de dezembro de 1941, o judeu associava o Antigo Testamento e torpeza satânica. Em seu discurso de 30 de janeiro de 1942, no Sportpalast de Berlim, Hitler foi explícito acerca dos judeus como símbolo de um passado estritamente malévolo: "E chegará a hora em que o mais maléfico inimigo do mundo de todos os tempos terá encerrado seu papel por pelo menos mil anos".[18] Goebbels, cuja retórica antissemita foi sempre muito fértil, tinha expressado essa ideia de variadas formas. Uma das últimas ocasiões foi seu último artigo de fundo em *Das Reich*, em 21 de janeiro de 1945, dedicado unicamente aos judeus: eles deviam perecer na guerra como "fonte [histórica] da desgraça do mundo".[19]

Os nazistas culparam os judeus por tudo durante a guerra, por coisas passadas e presentes sem preocupação com o contexto, fatos ou provas. Em seguida à furiosa tirada de ódio antijudaico de Hitler diante do Reichstag em 26 de abril de 1942, Klemperer anotou em seu diário: "A concentração de ódio transformou-se desta vez em loucura. Nada de Inglaterra, Estados Unidos ou Rússia — *só*, em tudo, nada além do *judeu*".[20] Os nazistas criaram o judeu no contexto da guerra mundial como um manual simbólico do mal histórico. Era um manual multifacetado de ideias políticas díspares (comunismo e liberalismo) e diferentes registros de épocas históricas (supostos crimes judaicos no presente e no passado), mas compartilhava uma crença comum no laço entre judeus, história e mal. Os judeus davam o sentido global à luta nazista entre bem e mal: o combate messiânico para criar uma civilização nazista dependia do extermínio dos judeus. Criação e extermínio estavam indissoluvelmente ligados, um dando sentido ao outro.

A expansão da guerra alemã e o extermínio dos judeus aprofundavam a angústia de Klemperer acerca de quem ele era e quem eram os alemães. Ele registrou em maio de 1942 com uma insistente repetição que amenizava suas dúvidas crescentes: "Estou travando agora a batalha mais árdua por meu germanismo. Devo me concentrar nisto: sou alemão, os outros são antialemães. Devo me concentrar nisto: o espírito é decisivo, não o sangue. Devo me concentrar nisto: se dependesse de mim o sionismo seria uma comédia — meu batismo *não* foi uma comédia... *Eu* sou alemão e estou esperando que os alemães voltem; eles foram se estabelecer em algum lugar." Mas um ano antes, em 16 de abril de 1941, ele tivera de admitir: "Antigamente eu teria dito: não julgo como judeu... Agora: sim, eu julgo como judeu, porque como tal sou particularmente afetado pelo negócio judaico do hitlerismo e porque isso é central para toda a estrutura, para todo o caráter do nacional-socialismo e não é característico de mais nada".[21]

A noção de criação incluía salvação, singularidade e transgressão. Hitler, Himmler e Goebbels, que sabiam exatamente o que estava acontecendo aos judeus, imaginavam todo o extermínio após 1941 como um ato de criação que daria origem ao novo mundo nazista. Hitler articulou o extermínio como algo que daria fim a todos os problemas e introduziria um período de paz mundial numa mensagem lida em seu nome, em 24 de fevereiro de 1942, numa cerimônia pelo aniversário da fundação do Partido Nazista: "Será cumprida minha profecia de que, nesta guerra, não são os arianos que serão exterminados, mas os judeus é que serão extirpados. Não importa o que traga a batalha ou quanto tempo ela possa durar, será esse o legado supremo da guerra. E então, finalmente, após a eliminação desses parasitas, o mundo sofredor conhecerá um longo período de irmandade entre as nações e de verdadeira paz".[22] Himmler, em seu tristemente célebre discurso para um grupo de oficiais da SS em Posen, em 1943, expressou um sentimento de transgressão: "Em nossa história, isto [o extermínio dos judeus] é uma página de glória não escrita e a não ser jamais escrita".[23] O genocídio dos judeus era percebido como historicamente único.

Goebbels, sempre expansivo quando se tratava de fazer alguma invectiva contra os judeus, associava metáforas de origens e extermínio seguidas por um senso de transgressão. O gabinete de imprensa do Reich, controlado pelo ministério da propaganda de Goebbels, emitia diretrizes semanais sobre como apresentar a guerra no país e no exterior. Em 8 de agosto de 1941, apresentou o argumento da culpa histórica dos judeus: "O que procura a judiaria mundial? Durante milhares de anos, ela tem visado apenas a dominação judaica do mundo. Essa meta já estava presente no Antigo Testamento dos judeus... Repetidamente, no decorrer dos séculos, o judeu pareceu perto de alcançar sua meta, mas então, repetidas vezes, o povo ariano pôs os judeus em seu lugar. Hoje a judiaria busca de novo a dominação do mundo". Em 19 de agosto, em seu diário, Goebbels anotou a consequência da culpa judaica: "O Führer acredita que sua antiga profecia no Reichstag está sendo confirmada... Está passando a se realizar nestas semanas e meses com uma certeza quase misteriosamente oportuna".[24]

Hitler, Himmler e Goebbels não tinham sentimento de culpa com relação ao extermínio dos judeus da Europa. Mas tinham obviamente um certo senso de transgressão. Isso fica evidente no modo como falavam e escreviam sobre o assunto; raramente, de forma esparsa, empregando alusões, usando palavras em código e a insinuação. Evitavam descrever o que realmente acontecia não só para os outros mas para si mesmos. Durante anos, não tiveram inibição em bradar em público, do alto dos telhados, sobre *o extermínio dos judeus*, mas quando ele realmente aconteceu, hesitaram em colocá-lo em palavras, temendo a quebra de um tabu.

Goebbels escreveu uns 3 milhões de palavras por ano entre discursos, editoriais e 15 mil palavras por noite em seu diário.[25] Escritor compulsivo, que parecia entrar em seu elemento quando se enfurecia falando dos judeus, nunca registrou quaisquer detalhes sobre a Solução Final. A mais detalhada entrada do diário sobre a Solução Final, escrita em 27 de março de 1942, é um texto que implora por ajuda da psicanálise: "Começando em Lublin, os judeus estão sendo embarcados do Governo Geral para Leste. Um procedimento um tanto bárbaro, que não vou descrever com mais detalhes, é usado. Não sobra grande coisa dos judeus."[26] Não obstante, ele passa então a fornecer uma boa quantidade de informação, cuja característica principal é revelar que, mesmo em seus momentos de privacidade, Goebbels era conscientemente e subconscientemente cuidadoso para não falar de maneira explícita sobre o que estava acontecendo. Os líderes nazistas ocultavam o extermínio do público não só porque julgavam, corretamente, que os alemães não subscreveriam essa política, mas também porque compartilhavam o sentimento cultural geral de estar quebrando um tabu. Eles também pertenciam à sua cultura e não podiam se colocar fora dela. Percebiam a transgressão no aniquilamento de todos os membros de um grupo que pertencia às origens da civilização europeia cristã.

Os soldados no *front* não tinham uma visão global da política de aniquilamento e é, portanto, significativo que descrevessem a parte do extermínio que testemunhavam, da qual participavam ou eram informados usando praticamente os mesmos termos de criação. Imaginavam que sua matança desencadearia um período redentor de paz mundial. "Desta vez temos de neutralizar ou nos livrar de todos os judeus, algo que logo terá um efeito positivo no mundo", escreveu um soldado antes de dar início aos assassinatos em massa de 22 de junho de 1941. "A cidade está queimando há oito dias", escreveu outro de Kiev no final de setembro. "Tudo é obra dos judeus. Por isso judeus de 14 a 60 anos estão sendo fuzilados e logo também serão fuziladas mulheres judias. De outro modo, isto não terá fim." Quem escrevia essa carta tinha em mente não apenas Kiev, mas os supostos distúrbios que os judeus criavam por toda parte. Outro escreveu em 1942: "O grande desafio é exterminar o eterno judaísmo... Os judeus são culpados de tudo. Esta batalha é uma emergência que tem de ser travada até o fim. Só então o mundo encontrará sua paz eterna". Um paralelo comum colocava os judeus, o mal e a destruição contra os alemães, a *Heimat* e a paz: "Devemos e conseguiremos libertar o mundo dessa peste [...] a raiz de todo mal... Possa nosso desejo ser logo satisfeito porque só então podemos nos unir de novo num encontro *feliz* [*ein frohes Wiedersehen*], quando nos libertaremos do controle judaico doméstico e estrangeiro". "Ein frohes Wiedersehen" era uma expressão tradicionalmente associada a uma união de harmonia e paz na querida *Heimat*.[27]

Mas havia dois lados do modo como os alemães imaginavam o extermínio como um novo começo. Se ele gerava expectativas de extática salvação, também evocava sentimentos de fim do mundo. Como tal, a princípio ele não pôde ser digno de crédito. Até que se transformou, mais tarde, na imagem de um apocalipse moral. O comandande Wilm Hosenfeld atravessou essa trajetória mental. Professor primário nascido em 1895, Hosenfeld se tornou membro da SA em 1933 e do Partido Nazista em 1935, mas sua fé católica conduziu-o lentamente a questionar os nazistas. Oficial do exército que não pôde tomar parte na luta devido à sua saúde, foi diretor de atividades esportivas para oficiais da Wehrmacht em Varsóvia. Em julho de 1942, Hosenfeld sabia muita coisa sobre o destino dos judeus deportados do gueto de Varsóvia, mas a novidade do extermínio sistemático fez com que se recusasse a acreditar nele. Hosenfeld escreveu em 25 de julho de 1942: "Se o que estão dizendo na cidade é verdade, e de fato vem de fontes confiáveis, então não há honra em ser um oficial alemão e ninguém poderia concordar com o que está acontecendo. Mas não posso acreditar. Os rumores dizem que 30 mil judeus devem ser tirados esta semana do gueto e enviados para algum lugar no Leste... Mas isto certamente é loucura. Não pode ser assim". Um ano mais tarde, em 16 de junho de 1943, quando as ruínas do gueto de Varsóvia fumegavam, ele escreveu sobre o massacre dos judeus na linguagem bíblica de uma marca de Caim: "Com esse terrível assassinato em massa dos judeus, perdemos a guerra. Atraímos para nós uma desgraça indelével, uma maldição que nunca pode ser suspensa. Não merecemos misericórdia, somos todos culpados".[28]

Três meses antes, em 2 de março de 1943, Goebbels anotara em seu diário (em seguida a uma conversa com Göring): "Göring está plenamente consciente do que ameaçaria a todos nós se fraquejássemos nesta guerra. Não tem ilusões a esse respeito. Principalmente na questão judaica, estamos tão completamente comprometidos que não temos mais como escapar. E isso é uma coisa boa. A experiência mostra que um movimento e um povo que queimaram as pontes por trás deles lutam com determinação muito maior do que aqueles que ainda têm um caminho para recuar".[29] Hosenfeld e Goebbels, dois indivíduos bastante diferentes, davam sentidos morais muito diversos ao extermínio dos judeus, mas ambos o imaginavam — mas não imaginavam assim outros genocídios e crimes de guerra cometidos pelos nazistas — como uma espécie de novo começo.

Hitler, Himmler e Goebbels, por um lado, e soldados alemães, por outro, falavam e pensavam sobre o extermínio com metáforas de criação parecidas. Desde 1933 fora criada no Terceiro Reich uma certa cultura antijudaica que permitia que líderes e soldados alemães compreendessem o que estava acontecendo aos judeus compartilhando as mesmas imagens. O estudo do Holocausto tem se concentrado no que os alemães souberam sobre o Holocausto e quando souberam. Nossa narrativa tem pesquisado os horizontes imaginários antijudaicos que estavam disponíveis para os alemães durante o Terceiro Reich. Fica claro que um conhecimento preciso da política global de extermínio, assim como informações sobre a Conferência de Wannsee eram pouco relevantes para dar sentido à matança dos judeus após 1941 em termos de um novo começo. Alemães nas frentes de batalha percebiam o que Hitler e seus auxiliares conheciam como fato: livrar-se dos judeus era coisa muito ligada, mesmo numa guerra particularmente selvagem, a criar uma matriz histórica limpa.

Os judeus compartilhavam esse imaginário de forma tangível. Por toda a Europa, em cidades, guetos, acampamentos e campos da morte, os judeus usavam a noção de uma criação nova, destrutiva, como a imagem-chave para dar sentido ao que estava acontecendo com eles. Oskar Rosenfeld, o homem de letras vienense ativo na literatura, no teatro e em círculos sionistas antes de ser deportado para o gueto de Łódź em novembro de 1941, começou a trabalhar numa "história cultural do gueto" que devia descrever como os alemães deram aos judeus "uma diferente forma morfológica [... realizando entre os judeus] uma total transformação morfológica". Numa entrada do diário, intitulada "descrição do estado de ânimo", ele escreve: "Essa tragédia é desprovida de heróis. E por que tragédia? Porque a dor não chega a algo humano, a um coração desconhecido, mas é algo incompreensível, colidindo com o cosmos, um fenômeno natural como a criação do mundo. A criação teria de começar de novo, com *berajshit* [hebraico para "no começo", as primeiras palavras da Bíblia hebraica). No começo", ele continuava, aludindo a outra metáfora de criação, desta vez do Novo Testamento, "Deus criou o gueto".[30]

Em diários e cartas, os judeus deram voz a suas experiências numa linguagem expansiva, exuberante, com a qual os alemães não conseguiam rivalizar. As descrições dos alemães eram frequentemente esparsas, a linguagem carregada de um falar nazista que escondia mais do que revelava e a compreensão que tinham era bloqueada por sentimentos de culpa e de estarem violando um tabu. Contudo, mesmo nessas circunstâncias, a noção de criação emergia entre líderes e soldados alemães. As vítimas não tinham essas restrições, mesmo quando eram impelidas por uma força compulsiva para investigar a tragédia que caía sobre elas: quanto maior a falta de compreensão do que estava acontecendo, maior a urgência de relatar, registrar e dar sentido. Que judeus escrevessem como possessos estava ligado a noções de origens históricas e memória porque a obsessão de escrever era impelida pelo objetivo de deixar um traço, qualquer traço, de uma história judaica que parecia estar no fim: "Temos de nos apressar, não sabemos o tempo que temos. Mãos à obra até o último momento", escreveu David Graber, de 19 anos, em agosto de 1942, quando dezenas de milhares foram deportados do gueto de Varsóvia para Treblinka. Seu testemunho foi colocado num grande latão de leite e enterrado no terreno juntamente com o que restava do arquivo Oyneg Shabes. Foi encontrado após a guerra.[31]

A história judaica estava chegando a um fim e os autores dos diários interpretavam o que estava acontecendo como uma nova criação que não tinha referência no passado e convivia com imagens de caos natural, universal. Ringelblum escreveu em junho de 1942 que estavam "testemunhando as agonias da morte de um mundo antigo e as agonias do nascimento de um mundo novo", enquanto Rosenfeld anotava um mês mais tarde, em 24 de julho de 1942, um dia depois de começarem as grandes deportações do Gueto de Varsóvia, que o que estava acontecendo era "um *mabul* [o Dilúvio, em hebraico]... destruição do mundo... apocalipse".[32] A jovem Noemi Szac Wajnkranc, filha de uma família afluente cujo pai era um engenheiro bem conhecido na cidade, se perguntava no gueto de Varsóvia: "As fundações do mundo [foram] trituradas com o aceno da mão de Hitler. Como essas fundações ficaram tão frágeis? Estrelas no céu. A Ursa Menor e a Ursa Maior... Isto é um sonho ou uma realidade?... Deus, fazei com que seja apenas um sonho!"[33]

Os autores de diários compreendiam o que estava acontecendo ao transmitir sua incapacidade de compreender o que estava acontecendo. Eles invocavam as noções de descrença, ruptura e excepcionalidade, todas colocadas dentro da metáfora de criação caótica. Como cada criação é ao mesmo tempo uma ruptura radical e está ligada ao que a precedeu, a afirmação de que o que estava acontecendo ultrapassava os limites da linguagem era sempre seguida por descrições do que acontecia. Essas descrições continham frequentemente imagens de atos de proporções cósmicas.

Abraham Lewin assim escreveu em 26 de maio de 1942: "Se fôssemos capazes de pegar com a força de nossa angústia contida a maior de todas as montanhas, um Monte Everest, e com toda a nossa raiva e energia arremessá-la contra a cabeça dos assassinos alemães de nossos jovens e velhos — esta seria a única reação adequada de nossa parte. As palavras agora nos ultrapassam".[34] Lewin, um educador de 47 anos nascido de pais hassídicos, lecionava antes da guerra na Yehudia, uma escola secundária judaica particular, para meninas, de Varsóvia, e manteve no gueto um diário de 26 de março de 1942 a 16 de janeiro de 1943. Na Yehudia, nos meados da década de 1920, Lewin conhecera Luba, a professora de hebraico da escola. Ela era uma sionista ativa, que emigrara para a Palestina em 1921 e trabalhara como professora no *kibbutz* Ein Harod, no Mar da Galileia, até se ver obrigada a retornar à Polônia em 1923 por causa da malária. Em 1928, o casal teve uma filha, Ora. Em 1934, foram todos para a Palestina com a ideia de lá ficar, mas voltaram à Polônia por causa da saúde precária de Luba e Ora. No gueto de Varsóvia, Lewin foi um participante do projeto histórico Oyneg Shabes. Ele e Ringelblum, antigos colegas na Yehudia, ajudaram a organizar e conservar os arquivos clandestinos do gueto.

A metáfora da criação era tão comum que era usada por judeus das mais diferentes religiosidades, cultura, classe social e formação. A jovem Fela Szeps, estudante de filosofia e psicologia na Universidade de Varsóvia, foi enviada em 1942 para um campo de trabalho de judeus dentro do Reich, perto da cidade silesiana de Grünberg. Ela desafiava Deus:

Parece que Deus criou o mundo para todos. Então por que não há lugar para nós, por que não houve espaço suficiente para meus pais, para todos os outros, para as crianças? Não é adequado que o senhor, de todos o mais elevado, fique brincando com seus cordeiros, sua própria criação. Divida os benefícios de seu mundo igualmente entre todos para que não venha alguém mais justo que o senhor, alguém melhor para sustentar o cetro, e o faça cair das alturas de sua posição e se esfacelar em pó![35]

O rabino de Piasezno, Kalonymos Kalmish Shapira (1889-1943), foi uma das principais figuras do hassidismo do início do século XX na Polônia. Os sermões que fez no gueto de Varsóvia são uma fonte de valor inestimável porque era menos provável judeus devotos manterem um registro escrito de suas experiências do que judeus seculares. Os sermões não eram pessoais. Interpretavam o trecho específico da Bíblia lido em cada semana e só raramente discutiam de fato, diretamente, acontecimentos correntes no gueto e além dele. Quando Shapira os usava para explicar o presente, no entanto, eram particularmente iluminadores. No início da guerra, Shapira encarava a perseguição nazista dos judeus poloneses dentro da moldura familiar da punição de Deus pelos pecados de Israel. Mas logo percebeu que tal visão era inteiramente inadequada para explicar a magnitude da perseguição nazista e do sofrimento judaico. Ele adotou, então, a metáfora da criação para interpretar o sofrimento dos judeus. Em seu sermão de 26 de julho de 1941, encarou a perseguição que acontecia como as "dores do nascimento do Messias" (*havlei mashi'ah*), como um passo num processo cósmico de nascimento e novo começo. Esse processo requeria uma certa morte antes do renascimento e, já que Israel como povo escolhido de Deus tinha sido uma figura-chave neste processo cósmico, devia sofrer as dores do nascimento de uma forma particularmente radical.[36]

Mas no verão de 1942, quando começaram as deportações para Treblinka, esta visão também pareceu insuficiente. Até então Shapira havia encarado os acontecimentos como parte do ciclo de perseguição e redenção que tinha caracterizado há séculos a história judaica. Agora ele reconhecia com dificuldade que a perseguição nazista era inusitada, pois potencialmente fechava qualquer possibilidade de redenção. Seu último sermão foi em julho de 1942. Depois, naquele outono, ele redigiu um pós-escrito que descrevia uma destruição cósmica que criava um mundo sem judeus:

> [Em 1941] embora o sofrimento fosse muito amargo [...] ainda era possível lamentá-lo e descrevê-lo pelo menos em parte... Já não é assim, contudo, no final de 5702 [o ano judaico; final do verão de 1942], quando nossas comunidades estão quase completamente destruídas... Não há palavras com que lamentar nosso sofrimento; não há ninguém para repreender, não há coração a despertar para atividades religiosas. Como a prece se tornou difícil! Como está difícil guardar o Sabbath... Angustiar-se acerca do futuro está agora fora de cogitação... Só Ele pode reconstruir o que foi destruído.[37]

O começo de um novo tempo nazista dependia da destruição do tempo judaico. Nos guetos e campos os nazistas criaram para os judeus um mundo sem tempo, onde a história, como disse Primo Levi, "parou". Hanna Levi-Hass, uma comunista judia da Iugoslávia que foi prisioneira em Bergen Belsen, captou este sentimento:

> Temos a impressão de que estamos separados do mundo normal do passado por uma muralha compacta, grossa. Nossa aptidão emocional parece embotada, apagada. Já nem sequer lembramos de nosso passado. Por mais que eu me esforce para reconstruir o mais superficial elemento de minha vida passada, nem uma simples memória humana volta para mim. Não morremos, mas estamos mortos. Eles conseguiram matar em nós não só nosso direito à vida no presente e [...no futuro, mas também] toda noção de uma vida humana em nosso passado... Reviro as coisas em minha mente, quero lembrar [...] e não lembro de absolutamente nada.[38]

Num mundo sem tempo, as leis sociais não mais se aplicavam. Janusz Korczak, o educador, pediatra e autor de livros infantis de Varsóvia que continuou a dirigir seu orfanato no gueto, contou num diário o seguinte episódio ocorrido numa loja do gueto em maio ou junho de 1942, um período de muita tensão pouco antes do início das grandes deportações: "Um pequeno lojista disse a uma freguesa que se queixava: 'Minha boa mulher... Essas coisas não são coisas à venda e isto não é uma loja. A senhora não é uma freguesa nem eu sou um comerciante. Não vendo para a senhora nem a senhora me paga porque esses pedaços de papel não são dinheiro. A senhora não perde e eu não tenho lucro. Quem está trapaceando hoje e para quê? Mas é claro que temos de fazer alguma coisa. Bem, estou certo agora?" A vida judaica tornou-se uma grande ilusão em que elementos sociais tão comuns quanto dinheiro, comércio e compra não tinham sentido num mundo que não tinha futuro nem presente e que existia fora da ordem social normal e, portanto, fora da história. Mesmo as leis naturais não se aplicavam mais. "Dois de meus sensíveis, inteligentes, objetivos informantes e assessores têm me decepcionado: a balança e o termômetro", escreveu Korczak. "Parei de acreditar neles. Aqui eles também contam mentiras."[39]

O local supremo sem tempo, passado e história era o campo. Isso era verdade para todos os internos, embora se aplicasse aos internos judeus ao mesmo tempo como indivíduos e como partes de uma coletividade destinada a desaparecer em breve. Os prisioneiros compreendiam, escreveu Primo Levi, "como toda conjectura era vã: por que se preocupar em tentar prever o futuro quando nenhuma ação, nenhuma palavra nossa poderia ter a menor influência? Nossa sabedoria consistia em 'não tentar entender', não imaginar o futuro, não nos atormentarmos acerca de como e quando tudo aquilo estaria terminado."[40] Os judeus nos campos e nos guetos com frequência comparavam sua vida com a de animais cujo único objetivo era a autopreservação. Os nazistas visavam transformar os judeus num povo sem tempo e sem memória. Para judeus e nazistas, era como se o tempo tivesse parado.

Se os contemporâneos compreenderam o Holocausto como um evento único além da compreensão e das palavras, o mesmo fizeram os leigos na memória popular e alguns estudiosos após 1945. Essa visão é bem conhecida e tem sido expressa por sobreviventes, artistas, escritores populares e eruditos, a saber, que foi impossível compreender plenamente o Holocausto e retratá-lo. Mas há uma diferença que vale a pena assinalar entre de um lado essa avaliação na cultura erudita e popular e, de outro, a história contada nestas páginas.

Desde o início do extermínio em junho de 1941, o problema de como descrever o que estava acontecendo tornou-se parte da história do que estava acontecendo. "Se alguém tentar descrever [a dor] — não vai conseguir. Se alguém tentar experimentá-la — qualquer um será soterrado por ela", escreveu

Josef Zelkowicz em seu diário no início de setembro de 1942, quando os judeus no gueto de Łódź receberam a notícia da deportação de 20 mil crianças e idosos, um quinto da população do gueto. Zelkowicz, nascido em 1897, perto de Łódź, de uma família hassídica, estudara em escolas rabínicas e se tornara rabino aos 18 anos antes de se voltar para o ensino e a escrita. A partir da década de 1920, escreveu regularmente na imprensa iídiche em Łódź sobre folclore e história judaicos. Mudou-se com a família para o gueto de Łódź no inverno de 1940 e continuou com suas atividades literárias e culturais, especialmente no arquivo do gueto que abriu em novembro de 1940, sendo parte do grupo que escreveu a crônica diária do gueto de janeiro de 1941 a julho de 1944.

Contemporâneos descreveram o extermínio como algo indescritível e sem precedentes. Um soldado alemão escreveu numa carta após o início da invasão alemã no Leste: "Emil escreveu sobre as crianças morrendo de fome que viu recentemente no gueto de Varsóvia... A verdade é pior, mais cruel, mais bestial que qualquer fantasia".[41] Avraham Lewin escreveu na esteira das grandes deportações do gueto de Varsóvia: "Nossa língua não tinha palavras com que expressar a calamidade e desastre que nos atingia... Era uma carnificina como a história humana ainda não tinha visto... Os que estão distantes não podem imaginar nossa dolorosa situação. Não compreenderão e não acreditarão [nela]".[42] Pouco depois de os alemães fuzilarem 33.700 judeus de Kiev em Babi Yar, Iryna Khoroshunova escreveu em seu diário: "Só sei de uma coisa, há algo terrível, horrível acontecendo, algo inconcebível, que não pode ser compreendido, alcançado ou explicado".[43]

Após o Holocausto, alguns encararam estes sentimentos pelo seu significado aparente, como atestando que o evento era de fato inexplicável e de impossível descrição. Outros, incluindo alguns historiadores, viram-nos como prova de que o Holocausto foi historicamente único, fundamentalmente diferente dos outros acontecimentos históricos. Essas visões têm bloqueado com frequência a pesquisa histórica madura sobre o Holocausto. A maioria dos historiadores costuma escrever sobre o Holocausto contornando esses sentimentos: os estudos esclarecem o que aconteceu, onde e por que, mas não tentam compreender como os sentimentos de descrença e excepcionalidade se ajustam ao que ocorreu.[44]

Nestas páginas, tenho tratado os sentimentos de descrença e excepcionalidade como parte da imaginação do extermínio como um ato de criação. Precisamente esses sentimentos possibilitaram que alemães, judeus e europeus internalizassem a matança dos judeus. Termos nos interessado não em penetrar no debate sobre se a Solução Final foi historicamente única (não foi, se por "única" entendemos que teve características que a distinguiram fundamentalmente de todos os outros eventos históricos), mas em compreender como as pessoas lhe deram sentido. Imaginar o que aconteceu aos judeus após 1941 como algo sem precedentes era um veículo para as pessoas compreenderem o que estava acontecendo.

Quando olhamos dessa perspectiva para as percepções de descrença e excepcionalidade geradas durante a guerra — não como expressões da verdade, mas como reflexo de como as pessoas compreendiam a experiência — ganhamos um discernimento extra: tais percepções deixam de ser um obstáculo à compreensão da Solução Final e passam a ser parte de sua explicação, visto que revelam os horizontes da imaginação compartilhada por alemães e judeus (cada grupo lhe dando diferentes sentidos, é claro).

Uma ideia-chave que os judeus compartilhavam com os nazistas era que a essência do assalto nazista era erradicar a memória e a história judaicas. No campo de concentração de Majdanek, Isaac Schipper disse a um colega interno no verão de 1943:

> Se os que nos matam forem vitoriosos, se forem *eles* a escrever a história dessa guerra, nossa destruição será apresentada como uma das mais belas páginas da história do mundo e as futuras gerações vão homenageá-los como intrépidos cruzados... Eles podem apagar nossa memória inteiramente, como se nunca tivéssemos existido... Mas se *nós* escrevermos a história desse período de sangue e lágrimas — e acredito firmemente que o faremos — quem vai nos dar crédito? Ninguém vai *querer* acreditar em nós porque nossa desgraça é a desgraça de todo o mundo civilizado... Ficaremos com o trabalho ingrato de provar a um mundo relutante que somos Abel, o irmão assassinado.[45]

O papel da memória num mundo pós-extermínio preocupou não apenas Schipper, mas também Alfred Rosenberg em seu discurso de março de 1941.

Como outros alemães e judeus, de Goebbels a Hosenfeld, de Rosenfeld a Zelkowicz, Schipper compreendeu o extermínio como um acontecimento cósmico e tornou-o compreensível por meio de uma história tirada do livro do Gênesis. Ele pessoalmente duvidava que o mundo acreditasse no que tinha acontecido, embora estivesse empenhado em escrever a história. Mas a maioria dos memorialistas judeus "inscreviam-se no futuro", na elegante expressão de Alexandra Garbarini, precisamente para desafiar essa guerra sobre a memória.[46] Escreviam, registravam e acumulavam evidência. Em última análise, eles e os nazistas compartilharam uma crença no poder da história e memória judaicas.

Era este poder que os nazistas estavam decididos a destruir. Para os nazistas e outros alemães, matar os judeus coexistia com a construção de uma nova memória dos maléficos judeus; destruir o judaísmo e reescrever sua história reforçavam-se mutuamente. É por isso que davam tanta atenção a livros, bibliotecas e cultura judaica nos territórios ocupados.

Em setembro de 1939, esquadrões especiais de incendiários acompanharam o exército alemão na Polônia com a tarefa de queimar sinagogas, livros e bibliotecas judaicos. O que se seguiu foi um bibliocídio sistemático. Uma destruição selvagem, que às vezes foi noticiada pelos jornais. A Grande Biblioteca Talmúdica do Seminário Teológico em Lublin foi queimada no final de 1939. Em março de 1941, a destruição provocou o seguinte comentário no *Frankfurter Zeitung:*

> Para nós foi uma questão particular de orgulho destruir a Academia Talmúdica, que era conhecida como a maior na Polônia... Arremessamos a imensa biblioteca talmúdica para fora do prédio e carregamos os livros para a praça, onde os queimamos. O fogo durou 20 horas. Os judeus de Lublin se reuniram em torno daquilo e choraram amargamente, quase nos silenciando com seus lamentos. Chamamos a banda militar e, com gritos de alegria, os soldados abafaram o barulho dos lamentos dos judeus.[47]

O bibliocídio continuou durante a guerra por todo o continente, nos Bálcãs, França e Holanda, assim como pela Europa oriental. Em Kaunas, os alemães queimaram publicamente a famosa Biblioteca Mapu, fundada em 1908 e batizada em homenagem ao escritor hebreu Avraham Mapu. Uma banda militar tocou para as autoridades e soldados dançarem como foliões ao redor do fogo.[48]

Mas se a destruição era um meio alemão de forjar uma nova memória dos judeus, a preservação e coleta era outro. A biblioteca do Escritório Central de Segurança do Reich, sob a rubrica de "investigando os inimigos", foi instalada antes da guerra e se concentrava em colecionar material de leitura sobre marxismo, igrejas e tendências pseudorreligiosas, maçons e judeus. No final da guerra, ela adquiriu de sua sede central num templo maçom, em Berlim, 2 milhões de livros, manuscritos e periódicos.

O projeto especialmente responsável pelo confisco e coleta de material judaico foi a operação Einsatzstab Reichsleiter Rosenberg (ERR) ou Força-Tarefa Reichsleiter Rosenberg, encabeçada por Alfred Rosenberg, que se tornou, em julho de 1941, o ministro do Reich para os territórios do Leste ocupados, um ministro pouco poderoso, mas com plena autoridade em questões de história e memória judaicas. A operação foi criada em 17 de julho de 1940, quando Hitler deu a Rosenberg carta branca para pilhar e classificar materiais culturais judaicos de todo o continente para o projeto pós-guerra de Rosenberg de uma universidade nacional-socialista. O alcance da atividade do ERR foi impressionante. Segundo uma estimativa do pós-guerra, sua equipe visitou 375 arquivos, 402 museus, 531 instituições mistas e 957 bibliotecas por toda a Europa.[49] Outra fonte descreve essa lista como indicativa das atividades somente nas áreas conquistadas da Europa oriental em 1943.[50] Rosenberg estabeleceu escritórios em cerca de 25 pontos europeus. Livros e materiais culturais foram cuidadosamente coletados e catalogados por estudiosos e bibliotecários, sendo os selecionados despachados para o Instituto de Pesquisa sobre a Questão Judaica, em Frankfurt. A administração municipal de Frankfurt já atraíra o instituto para a cidade através da doação de uma preciosa coleção da cultura judaica local.[51] É difícil avaliar o número de livros reunidos pelo instituto durante a guerra. Uma estimativa fala de 6 milhões de volumes, mas isso poderia ser uma avaliação do pós-guerra ligada ao apelo desse número.

A herança cultural reunida foi extraordinária. Em Paris, o ERR se apoderou das bibliotecas da Alliance Israélite Universelle (60 mil livros), da École

Rabbinique (30 mil livros), da Biblioteka Polska (130 mil livros) e das bibliotecas Rothschild (28 mil livros e 780 caixas de material de arquivo). Na Holanda, as coleções Spinoza foram tomadas em Haia e Rijnsburg e, no verão e outono de 1941, as bibliotecas judaicas em Amsterdã foram apreendidas. No final do ano, a biblioteca do Colégio Rabínico em Roma foi enviada para o instituto. Mais cedo o instituto reunira 280 mil volumes de literatura judaica soviética e polonesa, assim como uma substancial literatura talmúdica de Kaunas, Vilna, Minsk, Kiev e Riga. Ele também abriu uma sucursal em Łodź. Outras iniciativas acadêmicas não ficaram para trás. A recém-fundada universidade alemã em Posen iniciou em 1941 uma cadeira de história judaica com uma incrível biblioteca de 400 mil volumes relativos à cultura judaica — todos confiscados de bibliotecas judaicas na Polônia.

A coleta de material judaico era metódica. Quando os judeus foram deportados de Praga e de outros lugares da Tchecoslováquia, os nazistas abriram uma agência especial para confiscar os bens abandonados em suas moradias. Também livros eram coletados; o nome dos antigos donos e etiquetas identificando coleções eram removidos. Até março de 1943, a agência só fora capaz de limpar cerca de metade das residências judaicas vazias na Tchecoslováquia. Já coletara 778.195 livros.[52] Na Holanda, funcionários do ERR recebiam as chaves da porta da frente das casas de deportados, entravam nas residências e se apoderavam de livros e objetos da cultura judaica. Na França, os funcionários da operação revistavam castelos, fazendas, depósitos e cofres de banco.

Um objeto não interessava mais aos nazistas. O instituto não se preocupava em coletar rolos da Torá, embora um funcionário observasse que "talvez o couro ainda possa ter alguma utilidade para encadernação". Os rolos foram usados em áreas ocupadas pelos nazistas para encadernar livros e criar objetos de couro como cintos e sapatos.[53]

Um bibliotecário ativo no saque do ERR foi Johannes Pohl, que se tornou chefe da coleção Judaica na biblioteca do instituto. A essa altura sua carreira já havia abarcado vida e morte judaicas: tendo começado como perito na comunidade judaica da Palestina e morado em Jerusalém, ele agora participava da preservação da cultura judaica, num mundo destinado a existir sem judeus, de modo a criar uma história e memória novas, "verdadeiras" dos judeus. O zelo de Pohl pela coleta da Judaica não conhecia limites. Pouco depois da queda da Grécia, em abril de 1941, ele apareceu em Tessalônica para enriquecer sua coleção. Em janeiro de 1942, viajou para Vilna com quatro assistentes. Ordenou que todas as coleções importantes de livros da cidade e localidades vizinhas, tanto os livros de umas 300 sinagogas quanto os de coleções particulares, fossem reunidos e exigiu que o Conselho Judaico fornecesse vinte trabalhadores, entre eles cinco especialistas em cultura judaica, para classificar os materiais. Esses trabalhadores ordenaram 100 mil volumes por século de publicação, dos quais Pohl selecionou 20 mil para serem mandados ao instituto. O resto foi vendido a uma fábrica de papel por 19 Reichsmarks a tonelada.[54] A certa altura, durante a guerra, após examinar a coleção reunida, Pohl sintetizou com satisfação: "No que diz respeito à literatura judaica, esta biblioteca guarda coleções como nunca foram reunidas na Europa ou em qualquer outro lugar. A biblioteca será desenvolvida (como parte da organização da Nova Ordem na Europa) não apenas para a Europa, mas para o mundo inteiro".[55]

A tentativa mais concentrada de reescrever a história e memória judaicas teve lugar no Museu Central Judaico em Praga, aberto em 1942.[56] O projeto começou por acaso, funcionando de início mais como um centro para o depósito de artigos judaicos que como um museu. Logo se transformou no local central de coleta da Judaica de vítimas da Solução Final. Com apenas mil itens em 1941, chegou a ter 200 mil objetos guardados em oito prédios e cinquenta depósitos em 1945. O número galopante de itens refletia o progresso do extermínio. Durante a guerra, o museu foi uma obra em progresso e quase não foram promovidas exposições. Ele estava mais orientado para as artes e ofícios que para a história. Não eram permitidas visitas ao museu e só planejavam abri-lo ao público depois da guerra. Isto se ajustava ao sentido de memória do projeto. Não se tratava da habitual propaganda antissemita do tempo de guerra; ele não se destinava ao período da guerra, quando o extermínio dos judeus estava ocorrendo. Destinava-se a ensinar sobre história judaica depois que o total extermínio dos judeus se tornasse um conhecimento publicamente compartilhado. Membros do ERR já começavam a pensar durante a guerra como apresentar e exibir após a guerra os objetos culturais saqueados. Duas exposições para esse efeito foram organizadas em 1942 e 1943.[57]

Nesse sentido, embora a intenção final de se apropriar da história judaica e reescrevê-la estivesse evidente numa série de ações nazistas, essas tentativas não puderam se desenvolver suficientemente no curto período da guerra. As necessidades do esforço militar eram mais urgentes e, mais importante que isso, não estava claro para os próprios nazistas qual seria a nova imagem do judeu a ser forjada, dada a aceleração dos assassinatos em massa, assim como a tensão de administrar o conhecimento do extermínio entre silêncio, insinuação e informação pública. O período era curto demais (1942-1945) e intenso demais para uma plena apresentação nazista das maléficas história e memória judaicas. Os nazistas consideraram que essa sistematização teria de esperar pelo período após a guerra vitoriosa e presumivelmente teria incluído veículos de memória como livros didáticos escolares, livros de história, filmes e talvez até monumentos.

Mas ao coletar livros judaicos e cultura judaica os nazistas estavam de fato decididos a determinar a estória da história judaica após a guerra. Contariam essa história, o que significava e como realmente acabava. É por isso que os nazistas tinham uma noção tão profunda do poder dos livros, para o bem ou para o mal. Por fim, proibiram os judeus de ter absolutamente qualquer livro. Em 18 de fevereiro de 1942, a operação do ERR em Kaunas comunicou o banimento, daí a 10 dias, de todos os livros do gueto. Independentemente do conteúdo ou idioma, os livros deveriam ser entregues, anunciou um homem chamado Benker, representante da operação. Quem fosse encontrado na posse de livros após aquela data seria fuzilado. Benker estava ciente da rica biblioteca do gueto e ordenou que o Conselho Judaico do gueto lacrasse a biblioteca para que não se perdessem livros importantes da coleção, pois, ele explicou, "os alemães, vocês entendem, são homens cultos".[58] Em 28 de fevereiro, os judeus entregaram dezenas de milhares de livros aos nazistas. Outros milhares foram salvos quando os judeus os esconderam ou enterraram. Os nazistas enviaram a Judaica mais valiosa para o instituto em Frankfurt, o restante para uma fábrica de papel. A leitura de livros não cessou, é claro; os judeus liam às escondidas e os livros passavam secretamente de mão em mão. Mas os nazistas fizeram do gueto, para todos os fins e propósitos, uma sociedade sem livros. Isto se ajusta perfeitamente à sua imaginação e à suas políticas acerca dos judeus: pessoas sem tempo, cuja vida em fevereiro de 1942 tinha uma data muito próxima de expiração, não precisavam de livros, a arte de contar histórias que nos torna humanos, que nos permite sonhar e coloca nossas experiências numa narrativa.

Mas histórias têm vida própria e nem mesmo os nazistas poderiam ser senhores de sua própria história. Eles não previram uma consequência inesperada da pilhagem maciça que fizeram por toda a Europa da Judaica. O instituto em Frankfurt guardou as imensas quantidades de material em vários depósitos da cidade e de povoações vizinhas, impedindo sem dúvida que fossem destruídos na fúria da guerra. Durante os últimos meses de 1943, quando o bombardeio aliado de cidades alemãs ameaçou a coleção, uma grande parte dela foi removida para Hungen, um castelo isolado a 51 quilômetros de Frankfurt. Assim, muitos tesouros judaicos sobreviveram à guerra.

Em meados de 1942, a Segunda Guerra Mundial grassava, com toda a sua ira destrutiva, do Extremo Oriente ao norte da África e Europa. A Alemanha ainda era senhora do continente, dominando de Paris ao coração da Rússia e ao deserto norte-africano. Mas as forças alemãs estavam espalhadas demais. Organizavam algumas contraofensivas no Leste, mas não conseguiam romper as linhas soviéticas. Tinham de administrar um império por toda a Europa ocupada e estavam envolvidas em batalhas nos Bálcãs e no norte da África. Mas os aliados também tinham grandes dificuldades. Os soviéticos estavam apenas começando a se recuperar do desastroso início da guerra e a parte europeia da Rússia ainda continuava em mãos alemãs. O exército britânico estava estirado por todo o império, da Europa ao norte da África e daí ao Oriente Médio e à Ásia, praticamente sem qualquer feito militar em parte alguma, enquanto os Estados Unidos travavam uma dura guerra no Pacífico e não tinham intenção de abrir uma segunda frente na Europa. Quem ganharia a guerra?

Ninguém sabia a resposta a essa pergunta em 1942, mas os nazistas estavam determinados a vencer a guerra contra os judeus, que levavam à frente e intensificavam. Os fuzilamentos em massa no Leste durante a invasão da União Soviética foram seguidos por planos para a implementação do assassinato de todos os judeus europeus, planos discutidos na Conferência de Wannsee em janeiro de 1942. Tropas da SS e tropas auxiliares deslocaram-se metodicamente em 1942 e 1943 para limpar os guetos da Europa oriental, deportando a maioria dos judeus para Auschwitz, Treblinka, Sobibor, Chelmno, Majdanek e Belzec. O número de mortos em 1942 foi de 2,7 milhões, com o aniquilamento da comunidade judaica polonesa e a expansão da Solução Final pela Europa. O número de mortos em 1943, com a comunidade judaica polonesa praticamente eliminada, foi de 500 mil.

As deportações de vários países europeus começaram no final de 1941 e se intensificaram em meados de 1942. Os deportados vinham da Alemanha, França, Holanda, Bélgica, Eslováquia, Protetorado Tcheco (as regiões da Boêmia e Morávia) e Áustria. Os trens deixavam Paris, Amsterdã, Bruxelas, Praga e Varsóvia transportando judeus, em vagões de carga lacrados, para campos da morte, independentemente de mau tempo, bombardeio aliado ou necessidades militares da Wehrmacht.

Também os judeus alemães enfrentavam agora a deportação e o extermínio. Em Regensburg, em 2 de abril de 1942, todos os judeus com menos de 65 anos, 106 pessoas, foram deportados para um campo perto de Lublin, supostamente para reassentamento no Leste. Nesse dia, os nazistas ordenaram que os judeus se reunissem num ponto específico da cidade, do qual seguiram a pé para a estação ferroviária e de lá por trem para o Leste. Cada um teve per-

missão de levar uma mala, dificilmente um bom presságio para um reassentamento bem-sucedido em termos profissionais, sociais e pessoais. Alguém tirou uma foto dos nazistas e judeus no ponto de reunião. Era o mesmo local onde ficava a sinagoga da cidade antes de ser incendiada em novembro de 1938.[59]

Os nazistas originalmente planejaram a deportação de judeus alemães para o período após a guerra; isso foi em 1939-1940, quando muitos achavam que a luta terminaria em breve. Mas com a expansão da guerra em 1941 e a decisão de, de um modo ou de outro, matar os judeus mais depressa, uma Alemanha purificada de judeus constituía uma política coerente. Se tantas localidades na Europa oriental estavam ficando livres de judeus, por que manter os judeus locais na *Heimat*? Algumas regiões já tinham se tornado *Judenfrei* (Alsácia--Lorena em julho de 1940, Baden e o Saar-Palatinado em outubro de 1940). Havia também vantagens práticas. O começo dos ataques aéreos aliados às cidades alemãs em 1941 levou os líderes nazistas regionais de Berlim, Hamburgo, Viena e outros lugares a pressionar pela deportação imediata dos judeus para liberar espaço de moradia para cidadãos vítimas dos bombardeios.

Em setembro de 1941, como vimos, foi introduzida como identificação a estrela de davi; em 15 de outubro começaram as primeiras deportações de judeus de localidades na Alemanha e no Protetorado tcheco e morávio para guetos na antiga Polônia e Rússia. Hitler tomara a decisão de deportar os judeus alemães nas semanas anteriores, talvez já em 2 de setembro. Transportes saíram de Viena para Łódź em 15 de outubro, de Praga e Luxemburgo no dia 16 e de Berlim no dia 18. Vinte transportes levando 19.593 judeus foram completados em 5 de novembro. Em meados de janeiro de 1942, mais 22 mil judeus foram deportados em 22 trens para guetos em Riga, Kaunas e Minsk. Cinco mil deportados, fuzilados imediatamente na chegada, jamais alcançaram o gueto.[60] Completar as deportações era apenas uma questão de tempo. Em janeiro de 1943, Leo Baeck e outros líderes da comunidade judaica, os últimos judeus remanescentes, foram deportados para Theresienstadt. Exatamente dez anos após a tomada do poder, os nazistas concretizavam o plano de uma Alemanha sem judeus.

A deportação dos judeus das cidades alemãs pertencia a uma tradição de atos públicos antijudaicos do Terceiro Reich. De janeiro de 1933 a novembro de 1938, essa tradição foi caracterizada por ações violentas contra judeus de caráter local, popular, público, interpessoal, que partiram dos habitantes locais assim como do regime. A *Kristallnacht* foi o pico dessa tradição e seu último evento significativo. Depois disso, o número de judeus na Alemanha diminuiu e eles desapareceram da vista das pessoas. Mas as deportações deram continuidade a essa tradição básica (sem a violência pessoal), levando-a a uma conclusão: foram as últimas ações antijudaicas locais, públicas, visíveis no Reich. Elas tinham outras características reveladoras. Mesmo se a polícia local tentava às vezes manter as deportações secretas, notícias locais se espalhavam rapidamente, os eventos ocorriam em público e, como reportou o Serviço de Segurança da SS em Bielefeld, eram "comentadas em todas as camadas da população".[61] É duvidoso que a polícia local quisesse realmente manter as deportações secretas: elas ocorriam em plena luz do dia, a comunidade judaica local recebia a notificação com bastante antecedência e a Gestapo local ficava a par ainda mais cedo para preparar a logística. Não eram os procedimentos de uma operação secreta.

Por toda parte as deportações despertavam grande interesse. Grupos de curiosos locais se juntavam no ponto de reunião dos judeus, que com frequência era o centro da cidade; na pequena Lemgo, perto de Detmold, nazistas, judeus e muitos habitantes locais se reuniram na praça da cidade. Muitos outros se alinharam nas ruas quando os judeus fizeram a caminhada pela cidade. Herta Rosenthal, de 16 anos de idade, contou como foi a deportação de Leipzig a Riga em janeiro de 1942, quando "todo mundo assistiu... Todos os judeus estavam partindo de Leipzig e eles [os alemães] estavam contentes, muitos deles. Estavam ali parados rindo... Foram nos buscar durante o dia, não à noite".[62] Fotografias mostram como foi pública a despedida dos judeus locais numa parada de humilhação. Em Hamburgo, a parada dos judeus que saiu da Casa dos Judeus foi acompanhada pelos vivas de escolares, enquanto os judeus foram depois exibidos sobre caminhões para o aplauso da multidão. Após a deportação de 29 de novembro de 1941, em Nuremberg, os nazistas locais, incluindo suas secretárias e faxineiras, organizaram uma pequena festa com drinques, salgadinhos e dança enquanto dividiam os artigos encontrados nas bagagens roubadas dos judeus evacuados.[63] Goebbels planejava filmar a deportação em Berlim, enquanto as de Nuremberg e Stuttgart foram filmadas pelas autoridades locais em novembro de 1941. A deportação em Baden Neustadt foi registrada numa longa série de fotos por nazistas locais, que tiraram retratos para *souvenir* no local de reunião antes de encaminhar os judeus à estação ferroviária. Fotos ampliadas do evento foram mais tarde penduradas no centro da cidade.[64]

As deportações tornaram-se uma parte importante no desdobramento da história *Heimat* local e nacional do fim dos judeus na Alemanha. Historiadores locais converteram as deportações no último capítulo da história dos judeus na *Heimat*. A deportação em Bielefeld, em 13 de dezembro de 1941, foi retratada em 26 fotos, com permissão da Gestapo, para um projeto de historiadores locais denominado "Crônica da Guerra de Bielefeld". Os judeus foram transportados para a estação ferroviária durante o dia em ônibus fretados da empresa de ônibus local; um caminhão seguiu com suas sacolas e maletas. O destino, Riga. Também em Eisenach a deportação foi fotografada para um livro registrando a história da cidade durante a guerra.[65] Crônicas como essas tinham sido um aspecto familiar da identidade local desde o início do século XIX e eram parte integral da história da *Heimat*, desenvolvendo-se desde a unificação em 1871 como a essência da identidade local. Narravam os eventos importantes na vida da comunidade.

A parada, a participação de crianças, a zombaria pública, as fotografias — tudo isso eram elementos essenciais de ações antijudaicas no pré-guerra. A humilhação pública de judeus em localidades alemãs seguiu um roteiro desde 1933 até as deportações em 1941-1943. Os alemães conheciam esse roteiro e o seguiram ao deportar os judeus. Era familiar, reconhecível e os capacitava a colocar as deportações dentro da história da comunidade local e da nação. Eles assim admitiam as deportações, transformando-as em coisas suas. Cada deportação era reconhecida como um acontecimento importante na vida da comunidade e, portanto, um tópico histórico digno de ser documentado. O roteiro incluía não só aqueles alemães que agiam ativamente contra os judeus, mas também os que mantinham silêncio ou que se opunham ao que estava acontecendo. Nem todos os alemães tomavam parte nas deportações públicas.

Na verdade, como na *Kristallnacht*, a maioria não o fazia. Mas eles sabiam e compreendiam o que acontecia e, portanto, eram cúmplices.

É precisamente por conhecerem o roteiro da humilhação dos judeus nos anos anteriores que os habitantes locais percebiam as deportações como uma coisa singular que se desviava das habituais medidas antijudaicas. Não era a violência que tornava as deportações especiais, pois elas não eram acompanhadas de brutalidade sistemática ou derramamento de sangue. Pelo contrário, todas eram muito organizadas, todos os lados desempenhando seus papéis, incluindo os indefesos judeus, e com frequência transcorriam em silêncio, enquanto os judeus marchavam pelas ruas da cidade observados por habitantes locais. Mas os habitantes locais sabiam que estavam testemunhando um ato final, um ato dramático na história local, alemã e judaica. Após anos de perseguição, ninguém na comunidade poderia se equivocar acerca do significado de deportar os judeus para o Leste. Quem poderia imaginar a construção de uma nova vida com uma maleta na mão? O silêncio reverente era adequado. A distribuição das posses dos judeus tornava os sentimentos tangíveis. Alguns se serviam dos bens sem escrúpulos morais. Para outros, a pilhagem provocava um sentimento de culpa, fazendo com que se recusassem a pegar alguma coisa com medo de "não terem mais paz", como disse uma mulher no povoado suabiano de Baisingen. Outros ainda cuidavam de manter um objeto material possuído pelos judeus como um *souvenir* elegíaco a recordar-lhes dos antigos vizinhos num mundo que já se fora.[66]

As deportações podem ter desempenhado um papel nos decretos antijudaicos de 1942. Poderíamos pensar que, em 1942, quando a política nazista de deportações e extermínio estava a pleno vapor, os decretos locais contra os judeus parariam. Mas não foi bem o que aconteceu. Os judeus continuaram a assombrar a imaginação, agora talvez mais do que antes, precisamente porque os habitantes locais sabiam o que significavam as deportações e muitos na Alemanha sabiam dos assassinatos no Leste. Na maior parte da Alemanha não havia mais judeus e no entanto:

Habitações de judeus devem ser marcadas com uma estrela. Judeus estão proibidos de ter animais de estimação. Judeus estão proibidos de usar os serviços de barbeiros e cabeleireiros alemães. Judeus devem entregar seus utensílios de barbear, pentes e tesouras. Escolas judaicas são fechadas. Judeus não recebem cartões de racionamento para ovos, tabaco, farinha de trigo, pão branco, leite, peixe, carne e frutas e vegetais frescos. Judeus cegos não têm permissão de usar a habitual braçadeira amarela para impedir que alemães venham lhe dar assistência. A venda de jornais, revistas e periódicos é proibida para judeus. Judeus são proibidos de fazer visitas a casas de arianos. Judeus são proibidos de comprar artigos de vestuário que façam parte dos trajes tradicionais regionais e nacionais alemães. Judeus são proibidos de usar máquinas de venda de passagens em estações. Judeus são proibidos de rezar nas próximas Grandes Festas. Judeus são proibidos de comprar livros. Judeus são proibidos de comprar bolos.[67]

Há outra razão pela qual os habitantes locais sentiam que as deportações eram um ato final. Um fluxo de informações sobre os massacres em massa no Leste vindo de soldados e funcionários do Estado e do partido no *front* tinha inundado a Alemanha depois de junho de 1941. Embora as deportações não tenham sido noticiadas na imprensa e no rádio nem mencionadas em discursos de Hitler e Goebbels quando começaram em outubro de 1941, houve um aumento dramático de retórica antissemita pública no outono de 1941 e inverno de 1942, inclusive por parte de Hitler. Os nazistas deixavam bem claro tudo que se relacionava ao futuro dos judeus e ao comportamento adequado que se esperava que os alemães tivessem com relação a eles. Após relatos de atos de simpatia para com os judeus em seguida à introdução da estrela de davi amarela, Goebbels anunciou, em 24 de outubro de 1941, punições especiais para "comportamento amistoso com relação a judeus" que podiam chegar, em casos extremos, a três meses num campo de concentração. O decreto foi impresso numa página negra com uma estrela amarela dizendo: "Alemães, este é seu inimigo mortal", e foi distribuído a cada casa na Alemanha juntamente com os cartões mensais de racionamento.

Do início ao fim de 1942, o Reich foi inundado por informações, rumores, narrativas e anedotas sobre o que estava acontecendo aos judeus. Funcionários do Estado e do partido estavam especialmente bem informados. O coronel Ernst Ebeling, de serviço em Hamburgo, escreveu em 22 de março de 1942 que "[sabemos] o que foi feito, por exemplo, com os judeus deportados de Hamburgo, que deveriam ter chegado a um gueto no Leste. Foram fuzilados em massa por soldados letões a oito quilômetros [cinco milhas] de Smolensk".[68] Mas pessoas simples, sem acesso especial à informação, também estavam bem informadas. Herman Frielingsdort, um artesão de Hamburgo, escreveu no seu diário em 19 de julho de 1942: "Há poucas semanas, os últimos judeus de Hamburgo foram deportados, para onde [...] ninguém sabe. Mas histórias apavorantes circulam entre o povo. Dizem que os judeus foram mortos em grandes grupos, incluindo mulheres e crianças, por execuções em massa em túmulos abertos ou em campos abertos... Mal se pode suportar ouvir falar desses horrores... Nossas ações clamam aos céus".[69]

Victor Klemperer, em seu estado de isolamento social na Casa dos Judeus em Dresden, ouviu falar pela primeira vez de Auschwitz em março de 1942. "Nos últimos dias", ele anotou em 16 de março, "ouvi falar de Auschwitz (ou um nome parecido), perto de Königshütte, na Alta Silésia, mencionado como o mais terrível campo de concentração. Trabalho numa mina, morte em poucos dias. Kornblum, pai de *Frau* Seligsohn, morreu lá, assim como — não conhecidos meus — Stern e Müller". Essa descrição foi surpreendentemente exata, pois em março de 1942 Auschwitz estava exatamente se tornando um centro de extermínio. No sábado, 17 de outubro de 1942, no final da tarde, ele anotou que se tratava de um "matadouro de produção rápida".[70]

Tal conhecimento não era uma exceção. Na manhã da terça-feira 1º de junho de 1943, Klemperer anotou que tinha ouvido sobre o levante de abril no gueto de Varsóvia:

> No domingo, Lewinsky relatou como rumor inteiramente confirmado e disseminado (originariamente entre soldados): houve um banho de sangue em Varsóvia, revolta de poloneses e judeus, tanques alemães foram destruídos por minas na entrada da cidade judaica, depois do que os alemães tinham reduzido o gueto inteiro a escombros — incêndios que duraram dias e muitos milhares de mortos. Ontem perguntei a várias pessoas em Schlüter sobre isso. Resposta generalizada: sim, elas também tinham ouvido o mesmo ou coisa parecida, mas não tinham tido coragem de passar adiante. Eva, chegando do dentista, relatou que Simon afirmou com certeza: 3 mil desertores alemães também tinham tomado parte na revolta e tinham ocorrido batalhas durante semanas (!) antes que os alemães dominassem a situação. A credibilidade de Simon é limitada. Ainda assim: *que* estejam circulando rumores desse tipo é sintomático... Bem na hora certa, Eva me contou que há

um novo cartaz na cidade — duas pessoas cochichando — com a legenda: "Quem cochicha, está mentindo".[71]

Mas os cochichos, mesmo se exagerados e às vezes imprecisos, não eram mentiras e deixavam o regime e a Gestapo, que queriam controlar a informação, nervosos. Os alemães recebiam notícias e fragmentos de informação da família, parentes, amigos e colegas de trabalho em canais sociais não oficiais e muito difundidos. Não sabiam do "Holocausto" do modo como sabemos hoje. Há um bom tempo os estudiosos têm pesquisado o "conhecimento" vago sobre o "Holocausto" — quanto sabiam os alemães e quando souberam —, mas isto em si mesmo é um tópico de pesquisa induzido pelo conhecimento pós-1945 dos historiadores sobre o que foi o Holocausto, não pela experiência de contemporâneos. Os alemães não sabiam do "Holocausto", mas sabiam da gigantesca carnificina dos judeus. Isso poderia não ter sido um segredo: a combinação da incessante propaganda nazista defendendo o extermínio dos judeus, as deportações locais e o fluxo de informações vindas dos territórios ocupados tornavam o assassinato em massa dos judeus uma presença constante na esfera pública. Na verdade, os nazistas não queriam ocultar os fatos do Holocausto, mas "administrá-los".[72] Para os nazistas o Holocausto não era e não podia ser um segredo; ao contrário, era um fato precioso que simbolizava e tocava em elementos essenciais de sua identidade, história e humanidade. Um fato dessa magnitude não podia simplesmente ser escondido mas, dada sua transgressão, também ainda não podia ser revelado com total franqueza.

Em certa ocasião, os nazistas usaram o disfarce de supostos rumores para divulgar a verdade sobre o extermínio. Em 30 de abril de 1942, o *Völkischer Beobachter* publicou um artigo de seu correspondente de guerra, um homem chamado Schaal, sobre as operações no Leste: "Espalhou-se o rumor entre a população que é tarefa da Polícia de Segurança exterminar os judeus nos territórios ocupados. Os judeus foram reunidos aos milhares e fuzilados; antes disso tiveram de cavar suas próprias covas. Às vezes a execução dos judeus atingia tamanhas proporções que mesmo membros dos Einsatzgruppen sofriam colapsos nervosos".[73]

O extermínio continuou sendo uma presença profundamente perturbadora. Um motivo pelo qual *conhecimento* é o termo errado para captar a mentalidade dos alemães do Reich com relação ao assassinato dos judeus é ser um termo demasiado direto e cerebral; devemos antes olhar para sensibilidades e emoções que são cruciais, mas não podem ser inteiramente expressas de forma aberta. Que o assassinato em massa dos judeus era uma transgressão diferente de outros assassinatos perpetrados pelos nazistas ficava claro para o público a partir da dissonância que emergia entre a tentativa oficial de administrar o conhecimento sobre os judeus, por um lado, e o fluxo de informações sobre o que estava acontecendo por outro. O que acontecia não podia ser comentado. A polícia e as autoridades legais estavam tão preocupadas com a contínua disseminação das informações após 1942 que falar a verdade sobre a matança dos judeus transformou-se em contar "insidiosas fábulas de horror", um delito sujeito a punição. Alguma coisa grave estava acontecendo aos judeus, até aí as pessoas sabiam, e fosse lá o que fosse, percebiam as pessoas, era considerada suficientemente transgressora pelo regime para ser envolvida em mistério. A atitude dos alemães com relação ao assassinato em massa vinha carregada de emoções: medo, ódio, brutalidade, transgressão, culpa, arrependimentos, vergonha e uma inútil tentativa de recalcá-las. Foi nessas circunstâncias que a Alemanha se tornou um império de rumores sobre guerra, alemães e o assassinato em massa dos judeus.

Os rumores sobre os judeus durante a guerra surgiam sob duas formas básicas. Uma delas foi exemplificada por Hosenfeld, que escreveu em julho de 1942.

> Rumores dizem que 30 mil judeus vão ser tirados esta semana do gueto e mandados para algum lugar no Leste. Apesar de todo o sigilo, as pessoas dizem que sabem o que acontece: em algum lugar não longe de Lublin, foram construídos prédios com salas que podem ser eletricamente aquecidas com correntes fortes, como é usada a eletricidade num crematório. Os infelizes são empurrados para estas salas aquecidas e queimados vivos. Dessa maneira, milhares podem ser mortos num dia, poupando assim todo o trabalho de fuzilá-los, cavar túmulos coletivos e colocá-los lá dentro. A guilhotina da revolução francesa não pode competir com isso e mesmo nos porões da polícia secreta russa não foram concebidos métodos tão virtuosos de extermínio em massa. Mas certamente isto é loucura.[74]

Rumores como esse, denotando o mistério e a natureza inacreditável do extermínio, se concentravam no que estava acontecendo aos judeus. Começaram em 1942 e seu impacto dependia do curso da guerra. Enquanto ainda achavam que iam vencer, os alemães avaliavam essas informações como um *fait accompli*. Alguns achavam que os judeus tinham o que mereciam. Muitos registraram variados níveis de desconforto moral ou tático, mas a previsão da vitória mitigava as apreensões. Uma Alemanha sem judeus já era uma realidade e, se valesse a pena acreditar nos rumores, uma Europa sem judeus logo seria outra.

O outro tipo de impacto veio à tona em 1943, quando a Alemanha começou a perder a guerra e o bombardeio aéreo aliado devastava cidades alemãs e trazia a guerra para dentro de casa. Agora o extermínio era visto sob uma luz muito diferente e havia rumores de que o bombardeio aéreo era uma retaliação e desforra judaica. "Toda a nossa posição sobre o Problema Judaico", reclamava um morador de Frankfurt desabrigado, funcionário do Serviço de Segurança, "e especialmente a solução do problema formaram a base para os resultados e repercussões que hoje têm de ser pagos pelo povo alemão. Tivéssemos deixado os judeus na Alemanha, nenhuma bomba teria caído hoje em Frankfurt".[75] Rumores como este se concentravam no que acontecia aos alemães devido ao que eles tinham feito aos judeus. Em certo nível, os novos rumores refletiam a internalização da propaganda antissemita nazista na crença de que os judeus controlavam o esforço de guerra contra a Alemanha. Mas em outro nível, os rumores refletiam uma consciência culpada e o medo de vingança emergindo de uma lúcida percepção de que a política da Alemanha com relação aos judeus terminava em assassinato em massa.

Em séculos anteriores, rumores acerca de judeus colocavam o judeu como o assassino, com frequência de crianças para supostos propósitos rituais. Como ocorrência social, rumores antijudaicos tinham uma fórmula consistindo de origens, disseminação e a ameaça de violência coletiva. Mas os rumores dos alemães durante a guerra sobre o assassinato dos judeus foram diferentes: não eram sobre o que os judeus fizeram a "nós", mas sobre o que "nós" fizemos a eles; não eram sobre a culpa dos judeus, mas sobre a culpa dos alemães. Tinham uma origem e uma disseminação, mas nenhuma conclusão em violência coletiva antijudaica. Em geral, os rumores emergiam numa circunstância de curiosidade e mistério, sendo uma mistura de fábula e realidade. Os rumores sobre como os judeus estavam sendo exterminados, com histórias que às vezes eram precisas e outras vezes eram contos de fantasia, tinham uma importante função cultural: tornavam imagináveis as histórias inimagináveis do extermínio; davam aos acontecimentos uma moldura narrativa. Penetravam no espaço cultural entre a frequente gritaria da propaganda nazista sobre extermínio dos judeus e a profunda ambiguidade oficial sobre falar da verdadeira política de extermínio, do que acontecia em Auschwitz e Treblinka. Sob esse aspecto, emergem rumores sobre o extermínio porque se sabia o suficiente sobre o ato para engendrar um sentimento de quebrar um tabu, enquanto ao mesmo tempo o rumor põe este tabu em palavras para torná-lo compreensível. Os rumores refletiam uma dúvida profunda sobre a apresentação oficial da verdade acerca dos judeus. São assim evidência, nas mãos do historiador, de que os alemães sentiam de forma tangível que algo horrendamente imoral estava acontecendo aos judeus.

Os alemães contavam rumores sobre o assassinato em massa dos judeus que os transformavam de repente em perpetradores e vítimas. Produzindo rumores que minavam as declarações oficiais, distanciavam-se do regime. Ao sustentar que a solução da Questão Judaica era a razão dos bombardeios, admitiam responsabilidade e culpa. Ao culpar os judeus pelos ataques aéreos, enfatizavam seu próprio sofrimento e vitimização. Mas mesmo culpando os judeus, mostravam a percepção bruta da culpa, pois colocavam seu próprio sofrimento dentro de um sentimento de medo das consequências do que tinham feito e justificado.

O pano de fundo da nova preocupação dos alemães com suas recentes ações antijudaicas, assim como dos rumores crescentes, foi a reviravolta na guerra no final de 1942, quando a Alemanha perdeu duas batalhas militares cruciais. No norte da África, as forças alemãs sob o comando do marechal-de-campo Erwin Rommel foram derrotadas pelo exército britânico do marechal-de-campo Bernard Montgomery em El Alamein, em novembro de 1942. A derrota encerrou o sonho de Hitler de confiscar do Império Britânico o controle do Oriente

Médio e seus campos petrolíferos, assim como de avançar, num movimento de pinça, para os campos petrolíferos soviéticos no Cáucaso. Logo depois, veio a derrota devastadora em Stalingrado, no inverno de 1942-1943. O exército sul-alemão atacou o Cáucaso de olho nos campos de petróleo. O Sexto Exército Alemão, sob o comando do general Friedrich von Paulus, atacou Stalingrado. A campanha foi de uma brutalidade sem precedentes. Estima-se que custou à Alemanha 300 mil homens e à União Soviética 470 mil soldados mortos (as perdas americanas em toda a guerra foram de 418 mil). Em 31 de janeiro de 1943, Paulus capitulou. A derrota pôs fim a qualquer esperança de vitória contra os russos. Igualmente crítico foi o impacto que teve no moral público na Alemanha. Apesar da propaganda incessante de Goebbels, muitos alemães começaram agora a duvidar da possibilidade de uma vitória nazista.

As perdas em El Alamein e Stalingrado, juntamente com o desembarque de forças aliadas no Marrocos e Argélia em novembro de 1942, deixaram efetivamente a Alemanha sem uma estratégia militar, embora ela ainda ocupasse a maior parte do continente. Estrategicamente, a guerra estava encerrada. Sozinhas, as forças da Alemanha não poderiam concluir com êxito a guerra. Mas não podiam entregar de mão beijada a vitória. Tudo que Hitler e a Wehrmacht podiam prometer era guerra até o amargo fim. Foi o que aconteceu. Por mais dois anos e meio a Alemanha travou uma batalha desesperada que se tornou cada vez mais radical e destrutiva. Incapaz de desencadear qualquer operação significativa, a Wehrmacht só podia reagir aos eventos militares iniciados pelos aliados.

Em seguida a Stalingrado, tropas soviéticas logo recuperaram Kursk, Rostov, Karkov (a segunda maior cidade da Ucrânia) e Rzhev, localizada 160 quilômetros a oeste de Moscou. Em 6 de novembro de 1943, o Exército Vermelho recuperou Kiev. O avanço lento, passo a passo, do Exército Vermelho para oeste, que terminaria em Berlim em abril de 1945, não podia mais ser detido. No sul do Mediterrâneo, os aliados começaram sua invasão da Europa controlada pelo Eixo com desembarques na ilha da Sicília em 10 de julho de 1943. Mussolini foi derrubado alguns dias depois. Em 6 de junho de 1944, os aliados desembarcaram na Normandia para abrir uma segunda frente na Europa. Foram necessários outros onze meses para dar fim à guerra, em grande parte porque os soldados alemães lutaram com incrível tenacidade até o final. A Alemanha não tinha chance de vencer, mas durante este período, segundo as estimativas, morreram 3 milhões de soldados alemães, uma morte inútil numa guerra fanática.

A guerra seria perdida, mas nenhum obstáculo poderia deter a deportação de judeus por todo o continente. Klemperer e seus conhecidos na Casa dos Judeus não tiveram dúvidas a esse respeito. Em 23 de outubro de 1942, ele registrou em seu diário: "Pode-se concluir como as coisas vão indo mal para a causa nacional-socialista. Mas todas as conversas entre judeus levam repetidamente à mesma reflexão: 'Se tiverem tempo, vão nos matar primeiro'. Ontem alguém disse a *Frau* Ziegler que se sentia como um bezerro num matadouro, olhando enquanto os outros bezerros eram abatidos e esperando sua vez. O homem tem razão". Os judeus compreendiam a dolorosa verdade, mas o coração se recusava a acreditar, agarrando-se a qualquer fio de esperança disponível. Um mês mais cedo, em 21 de setembro, Klemperer escreveu: "Hoje é o Yom Kippur e neste dia os últimos 26 'anciãos' estão se reunindo na Casa da Comunidade, de onde serão transportados amanhã de manhã. Por isso, no sábado à tarde, fomos visitá-los para nos despedirmos deles". Os amigos escalados para a deportação deixavam coisas para trás e Klemperer ganhou uma jaqueta e um colete. *Frau* Arendt, uma amiga ariana, levou bolos e tomaram um "verdadeiro chá". Uma "'refeição fúnebre'", disse Klemperer, ao que Neumann, que estava entre aqueles a serem deportados, respondeu: "'Sim e não'. [E ao que Klemperer respondeu a si mesmo:] Por um lado, os próprios cadáveres estavam lá. Por outro, eles estavam realmente entrando num além do qual ainda não tinha havido notícias confiáveis". Então ele terminou com as seguintes palavras: "O ânimo do povo judeu aqui é sem exceção o mesmo. O terrível fim é iminente. *Eles* vão perecer, mas talvez, provavelmente, terão tempo de nos aniquilar primeiro".[76]

Os decretos nazistas confirmaram isso. Só um punhado de leis antijudaicas foram baixadas em 1943 e 1944, mas duas delas refletiam de forma significativa as políticas e o estado de espírito nazista. Um importante decreto de 1943 foi: É indispensável que a imprensa alemã discuta decididamente o *problema judaico*. Um decreto de março de 1944 simplesmente declarava o fato de que, 11 anos após a tomada do poder, a Alemanha estava sem judeus: *A evacuação e isolamento dos judeus e ciganos, agora implementados, tornou a publicação de ordens e decretos especiais, como anteriormente praticada, sem sentido e tal publicação deve cessar.*[77]

Os nazistas atuavam para replicar essa condição por toda a Europa. A uma curta distância da residência do papa na Praça de São Pedro, em 16 de outubro de 1943, pouco depois da ocupação de Roma, os alemães detiveram 1030 judeus, entre eles cerca de 200 crianças com menos de 10 anos, e mandaram-nos, dois dias depois, da estação ferroviária Tiburtina para Auschwitz. Quinze sobreviveram à guerra. A uma curta distância do *Davi*, de Michelangelo, 311 residentes judeus de Florença e Siena, bem como judeus de outros locais que se escondiam no campo, foram deportados em novembro de 1943 e em 6 de junho de 1944 pela estação ferroviária Santa Maria Novella. Quinze retornaram. Das 27 crianças que foram deportadas, nenhuma sobreviveu; a mais jovem era Fiorella Calà, nascida em 1º de setembro de 1943, e que mal completara 4 meses quando foi "detida" com sua família. Hoje uma placa homenageia as vítimas das deportações logo no início da plataforma 6.[78]

Na Hungria, em meados de maio de 1944, as autoridades, em coordenação com os alemães, começaram a deportar os judeus: 440 mil foram deportados em 145 trens, a maior parte para Auschwitz. Então, três dias após os aliados desembarcarem na Normandia, em 9 de junho de 1944, os alemães tiveram a presença de espírito de deportar os judeus da remota ilha mediterrânea de Corfu. A comunidade judaica, que era de extensão considerável desde o século XIV, incluía judeus sefarditas da Grécia, Espanha e do sul da Itália. Sua deportação não podia ajudar o esforço militar. Na verdade, prejudicava esse esforço porque exigia gasolina especial para barcos, que era muito cara. Mas em 7 de junho de 1944, quando os aliados entraram em Roma, a concentração de alemães em Corfu parecia ter vida curta e eles não quiseram deixar a ilha com a comunidade judaica viva. Na sexta-feira, às 5 da manhã, os alemães bateram em cada porta judaica da ilha. A comunidade inteira, 2 mil pessoas, foi reunida na praça principal. Aviões aliados rondavam nos céus, mas os alemães continuaram. Os judeus foram obrigados a ceder seus objetos de valor e entregar as chaves de suas casas, que os alemães mais tarde saquearam, vendendo o que não queriam para habitantes locais. Alguns dias depois, os judeus foram colocados em barcaças puxadas por barcos a motor e transportados primeiro para Patras e depois para Atenas, onde foram postos em vagões de gado com destino a Auschwitz. Noventa e um por cento dos judeus de Corfu morreram no Holocausto.[79]

A coleta de objetos da cultura judaica também continuou. Um relatório do Instituto para a Pesquisa da Questão Judaica, de 28 de novembro de 1944, mencionava que tinham acabado de ser recebidos materiais de Minsk e Roma.[80]

Era compreensível que o extermínio, imaginado como uma espécie de gênese numa guerra apocalíptica, fosse acompanhado por uma profecia messiânica. "Tenho sido frequentemente um profeta em minha vida e fui, na maioria das vezes, ridicularizado por isso", clamou o profeta de Berlim, no Reichstag, em 30 de janeiro de 1939. "O povo judeu recebeu com nada mais que risadas minha profecia... Quero ser de novo um profeta hoje... O resultado será [...] o aniquilamento da raça judia na Europa." Houve apenas uma profecia na sociedade alemã durante a guerra e ela significou uma coisa: a promessa feita por Hitler de aniquilar os judeus. Em janeiro de 1939, a profecia ainda era uma declaração de propósitos, mas à medida que a guerra avançou e com ela o assassinato em massa dos judeus, a profecia se tornou um dialeto comum, compartilhado, universal entre alemães e judeus para descrever o extermínio em curso.

Goebbels, o porta-voz do profeta, transformou essa profecia numa metáfora central em seus escritos e discursos sobre os judeus. Primeiro ele confidenciou a seu diário em 19 de agosto de 1941: "O Führer acredita que a profecia que fez no passado, no Reichstag, está sendo confirmada". Ele então veio a público. Deu aos alemães uma ideia clara sobre as assassinatos em massa informando-os num artigo publicado em *Das Reich*, em 16 de novembro de 1941, que a profecia estava agora num estágio de implementação. "Estamos vendo o cumprimento da profecia".[81] Em 1º de dezembro, fez um anúncio similar para a academia alemã. Uns dois anos mais tarde, em 8 de maio de 1943, interpretou melhor a profecia no artigo: "A Guerra e os Judeus": "Nenhuma das palavras proféticas do Führer se tornou tão inevitavelmente verdadeira quanto sua previsão de que, se os judeus conseguissem provocar uma segunda guerra mundial, o resultado seria... Este processo é de imensa importância e terá consequências não previsíveis que demorarão um pouco para aparecer. Mas não pode ser detido".[82]

Os soldados usavam a profecia para descrever e justificar o assassinato em massa em cartas a parentes em seu país: "Um capítulo particular é o fato de que a questão judaica está sendo resolvida no presente de forma extremamente completa", escreveu um soldado da frente oriental em agosto de 1941. "Como o Führer de fato disse em seu discurso pouco antes do início da guerra. 'Se o universo judaico...'"[83] A profecia aparecia em boletins do exército e outros escritos de propaganda. Uma dessas publicações, um boletim do exército para a região do Mosela, explicava em novembro de 1941 a diferença entre metáfora e realidade: "[A profecia] foi uma declaração dura, implacável, que muitos não levaram a sério [,] interpretando-a apenas de um modo alegórico. Mas os judeus sabiam que havia uma sentença de morte por trás dessa profecia e que ela inevitavelmente se cumpriria se a plutocracia e o bolchevismo um dia desmoronassem e fossem substituídos por uma nova ordem mundial".[84]

Para os judeus, independentemente de suas inclinações religiosas ou seculares, as profecias eram parte de uma herança cultural e a que vinha de Berlim era ouvida com muita atenção: "Anteontem lemos o discurso do 'líder' por ocasião da comemoração do 30 de janeiro de 1933", escreveu Chaim Kaplan no gueto de Varsóvia, em 2 de fevereiro de 1942, com relação ao discurso no Sportpalast de Berlim, onde Hitler se referia aos judeus como o mais maléfico inimigo do mundo. "Ele se vangloriou de que sua profecia está começando a se tornar realidade: não tinha dito que se estourasse uma guerra na Europa o povo judeu seria aniquilado? *Esse processo já começou e continuará até o objetivo ser atingido...* Há [nas palavras de Hitler] uma espécie de justificativa para o mundo inteiro. Mas para nós, em particular, há uma sugestão de que todas as histórias sobre as atrocidades não são rumores extravagantes, mas fatos verdadeiros e existentes".[85]

O profeta, é claro, usou o dialeto da profecia em seu diálogo com os alemães do início ao fim da guerra, especialmente em discursos importantes e declarações que eram ouvidas com atenção na Alemanha e no mundo. Hitler usou-o em pelo menos sete ocasiões para informar e interpretar para os alemães o que estava acontecendo aos judeus: em discursos em 30 de janeiro de 1941 e 1942, comemorando a tomada do poder pelos nazistas; em 24 de fevereiro de 1942, dia da fundação do Partido Nazista; no discurso do Sportpalast de Berlim, em 1º de outubro de 1942, e logo depois na comemoração em Munique, em 8 de novembro de 1942, do *putsch* de 1923; em 25 de fevereiro de 1943, alguns dias após o discurso de Goebbels anunciando guerra total; e em seu discurso de Ano-Novo de 1º de janeiro de 1945 (Hitler mencionou explicitamente o extermínio dos judeus em discursos e declarações públicas pelo menos uma dúzia de vezes).[86]

O uso da profecia por parte de Hitler revela muito sobre a imaginação do assassinato em massa formada na Alemanha após 1941. A profecia criava um elo direto entre a guerra e o assassinato em massa dos judeus. Durante a guerra Hitler mudou a data da profecia de janeiro de 1939 para 1º de setembro, dia de sua declaração de guerra diante do Reichstag. O soldado citado acima também obteve a data errada, ligando-a ao início da guerra. Quer tenha Hitler confundido as datas ou as trocado intencionalmente, o sentido era o mesmo: nessa guerra, os judeus pereceriam.

A profecia criava um elo importante com a imaginação antijudaica dos anos do pré-guerra. Seu contexto emocional estava enraizado no período ao redor da *Kristallnacht* (e se os alemães se lembravam desse fato cronológico ou achavam que a profecia fora feita em setembro de 1939 era irrelevante para o impacto emocional). A profecia reiterava emoções compartilhadas sobre os judeus, como ira, escárnio, vingança, sarcasmo e brutalidade, que no passado já tinham criado um laço emocional entre Hitler e os alemães. As deportações recentes revelavam emoções similares. Hitler, assim, compartilhava com sua audiência nos anos 1941-1945 informações novas, radicais, colocando-as dentro de uma narrativa compartilhada, familiar. Ao levantar esse ponto, não pretendo colocar Hitler como um agente todo-poderoso que moldava uma cultura, mas permanecia fora dela. Ele tanto fazia parte dessa cultura como tinha um papel decisivo em sua criação. Ele também procurava encontrar as palavras certas para contar aos alemães com suficiente clareza, assim como para contar a si mesmo, sobre uma política que não podia ser nomeada.

É significativo que tenha optado por articular para seus concidadãos alemães o assassinato em massa dos judeus durante a guerra com um discurso profético vindo do período anterior à guerra.

Hitler usou a profecia para informar os alemães de novos estágios no assassinato dos judeus. Em 1942, ano do apogeu do Holocausto, comunicou o extermínio dos judeus aos alemães não menos de quatro vezes. Em 24 de fevereiro de 1942, Hitler disse pela primeira vez que a guerra poderia ser perdida, mas que, ainda assim, o Problema Judaico seria resolvido: "Será cumprida minha profecia de que nesta guerra os arianos não serão exterminados, mas o judeu será erradicado. Independentemente do que traga a batalha ou do tempo que ela possa durar, será este o legado supremo da guerra". O elemento do riso judeu era importante. Em 1º de outubro de 1942, ele anunciou que alguns que outrora riram não riem mais: "Os judeus na Alemanha um dia também riram de minha profecia. Não sei se ainda riem hoje ou se o riso já cessou. Posso também agora simplesmente garantir: por toda parte o riso deles vai cessar. E ficará provado que também estou certo nesta profecia". Uma semana depois, Hitler anunciou numa sentença espirituosa o extermínio como um fato: "Daqueles que um dia riram, milhares não riem hoje e aqueles que ainda riem provavelmente muito em breve também não o farão mais". O líder e sua plateia no auditório eram como uma só pessoa: a multidão de funcionários do partido explodiu numa grande risada e em aplausos, visto que todos entenderam a piada.[87]

À medida que a situação militar se tornava cada vez mais desesperada, a declaração de Hitler sobre a Solução Final se tornava mais clara: ele informava os alemães sobre o extermínio dos judeus não como propaganda, ameaça ou plano futuro, mas como fato que já vinha ocorrendo. Em 3 de janeiro de 1944, declarou que, embora o fim da guerra não estivesse claro, o fim da vida judaica na Europa estava "além de qualquer dúvida".[88]

A profecia moldava uma sensibilidade de suposição e suspeita, de pressentimentos e alusões que, juntos, deixavam o extermínio bastante claro. Hitler e outros alemães faziam uso frequente da profecia precisamente porque ela falava a um elemento da vida que não podia ser nomeado, mas estava, não obstante, maciçamente presente. Ao transformá-la num dialeto comum numa sociedade em tempo de guerra, os alemães mostravam que compreendiam muito bem o assassinato em massa dos judeus. Após a guerra, os alemães alegaram que não tinham conhecimento de Auschwitz, dividindo assim o mundo entre os que sabiam e os que não sabiam. Mas a vida é mais complexa. Muitos de fato não conheciam os detalhes sobre o extermínio em Auschwitz, mas não deixavam de compreender claramente que os alemães estavam dando fim à história judaica. Ao compreender o sentido da profecia, os alemães tornavam-se cúmplices, independentemente do que soubessem sobre Auschwitz e do que pensassem sobre o extermínio.

A guerra se aproximava do fim. O nazismo estava derrotado em todas as frentes. No Ocidente, os britânicos e americanos libertaram Paris em agosto de 1944 e Bruxelas em setembro. Em 7 de março de 1945, tropas americanas cruzaram o rio Reno em Remagen. O caminho para a Alemanha central estava aberto. No Leste, em janeiro de 1945, a grande ofensiva soviética na frente que ia da Prússia oriental ao sul da Polônia esmagou a Wehrmacht; o caminho para Berlim estava aberto. Auschwitz foi libertado em 27 de janeiro. Mas a Wehrmacht lutava com tenacidade renovada, suicida. Em janeiro de 1945, o número de soldados alemães mortos num único mês atingiu o apogeu — mais de 450 mil; em cada um dos três meses seguintes, o número dos militares alemães mortos superou 280 mil, o que é muito mais que os 185 mil soldados da Wehrmacht que morreram em janeiro de 1943, mês da derrota alemã em Stalingrado.[89]

A guerra contra os judeus também não conheceu descanso. Os alemães em Schwerin seguiram de perto a ocupação de Budapeste e o destino de seus judeus em maio de 1944. Eles foram francamente brutais em apoio a medidas antijudaicas: "A SS já está conseguindo cuidar dos judeus!"[90]

A previsão de Victor Klemperer de que os nazistas pereceriam, mas primeiro ainda teriam tempo de aniquilar os judeus parecia ter se tornado realidade. Nos primeiros meses de 1945, os nazistas encontraram tempo para um punhado de decretos antijudaicos. Um deles deportava judeus que até então tinham sido poupados porque podiam trabalhar e eram casados com arianos:

Dez de janeiro: quartel-general da Gestapo em Bad Kreuznach: judeus que mantêm casamentos mistos e são capazes de trabalhar devem ser deportados para Theresienstadt.

Esse decreto teve consequências diretas para Klemperer. Embora o final da guerra estivesse à vista, em 12 de fevereiro de 1945 os judeus restantes de Dresden receberam ordens de se apresentarem no prazo de três dias para trabalho compulsório. O destino era provavelmente Theresienstadt. Klemperer não estava incluído nesse transporte, embora fosse um dos que entregaram as intimações. Entre os convocados havia crianças com menos de 10 anos de idade. Todos sabiam que as convocações significavam morte; Klemperer esperou ser incluído no transporte seguinte. Na noite de 13 de fevereiro, porém, um ataque aéreo angloamericano reduziu Dresden a escombros, incluindo o quartel-general da Gestapo — com todos os seus gabinetes, arquivos e listas. A maioria dos judeus da cidade sobrevivera ao ataque. Eles removeram suas estrelas amarelas e destruíram documentos que os identificavam como judeus. "Eu me sentei em restaurantes", Klemperer escreveu em 19 de fevereiro, "viajei de trem e bonde — como judeu no Terceiro Reich, tudo isso era punível com a morte. Dizia continuamente a mim mesmo que ninguém poderia me reconhecer."[91] O elo entre a intimação dos judeus e o bombardeio de Dresden não foi uma contingência de grande importância histórica, mas para Victor Klemperer, nesse dia, significou tudo.

Os alemães enfrentavam agora uma mescla de seu contínuo conhecimento do crime, tentativas inúteis de negação e recalque, e pesadelos de vingança e punição. De fato, os alemães já vinham pensando há algum tempo no destino dos judeus e em seus próprios destinos. Desde 1942, a combinação de rumores crescentes sobre o destino dos judeus no Leste e os devastadores ataques aéreos aliados em casa levou muitos alemães a procurar o sentido daquilo. Sentimentos de vitimização e culpa coexistiam em variadas proporções. Quando passavam em revista os programas antijudaicos do Terceiro Reich, muitos encaravam um acontecimento em particular como a causa do sofrimento da Alemanha com os ataques aéreos. Após Frankfurt ser bombardeada em 1943, os evacuados viram o bombardeio como "retaliação de enésimo grau pela ação antijudaica de 1938".[92] Fontes locais confirmam que a *Kristallnacht* passou a representar uma reviravolta moral porque, como uma pessoa esclareceu, "com esta ação a Alemanha deu início ao terror contra os judeus".[93] Alguns alemães viram a destruição das igrejas nas cidades bombardeadas como desforra pela destruição das sinagogas. Quando Würzburg foi poupada em seguida a uma série de ataques aéreos às cidades alemães, alguns habitantes de Ochsenfurt, uma vila cerca de 20 quilômetros ao sul da cidade, acreditaram que aquilo aconteceu porque "em Würzburg não houve sinagogas incendiadas".[94]

Desde setembro de 1939, os alemãs tinham perpetrado atrocidades contra os judeus que eram infinitamente mais horríveis que os incêndios das sinagogas em novembro de 1938. Por que dentre todos os acontecimentos a *Kristallnacht* passou a simbolizar um significado crucial do antissemitismo nazista? As pessoas frequentemente percebem ideias grandes e abstratas de um modo local, ligado à experiência: a *Kristallnacht* foi a última ação antissemita local, pública, violenta, no Reich. Teve a participação de muita gente e foi um modo de associar a memória das pessoas ao caso mais amplo. Muitos alemães também achavam que a *Kristallnacht* fora o primeiro desvio violento de uma justificável política de discriminação antijudaica, em 1933-1938, que removia os judeus de profissões, da cidadania e da vida pública.

Mas não é só isso. Os rumores que associavam os ataques aéreos, o assassinato dos judeus e a *Kristallnacht* não continham ideias raciais explícitas. O que dava sentido ao sofrimento e culpa dos alemães neste caso eram os ataques contra as sinagogas. Referindo-se à *Kristallnacht*, os alemães mostravam que sabiam que tinham sido eles os agressores na campanha contra os judeus e que seu crime contra os judeus, que lhes rendera tamanha fúria dos céus, era pelo menos em parte a tentativa de erradicar o judeu como um ser histórico, moral, religioso.

O medo das ações passadas era tangível. Um soldado escreveu à esposa em 27 de agosto de 1944:

> Mami, quero lhe falar uma coisa e por favor não ria... A guerra vai acabar em breve, mas não para nós, eu acho. Sem dúvida você sabe que o judeu vai levar a cabo uma vingança sangrenta, em particular contra membros do Partido. Fui também, infelizmente, um daqueles que usaram uniformes do Partido. Já me arrependo disso.

Eu suplico que você se livre dos uniformes. Não importa onde e quando, queime toda a coisa. À noite não consigo mais dormir por causa desse assunto. Você não pode imaginar como isso me preocupa.[95]

Em janeiro de 1945, o órgão da SS, *Das Schwarze Korps*, publicou um artigo incomum, em linguagem velada, sobre o destino dos judeus e a responsabilidade da sociedade alemã. Com relação aos judeus, o jornal declarava: "Basicamente, ninguém na Alemanha está 'sem culpa'". O texto continha um elemento de autojustificativa, mas também um elemento de verdade. Todos na Alemanha durante a guerra podiam imaginar o destino que esperava os judeus. A declaração refletia um momento de maior consciência, que vinha com a derrota e a ansiedade.[96]

Após o desembarque na Normandia, Aachen foi a primeira cidade alemã a cair nas mãos dos aliados, em outubro de 1944. Colônia se rendeu em 6 de março de 1945. Espalharam-se em ambas as cidades, e alcançaram Berlim, rumores de vingança dos judeus contra os alemães. Foi dito que, em retaliação pela estrela amarela, os judeus reuniam os líderes nazistas locais, raspavam a cabeça deles e os obrigavam a marchar pelas ruas da cidade numa parada de humilhação.[97]

EPÍLOGO

Um Mundo com Judeus

A GUERRA ACABOU, REORGANIZANDO VIDAS E DESTINOS. OS ALEMÃES enfrentavam agora um mundo sem nazismo, mas com judeus. Hitler cometeu suicídio em Berlim, em 20 de abril de 1945; Goebbels e a esposa, Magda, em 1º de maio, após tomarem providências para matar os seis filhos; Himmler, quando sob custódia britânica, em 23 de maio; e Göring, sentenciado à morte nos Julgamentos de Nuremberg, em 15 de outubro de 1946, um dia antes de ser enforcado. Walter Frank, o historiador e presidente do Instituto do Reich para a História da Nova Alemanha, cometeu suicídio em 9 de maio, acreditando que o mundo não tinha mais sentido.

As boas ações não foram necessariamente recompensadas. Wilm Hosenfeld foi capturado pelos soviéticos e sentenciado a 25 anos de trabalho forçado por crimes de guerra cometidos por sua unidade. Judeus e outros tomaram sua defesa, mas os soviéticos se recusaram a alterar a sentença. Ele morreu no cativeiro em 1952.

Outros se saíram muito melhor, pois se reinventaram para se ajustar às novas circunstâncias. Otmar von Verschuer, após uma eminente carreira acadêmica no Terceiro Reich propagando a ciência racial, apresentou-se em seguida à guerra como pesquisador de genética, obtendo em 1951 o cargo de professor de genética humana na Universidade de Münster. Ele foi homenageado pela comunidade científica alemã após a morte num acidente de carro em 1969. Seu assistente mais conhecido, Josef Mengele, desapareceu após a guerra. Eugen Fischer, professor de Verschuer, aposentou-se em 1942 e continuou a sustentar seus pontos de vista sobre antropologia racial. Depois da guerra, escreveu um livro de memórias que não fez menção ao laço entre suas teorias e atrocidades nazistas. Em 1952, foi feito membro honorário da Sociedade Antropológica Alemã. Morreu em 1967. Johannes Pohl também revelou habilidade, deletando os escritos mais antissemitas de sua lista de publicações e usando um pseudônimo para assinar novos escritos. Colaborador frequente da revista da Associação Católica Alemã da Terra Santa, obteve um cargo na editora Duden em Wiesbaden. Morreu em 1960.

Siegfried Leffler, que se perguntava como exterminar os judeus sem praticamente qualquer incômodo emocional, foi mantido numa prisão de desnazificação entre 1945 e 1948. Entrou depois no serviço da igreja protestante na Baviera, atuando como sacerdote em Hengersberg até a aposentadoria em 1970. Um ano mais tarde, recebeu a mais alta distinção civil da cidade. Morreu em 1983. Seu chefe no Instituto para o Estudo e Erradicação da Influência Judaica na Vida da Igreja Alemã, Walter Grundmann, ficou na Alemanha Oriental, onde ocupou vários e importantes cargos teológicos e de ensino, embora o mestrado lhe tenha sido tirado devido à sua atividade no Terceiro Reich. Na Igreja Regional da Turíngia, Grundmann foi responsável pela educação teológica de padres: sua tarefa era ensinar a Bíblia. Ele se aposentou em 1975. Autoridades da igreja lhe conferiram um título honorário em reconhecimento pela sua obra e para lhe permitir reivindicar uma pensão maior. Após a queda da Alemanha Oriental em 1990, foi descoberto que era um informante da Stasi, a polícia secreta do regime comunista.

Os judeus tiveram histórias de vida muito diferentes. Betty Scholem emigrou para Sydney, Austrália, em março de 1939. Juntou-se aos filhos, Reinhold e Erich, que já tinham emigrado com as famílias no verão de 1938. Ela escreveu para Gershom em 26 de abril de 1941: "Gerhard, estou fascinada com as notícias de seu livro e suas outras atividades acadêmicas. Se pudesse, eu teria ido para ouvi-lo falar sobre os segredos deste mundo e do próximo! Estou imensamente interessada no Messias — embora eu ache que ele devia se apressar. Lamento dizer, mas por ora só quem está de serviço por aqui é seu poderoso adversário".[1]

Arnold Zweig deixou a Praça da Ópera de Berlim e a Alemanha para passar os anos de guerra na Palestina. Desiludido com o sionismo, voltou-se para o socialismo, mudando-se em 1948 para a Alemanha Oriental e morrendo em 1968 em Berlim Oriental. Joseph Roth também deixou a Alemanha nazista, passando a maior parte dos anos 1930 em Paris, onde morreu prematuramente em 1939. Victor Klemperer, tendo sobrevivido ao bombardeio de Dresden, tornou-se um importante personagem cultural na Alemanha Oriental, onde morreu em 1960. Seu diário foi publicado em 1995, sendo muito aclamado.

Para a maioria dos judeus que encontramos nestas páginas, a guerra significou morte, mas não antes de eles contarem suas histórias. Emanuel Ringelblum, líder do arquivo histórico Oyneg Shabes, do gueto de Varsóvia, escapou com a família pouco antes do levante no gueto. A Gestapo descobriu o esconderijo deles em 7 de março de 1944 e ele e a família, juntamente com aqueles que os esconderam, foram executados entre as ruínas do gueto. Quando se tornou claro que os judeus estavam destinados ao total extermínio, o arquivo do gueto de Varsóvia foi guardado em latões de leite e escondido em três partes em 1942 e 1943. A primeira seção do arquivo foi encontrada em 18 de setembro de 1946, a segunda em 1º de dezembro de 1950. A terceira nunca foi encontrada.

O diário de Abraham Lewin foi encontrado nesses latões de leite, fragmentado, parte em 1946 e parte em 1950; outra seção do diário só recentemente foi identificada.[2] A esposa de Lewin, Luba, foi deportada para Treblinka em 1942; ele morreu no gueto ou foi deportado para Treblinka junto com a filha de 15 anos, Ora, em algum momento de janeiro de 1943. Josef Zelkowicz foi deportado para Auschwitz em agosto de 1944, juntamente com os restantes 65 mil judeus do gueto de Łódź. Um dos judeus que foram deixados para trás pelos nazistas para limpar o gueto sinistro, abandonado, Nachman Sonabend, aproveitou a oportunidade e escondeu a maior parte do arquivo do gueto, no qual Zelkowicz fora ativo. Vinte e sete cadernos de seu diário foram encontrados após a guerra ao lado de uma rica coleção de documentos, diários e fotos. Oskar Rosenfeld escreveu a última entrada em seu diário no gueto de Łódź em 28 de julho de 1944, pouco antes da deportação final; ele foi transportado para Auschwitz em agosto. O diário, 21 cadernos escolares poloneses, foi enterrado no início de agosto pelo amigo Moishe Lewkowicz, que foi buscá-lo no verão de 1945. Lewkowicz conservou o diário até sua morte em 1970, legando-o a um escritor amigo na Austrália que o doou ao Yad Vashem, em Jerusalém, em 1973.

Noemi Szac Wajnkranc sobreviveu ao gueto de Varsóvia, onde perdeu os pais e o marido. Nos últimos dias da guerra ela se juntou a uma unidade do Exército Vermelho que entrou na Łodź libertada. Uma bala perdida a atingiu e ela morreu. Seu diário foi levado para Moscou por um oficial soviético judeu e acabou voltando para a Polônia, onde foi publicado em 1947. Fela Szeps sobreviveu à marcha da morte de seu campo de trabalho Grünberg, na Silésia. Ela morreu de exaustão e fome um dia após sua libertação. O diário que manteve por quatro anos foi recolhido pela irmã, que suportara os anos de guerra com ela. A irmã levou o diário para Israel, onde foi publicado.

Chaim Kaplan foi assassinado com a esposa em Treblinka. A última linha do diário, escrita durante as horas da noite de 4 de agosto de 1942, diz: "Se minha vida termina [...] o que será do meu diário?"

Um protagonista inesperado emergiu em nossa história — o livro, como um físico e profundo objeto de sentido. Eu não esperava isso quando comecei a escrever, mas as histórias adquirem uma vida própria. Recordo um texto que Franz Kafka, com apenas 21 anos de idade, escreveu a seu amigo em janeiro de 1904:

> Acho que a pessoa de fato só deveria ler um desses livros que picam e deixam o ferrão. Se o livro que estamos lendo não nos desperta com um murro no crânio, por que ler esse livro? Por que ele nos deixa felizes, como você escreve? Meu Deus, também seríamos felizes se não tivéssemos livros e esses livros que nos deixam felizes nós mesmos poderíamos escrever quando necessário. Na verdade, precisamos de livros cujo impacto em nós seja como uma desgraça que nos causa muita dor, como a morte de alguém que amamos mais que a nós mesmos, como ser empurrado para os bosques muito além de qualquer viva alma, como um suicídio; um livro tem de ser o machado para o mar congelado dentro de nós. É nisso que acredito.[3]

Lemos essas palavras com uma sensação quase física de dor. Kafka era intransigente, só em parte devido ao radicalismo que acompanha a juventude. Tenho que discordar, em parte. Naturalmente livros nos oferecem esperança, felicidade, até mesmo um sorriso e um riso que enriquecem nossa vida. Livros podem e devem oferecer esperança assim como um doloroso soco; não há razão para limitar o impacto dos livros a uma atitude à custa da outra. Mas Kafka, é claro, percebia claramente que livros e histórias moldam nossas identidades mais profundas. Nazistas e judeus compartilhavam uma crença no poder do livro e na necessidade de histórias para dar sentido à vida. É por isso que os nazistas queriam destruir a Bíblia, a história e a memória judaicas e por que os judeus se apegavam a elas.

Histórias dão vida, e histórias também matam.

Agora que contamos nossa história, um sentido global do Holocausto emerge de um modo surpreendentemente claro. No Holocausto, os nazistas definiam e tentavam resolver o problema das origens do mal histórico. Todos os problemas do mundo, da aurora da humanidade via tempos do cristianismo antigo e da Alemanha na Idade Média até, finalmente, o período moderno eram causados por um grupo, os judeus. Os judeus eram intrinsecamente maus; corrupção moral, decadência, degeneração e, no mundo moderno, comunismo, capitalismo e liberalismo eram todos inerentemente judaicos. Os nazistas, assim, ofereciam uma moderna visão de mundo de salvação que definia o mal com lucidez e consistência: significativamente, faziam isso misturando ciência, moralidade e identidade, isto é, combinando modernas teorias raciais, sentimentos religiosos morais associados a uma tradição de cristianismo e elementos centrais da *Heimat* e da identidade nacional alemã.

O nazismo, como todas as grandes ideologias modernas, prometia a redenção mas, ao contrário do marxismo e do liberalismo, definia as origens do mal de uma forma vigorosa, claramente compreensível.[4] O marxismo localizava o mal na vaga história da alienação de trabalho e do modo de produção. Prometia erradicar o mal histórico, mas a jornada para alcançar a redenção — através da jornada histórica predestinada que engendraria uma sociedade sem classes — era sempre obscura acerca do papel específico do indivíduo no processo.

O liberalismo localizava o mal na tirania política, um conceito que se aplicava com maior êxito ao mundo moderno que à história como um todo e que nunca podia ser bem definido porque dependia de ideias mutáveis sobre o que significava "tirania". Prometia uma redenção precária através da autorrealização pessoal e da busca da felicidade, mas sua incapacidade de fornecer um claro mapa moral e social de como proceder acabou sobrecarregando o indivíduo moderno com a responsabilidade primária de alcançar a sua, dele ou dela, própria felicidade, uma tarefa que nunca podia ser inteiramente cumprida e provocava um sentimento concomitante de fracasso pessoal e culpa.

Devemos acrescentar Freud e a psicanálise a essa discussão. O freudismo localizava o mal no eu interior do indivíduo e oferecia um procedimento para reformá-lo mas, como o liberalismo, não oferecia esperança de perfeição social e política. O mal podia ser negociado, mas nunca eliminado.

O nazismo compartilhava com o marxismo e o freudismo a mescla de revelação transcendental e linguagem da ciência; era essa a fonte de seu poder. Criados no cadinho do século XX, todos ofereciam fantasias implausíveis sobre a história humana, prometendo a salvação numa sociedade sem classes ou racialmente pura ou nos traços psicológicos universais, atemporais da alma humana. Suas concepções de história também compartilhavam similaridades. Todos acreditavam em suas credenciais científicas, na exposição de uma verdade universal e na descoberta do elemento essencial da história, fosse a classe, a hereditariedade biológica ou a repetição psíquica na história humana.

Mas o nazismo foi além do marxismo, do freudismo e do liberalismo ao proporcionar uma solução secular ao problema das origens do mal histórico. Identificava o demônio em nosso próprio mundo, aqui e agora, num universo habitado por seres humanos: um grupo histórico específico de seres humanos, os judeus, tornava-se assim o primeiro demônio humano moderno (mas infelizmente não o último). A mistura nazista de passado e presente, tradição e inovação, deu a essa fantasia seu poder. A linguagem da ciência emprestou legitimidade moderna à imagem desse demônio, como estabeleceu a conexão entre os judeus e todos os fenômenos modernos questionáveis para os nazistas. Mas o poder da tradição também determinou a fantasia: os judeus já pertenciam a uma longa tradição cristã, moral e religiosa que os identificava com o mal e cuja derrota carregava um sentido transcendental. Os nazistas, assim, deram uma resposta secular ao problema do pecado original combinando a tradição do judeu pecaminoso com ideias modernas sobre corrupção ideológica judaica. Esse demônio tinha uma existência física, tangível, e vencê-lo através da perseguição e do extermínio era uma tarefa viável, mensurável.

Havia outra diferença significativa entre nazismo e marxismo, freudismo e liberalismo. As três visões de mundo proporcionavam verdades universais com o propósito de melhorar as condições de todos os seres humanos. O nazismo era um movimento nacional alemão que acreditava ter descoberto verdades universais na raça como chave da história humana e nos judeus um demônio universal, atemporal, mas seu objetivo era usar essas verdades para oferecer um remédio apenas a alemães e à custa de quaisquer outros.

Aqui o nazismo propunha um rompimento fundamental com tradições judaicas e cristãs do fim dos tempos como uma visão maravilhosa, universal. O nazismo rejeitava essa tradição propondo uma visão redentora, maravilhosa, só para os alemães. Pegava elementos correntes na cultura geral alemã, europeia e cristã — ideias raciais sobre as origens da humanidade, a importância da memória histórica para a identidade nacional, a luta redentora entre o bem e o mal, e uma tradição de antissemitismo — e misturava-os de novo, criando uma ideia da nação alemã cuja redenção dependia da dominação, escravização e extermínio de outros europeus e os justificava.

Podemos agora pensar de novo por que algumas interpretações do Holocausto, discutidas na Introdução, têm sido insuficientes para explicar o genocídio nazista dos judeus. A abordagem que tem encarado o Holocausto antes como um resultado que como um objetivo do nazismo, originando-se das circunstâncias específicas da guerra, não pode explicar nem o consistente papel apocalíptico dos judeus na imaginação nazista nem a urgência nazista de matar todos os judeus, mas não todos os membros de outros grupos perseguidos. O mesmo se aplica à abordagem que tem visto o Holocausto como resultado das políticas genocidas associadas de Hitler e Stalin na Europa oriental. Essas visões ignoram que, embora o Holocausto fosse obviamente um genocídio que compartilhava traços fundamentais com outros genocídios, os nazistas o percebiam como algo único que lhes oferecia uma solução para o problema do mal histórico.

A interpretação que enfatizava o caráter redentor da ideologia racial nazista teve muitos acertos, mas não captou inteiramente a profundidade emocional e de identidade da imaginação redentora nazista acerca dos judeus que, como eu disse, combinava ciência com cristianismo passado e presente. Finalmente, a interpretação que encarava o Holocausto como produzido pelo acúmulo de séculos de antissemitismo percebeu erradamente as relações de passado e presente: não é o passado que produziu a imaginação nazista, mas seres humanos modernos na Alemanha dos anos 1930 e 1940 que, procurando uma resposta para o problema do mal em tempos modernos, dotou o presente de um sentido inusitado por uma nova leitura do passado judaico.

Há uma reflexão final a ser levantada sobre nazismo e Freud. Há, naturalmente, uma diferença extremamente fundamental entre os dois. Raça (assim como classe) foi uma ideologia estatal em nome da qual milhões foram assassinados. A tentativa de realizar a fantasia pavimentou o caminho para um sofrimento humano demasiado real. Agora, na aurora de um novo século, a fantasia racial nazista sobre a história humana está irremediavelmente desacreditada como projeto para o melhoramento da coletividade e do indivíduo. A criação de Freud, ao contrário, não matou ninguém, proporcionou cura emocional a um número imenso de seres humanos e foi e continua sendo um dos esteios de nossa cultura. O "ego", "memória", "repressão" e "autoconhecimento" são crenças que não desfrutam do apoio de divisões militares, de um Estado, polícia secreta e ministério de propaganda e ideologia oficial, mas têm permanecido como pilares de nossa civilização. E também foram parte integrante da cultura alemã e nazista, é claro. Foi este território que os nazistas procuraram explorar em sua busca de autoconhecimento e de seus eus interiores, que acabaram encontrando no empreendimento de criar um mundo sem judeus.

Vamos agora imaginar um fim diferente para nossa história. Após uma batalha de fúria sem precedentes, a Alemanha venceu e agora governava o continente num império que se estendia de Paris a Vladivostok. A maioria dos judeus tinha sido assassinada durante a guerra, os remanescentes mortos logo depois. Num mundo alemão e europeu sem judeus, como seriam, se é que seriam, os judeus lembrados?

É opinião comum entre estudiosos e leigos que os nazistas cometeram um "memoricídio" contra os judeus, querendo apagá-los da história e da memória.[5] Mas a relação de memória e nazismo está pavimentada com significados mais profundos. Essa opinião é correta quando consideramos o memoricídio como a tentativa feita pelos nazistas de extirpar a história e memória judaicas como elas eram vistas pelos judeus, assim como quando o consideramos como a tentativa nazista de romper o laço histórico do judaísmo com a história cristã e europeia. Mas é errada na medida em que os nazistas não queriam apagar os judeus da história e da memória, mas antes apropriar-se da história deles e reescrevê-la, registrando-a com um novo significado.

Pensar no Holocausto como um projeto de memória nazista abre novos caminhos para compreendê-lo. O tema da memória do Holocausto *após* o Terceiro Reich encerrado em 1945 tem sido, é claro, um importante esteio em nossa cultura, apresentado em museus, em comemorações, nas artes e no trabalho acadêmico. Conhecemos uma tremenda soma de coisas acerca desse tema, mas isto só impõe a pergunta: Quais foram as ideias nazistas de tempo, história e memória refletidas na perseguição e extermínio dos judeus *durante* o Terceiro Reich? No Holocausto, os nazistas criaram novos passados para explicar e justificar seu presente. O projeto nazista sobre os judeus estava baseado não no extermínio visando esquecer os judeus, mas no aniquilamento com o objetivo de renovação histórica, de substituição dos judeus como detentores de uma certa autoridade histórica. É por isso que os nazistas não poderiam ter simplesmente esquecido os judeus após ganhar a guerra. Para os nazistas, a existência histórica se mesclava ao aniquilamento judaico de um modo diferente das relações entre eles e qualquer outro grupo de vítimas. Com os nazistas vitoriosos, as razões e inibições que levaram ao sigilo sobre o assassinato dos judeus teriam provavelmente se atenuado. Diz-se que Hitler pensou num monumento para comemorar o extermínio dos judeus poloneses. Mesmo que os métodos exatos de Auschwitz não chegassem a ser publicamente expostos (e devemos considerar que, após o fato, os nazistas poderiam perfeitamente decidir falar abertamente sobre ele), um museu concebido conforme o de Praga teria sido com toda a probabilidade organizado para mostrar a vitória nazista sobre os maléficos judeus.

Recordar os judeus após a guerra vitoriosa teria sido importante precisamente porque a liquidação total do judeu não poderia ter sido alcançada unicamente por aniquilamento físico; requeria também a superação da memória e história judaicas. Uma vitória na guerra teria extinguido o alegado poder da comunidade judaica mundial na Casa Branca e no Kremlin, bem como eliminado a ameaça racial judaica da sociedade alemã, mas a luta nazista contra os judeus nunca foi principalmente sobre influência política e econômica. Foi sobre identidade e foi travada por meio da apropriação nazista da história, memória e livros judaicos.

Como seria um mundo sem judeus? Como milhões de crentes por todo o continente, incluindo o papa, teriam recebido um cristianismo desjudaizado? Teria a Bíblia hebraica se tornado ilegal em todo lugar e como teria isto influenciado questões de liturgia e dogmas cristãos além da Alemanha? Os judeus estavam afinal por toda parte na arte, na literatura e no ambiente físico europeu; tudo isso teria de ter sido alterado. Teriam os objetos de arte sido purgados de cenas judaicas e bíblicas, com a remoção do *Davi* da Piazza della Signoria e uma camada de tinta sobre os afrescos do teto da Capela Sistina? E quanto à literatura: todos os livros que mencionavam os judeus teriam sido banidos, assim como os nazistas proibiram os acadêmicos de citar autores judeus em obras acadêmicas ou teriam sido eles editados de um modo semelhante à reescrita do Novo Testamento?

Como teriam os nazistas administrado essas políticas por todo o seu império? Não podemos saber com certeza como os nazistas teriam comemorado o assassinato dos judeus, mas definitivamente sabemos que ninguém tem um direito autoral sobre memória. Numa Europa governada pelos nazistas, ninguém poderia ter decretado uma memória única do crime. O extermínio dos judeus aconteceu por toda a Europa, em locais, nações e tradições muito diferentes. O Holocausto não era apenas uma memória nazista, mas europeia. Uma memória nazista baixada de cima não teria chance de ser universalmente aceita e integrada. A memória do crime teria infeccionado, inflamado, as consequências se tornariam imprevisíveis. Talvez os nazistas tivessem preferido dar autonomia a governos locais para lidar com questões culturais judaicas, agora que os judeus tinham partido. Isso teria deixado um espaço aberto para a memória do crime sobreviver e continuar incomodando.

Alemães e europeus não pensaram profundamente nessas questões morais e históricas quando deportaram os judeus para a morte. Mas os judeus, eu gostaria de sugerir, teriam continuado a viver na cultura europeia mesmo depois do extermínio, porque eram parte integrante de sua identidade. A memória deles teria perdurado. O crime cometido contra eles teria infeccionado. Os nazistas teriam compreendido perfeitamente isto porque sabiam que o aniquilamento físico não assegurava a vitória da memória.

Os nazistas conheciam o valor da história e da memória e essa percepção os capacitava a compreender o que os motivava. Uma das questões perturbadoras depois de 1945 era como entender que uma nação de poetas e pensadores como a Alemanha pudesse perpetrar um genocídio. Mas isso me parece a maneira errada de tentar compreender a Alemanha nazista e os judeus. A Alemanha atacava os judeus e seu Livro não apesar de ser uma nação de cultura elevada, mas justamente por sê-lo. A nova moralidade da raça superior dependia da eliminação da velha moralidade testemunhada no Livro dos Livros. Os nazistas perpetraram o Holocausto em nome da cultura.

Aqui se vê um paradoxo embutido no extermínio nazista dos judeus: os nazistas exterminavam os judeus porque os encaravam como representantes de registros fundamentais de tempo na história alemã, europeia e cristã, mas precisamente devido a este papel dos judeus era impossível simplesmente esquecer, ignorar ou recalcar totalmente seu genocídio. O elo entre judeus, tempo e moralidade significava que seu aniquilamento era encarado como uma transgressão que violava normas anteriormente aceitas. O projeto de memória nazista estava construído sobre a contradição: ao atribuir aos judeus uma importância histórica que merecia total extermínio, eles também asseguravam que o crime não seria e não poderia ser esquecido, fosse num mundo com ou sem judeus.

Esse modo de pensar nos coloca mais perto de compreender por que o genocídio dos judeus ecoou tão profundamente nas décadas passadas. Mostramos que o Holocausto deve ser compreendido dentro de uma história dos genocídios modernos, rejeitando assim reivindicações de excepcionalidade, ao mesmo tempo que colocamos a questão de saber por que o genocídio dos judeus foi percebido pelos alemães, judeus e outros europeus como diferente de outros genocídios. A resposta que emergiu de nossa história é que o Holocausto incluiu a mistura particular de três elementos. O genocídio não ficou limitado a uma nação ou região, nem a um motivo econômico, social, territorial ou político específico, nem a uma visão condicionada pelas preocupações ideológicas do seu tempo. Foi um genocídio que se estendeu por todo o continente, ao contrário, por exemplo, dos genocídios contra poloneses e russos perpetrados na Europa oriental (os alemães não deportaram para Auschwitz os poloneses que moravam em Paris). Ele foi impelido pelo desejo de extinguir uma identidade e reescrever a história, não por preocupações práticas. E, talvez mais importante, os motivos e consequências do assassinato ultrapassaram as circunstâncias históricas contemporâneas dos anos 1930 e 1940: o genocídio ditou uma nova história do cristianismo e da civilização europeia, desde suas origens.

Naturalmente, a identidade é a chave em qualquer caso de genocídio. Mesmo se houve razões práticas para conflitos no caso, digamos, de alemães e poloneses (os poloneses resistiram à ocupação), de armênios e otomanos (os armênios ingressavam, em pequenos números, em movimentos revolucionários que desafiavam o Estado) ou, mais recentemente, de hutus e tútsis em Ruanda (questões de terra e poder político), o salto do conflito para o genocídio sempre requer um pensamento fantasioso para justificar a alegação de que o "inimigo" inclui mulheres, crianças e velhos, que também devem ser erradicados.[6] O caso do extermínio dos judeus foi uma versão extrema desse pensamento e se encontra claramente dentro da história dos genocídios globais. Mas o Holocausto tem sido percebido como singular devido à sua combinação dos três elementos e especialmente devido às consequências da erradicação dos judeus atingirem não só alemães, mas a civilização europeia como um todo.

Eu gostaria de dar continuidade a esta linha de pensamento por meio de uma reflexão. Independentemente do que pensassem os nazistas acerca do cristianismo, o resultado do extermínio dos judeus era alterar radicalmente sua teologia, liturgia e história. Desde seus primórdios, o cristianismo abrigou uma profunda ambivalência com relação ao judaísmo em relações que combinavam ruptura e continuidade, separação e proximidade.[7] Os judeus não reconheceram Jesus como o Messias, mas seu livro alojava uma certa verdade que tinha de ser reconhecida como tal para que fosse afirmado que o cristianismo o tinha suplantado. A Bíblia cristã fornecia uma contiguidade física, juntando o Antigo e o Novo Testamento num único volume, dois livros que estavam relacionados, embora uma verdade substituísse a outra. Essa ambiguidade foi manifestada em parte numa tradição cristã que se baseava em Agostinho, que abriu espaço para a verdade judaica dentro da verdade cristã afirmando que a primeira era verdadeira para sua época e levou a uma verdade mais elevada na segunda. Ele declarou que os judeus estavam sob a proteção especial de Deus porque foram testemunhas da verdade do cristianismo.[8]

O nazismo rompeu essa ambivalência, um evento de inesperado potencial e consequências incalculáveis. Matar todos os judeus significava livrar-se das testemunhas, cortar as raízes do cristianismo e libertá-lo de sua dependência da Bíblia hebraica. Esse ato abria caminho para um cristianismo radicalmente novo, talvez sua mais profunda reformulação desde os primeiros séculos depois de Cristo. É importante situar claramente aqui as relações entre nazismo e cristianismo. Para os nazistas, o cristianismo não era uma tarefa urgente; os judeus eram. Mas ao transformar os judeus no elemento aglutinador de sua identidade, necessariamente afetavam o cristianismo. O objetivo dos nazistas era refundar o cristianismo alemão como uma igreja nacional e não tinham intenção de provocar uma mudança no cristianismo como um todo. Mas foi isso que esteve prestes a acontecer quando suas políticas sobre os judeus se mesclaram com a construção de seu império europeu, quando o Holocausto engolfou o continente inteiro. Durante o Terceiro Reich, as igrejas na Alemanha e por toda a Europa, incluindo a Igreja Católica, liderada pelo Papa Pio XII, estavam preocupadas com a tentativa dos nazistas de restringir sua influência mundana. Mas a longo prazo, tivessem os nazistas ganhado a guerra, não as políticas nazistas para limitar este ou aquele poder das igrejas, mas a criação de um mundo sem judeus teria sido de significação duradoura para o cristianismo. E isso é uma razão pela qual o Holocausto foi percebido pelos europeus após 1945 como uma ruptura profunda e um genocídio como nenhum outro.

Quando consideramos o Holocausto como um projeto de memória, ficamos habilitados a associar o Holocausto durante o Terceiro Reich à sua memória após 1945. Para os nazistas, o Holocausto era uma memória positiva de origem porque a criação de uma nova humanidade começava com os judeus, não com qualquer outro grupo. No mundo do pós-guerra, o Holocausto também se tornou uma memória de origem — uma memória negativa, é claro. Em nossa própria sociedade, nós o encaramos como uma ruptura histórica, uma história fundadora e um ponto de começo histórico porque o extermínio colocava em questão o que significa ser humano. Kaplan, Korczak, Hass, Lewin, Ringelblum, Rosenfeld, Szac, Szeps e Zelkowicz encararam o extermínio como um ato de destruição e criação, como fizeram, à sua própria maneira, Hitler, Himmler, Goebbels, Hosenfeld e os soldados que escreviam do *front*. O extermínio como metáfora fundadora das origens, uma espécie de gênese, tem assim permanecido no centro de como alemães, judeus e outros compreenderam o Holocausto durante o evento e após 1945. Se o Holocausto tem sido recordado, após 1945, como uma questão de origens é porque a noção que os alemães, no Terceiro Reich, tinham do judeu como um símbolo de origens históricas era, antes de mais nada, uma razão motivadora essencial para o extermínio.

O Holocausto tem assombrado a imaginação do pós-guerra porque o extermínio de âmbito europeu fornecia a judeus, alemães e europeus uma história de origens e novo começo que, horrivelmente, acontecia no mundo real da experiência humana de perpetradores e vítimas, crueldade e incomensurável sofrimento: ele evocava pensamentos sobre de onde eles vinham, como chegaram lá e para onde estavam indo. Como tal não estava, em certo sentido, desconectado da tradição europeia de narrativas tão grandiosas quanto o Gênesis e *A Odisseia* — ele apenas as suplantava, para a descrença das pessoas tanto então quanto agora, ao realmente acontecer.

Notas

Introdução

1. Citado em Martin Gilbert, *Kristallnacht: Prelude to Destruction* (Nova York, 2006), pp. 110-11.

2. Ibid.

3. *Haiti Holocaust Survivors: Kristallnacht Memories of Edgar Rosenberg*, http://haitiholocaustsurvivors.wordpress.com/anti-semitism/kristallnacht/kristallnacht-memories-of-edgar--rosenberg/.

4. Eu qualificaria isso observando que a *Kristallnacht* é, com frequência, apresentada como "o começo do fim", caso em que a súbita explosão de violência é encaixada à força numa narrativa de radicalização das políticas nazistas que termina em Auschwitz. Mas a narrativa da radicalização funciona antes como um dispositivo retórico que explanatório para fazer a história avançar e sempre corre o risco de encarar a *Kristallnacht* como o estágio preliminar na marcha inexorável para a Solução Final.

5. J. Keller e Hanns Andersen, *Der Jude als Verbrecher* (Berlim, 1937), pp. 11-2.

6. Daniel Jonah Goldhagen, *Hitler's Willing Executioners: Ordinary Germans and the Holocaust* (Nova York, 1996).

7. Christopher R. Browning, *Ordinary Men: Reserve Police Battalion 101 and the Final Solution in Poland* (Nova York, 1992).

8. Primo Levi, *Survival in Auschwitz* (Nova York, 1996), p. 103.

9. Donald Bloxham, "The Holocaust and European History", e A. Dirk Moses, "The Holocaust and World History: Raphael Lemkin and Comparative Methodology", em *The Holocaust and Historical Methodology*, org. Dan Stone (Nova York, 2012), pp. 233-254, 272-289.

10. Mark Mazower, *Hitler's Empire: Nazi Rule in Occupied Europe* (Nova York, 2008).

11. Timothy Snyder, *Bloodlands: Europe Between Hitler and Stalin* (Nova York, 2010).

12. Ian Thomson, *Primo Levi: A Life* (Nova York, 2002), pp. 227-35.

13. Michael Ruck, *Bibliographie zum Nationalsozialismus* (Darmstadt, 2000). A primeira edição foi publicada em 1995.

14. Saul Friedländer, *Nazi Germany and the Jews: The Years of Persecution* (Nova York, 1998), pp. 87, 99.

15. Sigmund Freud, *Moses and Monotheism* (Nova York, 1967). Ver as discussões de Yosef Hayim Yerushalmi, *Freud's Moses: Judaism Terminable and Interminable* (New Haven, 1991), e Jan Assmann, *Moses the Egyptian: The Memory of Egypt in Western Monotheism* (Cambridge,

MA, 1997). E ver meu ensaio "Freud, Moses, and National Memory", em *Germany as a Culture of Remembrance: Promises and Limits of Writing History* (Chapel Hill, NC, 2006), pp. 159-69.

16. Ver o livro penetrante de David Nirenberg, *Anti-Judaism: The Western Tradition* (Nova York, 2013).

17. Ernest Renan, "What is a Nation?" em *Nation and Narration*, org. Homi Bhabha (Londres, 1990), p. 19.

1 Um Novo Começo pela Queima dos Livros

Epígrafe: Jorge Luis Borges, "El libro", em *Borges, Oral* (Buenos Aires, 1979), p. 13.

1. Gershom Scholem, *A Life in Letters, 1914-1982* (Cambridge, MA, 2002), p. 229 (grifo no original).

2. Ibid., pp. 7-10.

3. Stephan Schurr, "Die 'Judenaktion' in Creglingen am 25. März 1933: Eine Quellendokumentation", em *Lebenswege Creglinger Juden: Das Pogrom von 1933; Der schwierige Umgang mit der Vergangenheit*, org. Gerhard Naser (Bergatreute, 2002), 59-82; Hartwig Behr, "Der 25. März 1933 — Judenpogrom in Creglingen", em *Vom Leben und Sterben: Juden in Creglingen*, org. Hartwig Behr e Horst Rupp (Würzburg, 1999), pp. 135-52.

4. Richard J. Evans, *The Coming of the Third Reich* (Nova York, 2003), p. 432; Abraham Ascher, *A Community Under Siege: The Jews of Breslau Under Nazism* (Stanford, CA, 2007), pp. 76-8.

5. *Das Schwarzbuch: Tatsache und Dokumente: Die Lage der Juden in Deutschland, 1933*, org. Comité des Delegations Juives (Paris, 1934); Michael Wildt, *Volksgemeinschaft als Selbstermächtigung: Gewalt gegen Juden in der deutschen Provinz, 1919 bis 1939* (Hamburgo, 2007), pp. 101-37; Götz Aly *et al.*, orgs., *Die Verfolgung und Ermordung der europäischen Juden durch das nationalsozialistische Deutschland, 1933-1945*, vol. 1 (Munique, 2008), pp. 81-5.

6. Dirk Walter, *Antisemitische Kriminalität und Gewalt: Judenfeindschaft in der Weimarer Republik* (Bonn, 1999); Michael Wildt, "Gewalt gegen Juden in Deutschland, 1933 bis 1939", *WerkstattGeschichte* 18 (1997): pp. 59-80.

7. Armin Nolzen, "The Nazi Party and Its Violence Against the Jews, 1933-1939: Violence as a Historiographical Concept", *Yad Vashem Studies* 23 (2003): p. 247.

8. Agradeço a Hermann Beck por compartilhar comigo seu ensaio inédito "Anti-Semitic Violence During the Nazi Seizure of Power".

9. Saul Friedländer, *Nazi Germany and the Jews: The Years of Persecution* (Nova York, 1998), p. 19.

10. Ibid., p. 28.

11. Adolf Hitler, *Mein Kampf* (Nova York, 1969), p. 60.

12. Evans, *Coming of the Third Reich*, pp. 355, 360.

13. William Carr, *A History of Germany: 1815-1990*, 4ª ed. (Londres, 1991), p. 309.

14. Christopher Isherwood, *Goodbye to Berlin* (Londres, 1966), p. 311.

15. Peter Fritzsche, *Germans into Nazis* (Cambridge, MA, 1998), p. 143.

16. André François-Poncet, *The Fateful Years: Memoirs of a French Ambassador in Berlin, 1931-1938* (Nova York, 1949), p. 48.

17. Sebastian Haffner, *Defying Hitler: A Memoir* (Londres, 2002), p. 87.

18. Marion Yorck von Wartenburg, *The Power of Solitude: My Life in the German Resistance* (Lincoln, NE, 2000), p. 20.

19. Bruno Walter, *Theme and Variations: An Autobiography* (Nova York, 1966), pp. 295-300; Evans, *Coming of the Third Reich*, p. 393; Friedländer, *Years of Persecution*, p. 9.

20. Michael Kater, "Forbidden Fruit? Jazz in the Third Reich", *American Historical Review* 94 (1989): p. 18.

21. Evans, *Coming of the Third Reich*, pp. 385-86.

22. Ibid., p. 423.

23. A cerimônia ocorreu no dia 17 de maio de 1933, uma semana depois que no restante do Reich.

24. Michael Kater, "The Myth of Myths: Scholarship and Teaching in Heidelberg", *Central European History* 36 (2003): pp. 570-77.

25. Clemens Zimmerman, "Die Bücherverbrennung am 17. Mai 1933 in Heidelberg: Studenten und Politik am Ende der Weimarer Republik", em *Bücherverbrennung: Zensur, Verbot, Vernichtung unter dem Nationalsozialismus in Heidelberg*, org. Joachim-Felix Leonhard (Heidelberg, 1983), p. 61.

26. Ibid., pp. 55-84; Gerhard Sauder, org., *Die Bücherverbrennung: Zum 10. Mai 1933* (Munique, 1983), pp. 198-201.

27. Para uma lista completa de comunidades participantes, ver Werner Tress, *"Wider den undeutschen Geist": Bücherverbrennung 1933* (Berlim, 2003), pp. 226-27.

28. Sauder, *Bücherverbrennung*, p. 93.

29. Ibid., p. 31.

30. Ibid., pp. 31, 107, 152; Klaus Schöffling, org., *Dort wo man Bücher verbrennt: Stimmen und Betroffenen* (Frankfurt, 1983), p. 69.

31. Sauder, *Bücherverbrennung*, pp. 105-44; Tress, *"Wider den undeutschen Geist"*, pp. 93-105. Goebbels tentou formular uma lista uniforme. A lista de 1º de outubro de 1935 incluía 3601 títulos e 524 autores cujas obras foram completamente banidas.

32. Sauder, *Bücherverbrennung*, p. 189.

33. Tress, *"Wider den undeutschen Geist"*, pp. 49-56.

34. Sauder, *Bücherverbrennung*, pp. 192-93; Stephan Füssel, "'Wider den undeutschen Geist': Bücherverbrennung und Bibliothekslenkung im Nationalsozialismus", em *Göttingen unterm Hakenkreuz. Nationalsozialistischer Alltag in einer deutschen Stadt — Texte und Materialen*, org. Jens-Uwe Brinkmann e Hans-Georg Schmeling (Göttingen, 1983), pp. 95-104.

35. James M. Ritchie, "The Nazi Book-Burning", *Modern Language Review* 83 (1988): p. 639.

36. Ibid., p. 627. Ulrich Walberer, org., *10. Mai 1933: Bücherverbrennung in Deutschland und die Folgen* (Frankfurt, 1983), pp. 42-3.

37. Sauder, *Bücherverbrennung*, pp. 265-67.

38. Walberer, *10. Mai 1933*, p. 43.

39. Para este argumento com relação à queima de livros, ver Zimmerman, "Bücherverbrennung am 17. Mai 1933 in Heidelberg", pp. 75-7. Para a tradição das comemorações nacionais, ver Dieter Düding, Peter Friedemann e Paul Münch, orgs., *Öffentliche Festkultur: Politische Feste in Deutschland von der Aufklärung bis zum ersten Weltkrieg* (Hamburgo, 1988); George Mosse, *The Nationalization of the Masses: Political Symbolism and Mass Movements in Germany from the Napoleonic Wars Through the Third Reich* (Nova York, 1975); e Alon Confino, *The Nation as a Local Metaphor: Württemberg, Imperial Germany, and National Memory, 1871-1918* (Chapel Hill, NC, 1997), parte I.

40. Sauder, *Bücherverbrennung*, pp. 177-78.

41. Arnold Zweig, "Rückblick auf Barbarei und Bücherverbrennung", em Schöffling, *Dort wo man Bücher verbrennt*, p. 82.

42. Sauder, *Bücherverbrennung*, pp. 169-71, 196, 209; Walberer, *10. Mai 1933*, p. 107; Albrecht Schöne, *Göttinger Bücherverbrennung 1933* (Göttingen, 1983), p. 26; Joseph Wulf, *Literatur und Dichtung im Dritten Reich: Eine Dokumentation* (Gütersloh, 1963), p. 45; Tress, *"Wider den undeutschen Geist"*, p. 151. Ver também H. Simon-Pelanda e P. Heigi, *Regensburg, 1933-1945: Eine andere Stadtführung* (Regensburg, 1984), p. 22.

43. Evans, *Coming of the Third Reich*, p. 429.

44. Zimmerman, "Bücherverbrennung am 17. Mai 1933 in Heidelberg", p. 60.

45. Zweig, "Rückblick auf Barbarei und Bücherverbrennung", p. 82.

46. Wulf, *Literatur und Dichtung im Dritten Reich*, p. 51.

47. Ibid., p. 52. Walberer, *10. Mai 1933*, pp. 143-44.

48. Walberer, *10. Mai 1933*, p. 150.

49. Sauder, *Bücherverbrennung*, p. 193.

50. Henrik Eberle, org., *Letters to Hitler* (Cambridge, 2012), pp. 79-80.

51. Ibid., pp. 1-2, 72.

52. Ibid., p. 94.

53. Sauder, *Bücherverbrennung*, p. 192.

54. Ibid., p. 183.

55. Ibid., p. 193.

56. Helmut Heiber, org., *Goebbels-Reden*, vol. 1, *1932-1939* (Düsseldorf, 1971), p. 108.

57. George Mosse, "Bookburning and the Betrayal of German Intellectuals", *New German Critique* 31 (inverno de 1984): p. 150.

58. Joseph Walk, *Das Sonderrecht für die Juden im NS-Staat* (Heidelberg, 1996).

59. Ibid., pp. 7, 8, 10, 12, 14, 16, 18, 23, 34, 36, 38, 42-3, 46-8, 51, 54, 62.

60. Heiber, *Goebbels-Reden*, pp. 111-12.

61. Sauder, *Bücherverbrennung*, p. 251.

62. Amos Elon, *The Pity of It All: A History of Jews in Germany, 1743-1933* (Nova York, 2002), pp. 338, 340.

63. Zweig, "Rückblick auf Barbarei und Bücherverbrennung", pp. 83-4.

64. Sauder, *Bücherverbrennung*, p. 34.

65. Schöffling, *Dort wo man Bücher verbrennt*, p. 56.

66. Ibid., p. 70.

67. Ibid., p. 55.

68. Heiber, *Goebbels-Reden*, p. 111.

69. Joseph Roth, "The Auto-da-Fé of the Mind", em *What I Saw: Reports from Berlin, 1920-1933* (Nova York, 2003), pp. 208-10.

70. Zweig, "Rückblick auf Barbarei und Bücherverbrennung", pp. 81, 88.

71. Roth, "Auto-da-Fé of the Mind", p. 214.

72. Schöne, *Göttinger Bücherverbrennung*, p. 31.

2 Origens, Eternas e Locais

1. Gerhard Sauder, org., *Die Bücherverbrennung: Zum 10. Mai 1933* (Munique, 1983), p. 93.

2. Abraham Ascher, *A Community Under Siege: The Jews of Breslau Under Nazism* (Stanford, CA, 2007), pp. 96-7.

3. Citado em Anselm Faust, *Die "Kristallnacht" im Rheinland: Dokumente zur Judenpogrom im November 1938* (Dusseldorf, 1987), p. 39.

4. Werner May, *Deutscher Nationalkatechismus: Dem Jungen Deutschen in Schule und Beruf* (Breslau, 1934), p. 22.

5. Peter Fritzsche, *Life and Death in the Third Reich* (Cambridge, MA, 2008), pp. 76-81.

6. Joseph Walk, *Das Sonderrecht für die Juden im NS-Staat* (Heidelberg, 1996), pp. 115, 162, 185, 237, 275.

7. Sebastian Haffner, *Defying Hitler: A Memoir* (Londres, 2002), p. 189.

8. Christopher Isherwood, *Goodbye to Berlin* (Londres, 1966), pp. 316-17.

9. Iona Opie e Moira Tatem, orgs., *A Dictionary of Superstitions* (Oxford, 1989), p. 119.

10. US Holocaust Memorial Museum (doravante USHMM) Arquivo de fotos nº59386, nº 80821.

11. Richard J. Evans, *The Third Reich in Power* (Nova York, 2005), p. 540.

12. Ibid., pp. 545-46.

13. Ver Alon Confino, *The Nation as a Local Metaphor: Württemberg, Imperial Germany, and National Memory, 1871-1918* (Chapel Hill, NC, 1997).

14. *Unsere Heimat in alter und neuer Zeit: Heimatkunde für Schule und Haus* (Giengen an der Brenz, 1914), p. 50.

15. Hermann Fischer, *Schwäbisches Wörterbuch*, vol. 1 (Tübingen, 1904), p. vii.

16. *Oettinger Amts-und Wochenblatt*, 6 de junho de 1908.

17. Ibid.

18. D. Hohnholz, "Das Heimatmuseum im Schloss zu Jever", *Die Tide: Monatsschrift für Nord-, Ost-und Westfriesland, Oldenburg, Friesische Inseln und Helgoland* (Wilhelmshafen, 1921), p. 115.

19. Karl-Heinz Brackmann e Renate Birkenhauer, NS-Deutsch: "Selbstverständliche" Begriffe and Schlagwörter aus der Zeit des Nationalsozialismus (Darmstadt, 1988), p. 39.

20. Klaus Geobel, "Der Heimatkundeunterricht in den deutschen Schulen", em *Antimodernismus und Reform: Zur Geschichte der deutschen Heimatbewegung*, org. Edeltraud Klueting (Darmstadt, 1991), pp. 103-04.

21. May, *Deutscher Nationalkatechismus*; Werner May, *Kleine Nationalkunde für Schule und Beruf (Früherer Titel: Politischer Katechismus)* (Breslau, 1938), p. 26.

22. Yehuda Bauer, *Rethinking the Holocaust* (New Haven, 2001), p. 34. Ver Götz Aly e Karl Heinz Roth, *The Nazi Census: Identification and Control in the Third Reich* (Filadélfia, 2004).

23. Adolf Hitler, "Nation and Race", em *The Holocaust: A Reader*, org. Simone Gigliotti e Berel Lang (Malden, MA, 2005), p. 7; Dirk Rupnow, "Racializing Historiography: Anti-Jewish Scholarship in the Third Reich", *Patterns of Prejudice* 42, nº 1 (2008): p. 41.

24. Citado in Rupnow, "Racializing Historiography", p. 41.

25. Max Domarus, *Hitler: Speeches and Proclamations, 1932-1945*, vol. 1: *The Years 1932 to 1934* (Wauconda, IL, 1990), p. 432.

26. Patricia Heberer, "Science", em *The Oxford Handbook of Holocaust Studies*, org. Peter Hayes e John Roth (Oxford, 2010), pp. 41-4.

27. Robert Proctor, *Racial Hygiene: Medicine Under the Nazis* (Cambridge, MA, 1999).

28. Heberer, "Science", p. 40.

29. Allan Steinweis, *Studying the Jew: Scholarly Antisemitism in Nazi Germany* (Cambridge, MA, 2006), pp. 53-4.

30. Mark Mazower, *Hitler's Empire: Nazi Rule in Occupied Europe* (Nova York, 2008), pp. 5, 182-83.

31. Walk, *Sonderrecht für die Juden im NS-Staat*, pp. 73, 78, 82, 84-5, 87, 93, 101, 105, 115, 121-23, 125-26, 136, 149.

32. Gershom Scholem, *A Life in Letters, 1914-1982* (Cambridge, MA, 2002), p. 241.

33. Michael Wildt, *Die Judenpolitik des SD, 1935-38: Eine Dokumentation* (Munique, 1995), pp. 66-9.

34. Henrik Eberle, org., *Letters to Hitler* (Cambridge, 2012), pp. 150-52.

35. Ibid., pp. 130-32.

36. Amos Elon, *The Pity of It All: A History of Jews in Germany, 1743-1933* (Nova York, 2002), p. 399.

37. Götz Aly *et al.*, orgs., *Die Verfolgung und Ermordung der europäischen Juden durch das nationalsozialistische Deutschland, 1933-1945*, vol. 1 (Munique, 2008), p. 78.

38. Michael Wildt, "The Boycott Campaign as an Arena of Collective Violence Against Jews in Germany, 1933-1938", em *Nazi Europe and the Final Solution*, org. David Bankier e Israel Gutman (Jerusalém, 2003), p. 62.

39. Estou me guiando pelas percepções da história das emoções. Ver, por exemplo, "Forum: History of Emotions", org. Frank Biess, *German History* 28, nº 1 (2010): pp. 67-80; e Joanna Bourke, "Fear and Anxiety: Writing About Emotion in Modern History", *History Workshop Journal* 55 (2003): pp. 111-33.

40. Aly *et al.*, *Verfolgung und Ermordung*, p. 77.

41. Barbara Rosenwein, "Worrying About Emotions in History", *American Historical Review* 107 (2002): p. 842.

42. James M. Ritchie, "The Nazi Book-Burning", *Modern Language Review* 83 (1988): p. 633.

43. Petteri Pietikainen, "The *Volk* and Its Unconscious: Jung, Hauer and the 'German Revolution'", *Journal of Contemporary History* 35 (2000): p. 530.

44. Ulrich Popplow, "Die Machtergreifung in Augenzeugenberichten: Göttingen, 1932-1935", *Göttinger Jahrbuch* (1977), pp. 177-78; Peter Wilhelm, *Die Synagogengemeinde Göttingen, Rosdorf und Geismar, 1850-1942* (Göttingen, 1978), p. 46.

45. USHMM Photo Archives nº 94674.

46. Ver também Ignaz Görtz, *Kreis Ahrweiler unter dem Hakenkreuz* (Bad Neuenahr-Ahrweiler, 1989), p. 227.

47. A evidência específica discutida aqui vem de comunidades católicas e os católicos eram mais inclinados que os protestantes a limitar o papel da raça em sua visão de mundo, mas representações semelhantes apareceram em comunidades protestantes por toda a Alemanha em outras ocasiões. Para mais representações de Carnaval em comunidades católicas em, por exemplo, Dresden, Mainz, Nuremberg e Colônia, ver USHMM Photo Archives nº59236, nº59237, nº31464, nº30732, nº94675, nº59230, nº59231, nº59232.

48. Ibid., nº98545.

49. Popplow, "Die Machtergreifung in Augenzeugenberichten: Göttingen, 1932-1935", p. 178.

50. Michael Wildt, *Volksgemeinschaft als Selbstermächtigung: Gewalt gegen Juden in der deutschen Provinz, 1919 bis 1939* (Hamburgo, 2007), p. 10.

51. Lyndal Roper, *Witch Craze: Terror and Fantasy in Baroque Germany* (New Haven, 2004), pp. 45-6.

52. Richard Evans, *The Coming of the Third Reich* (Nova York, 2003), p. 425.

53. Roper, *Witch Craze*, p. 104.

54. Ibid., p. 106.

55. Scholem, *Life in Letters*, p. 228.

3 Imaginando os Judeus como em Toda Parte e como Quem Já Partiu

1. Bernt Engelmann, *Wie wir die Nazizeit erlebten* (Göttingen, 1993), pp. 107-08.

2. Ver também a tabuleta colocada num prédio do governo em Hamelin. US Holocaust Memorial Museum (doravante USHMM) Photo Archives nº19307.

3. Ver também as tabuletas de rua antijudaicas em Frankenberg, Hessen, e na entrada do subúrbio de Buckow em Berlim: USHMM Photo Archives nº59264, nº23022.

4. Gregory Paul Wegner, *Anti-Semitism and Schooling Under the Third Reich* (Nova York, 2002), pp. 157-80.

5. Ver, por exemplo, USHMM Photo Archives W/Snº59284 numa estrada local, ladeada de árvores, na Francônia.

6. Richard J. Evans, *The Third Reich in Power* (New York, 2005), p. 540.

7. O arquivo fotográfico do United States Holocaust Memorial Museum, em Washington, tem uma substancial coleção delas, mostrando como a prática estava difundida: na Francônia, Baviera, Schleswig-Holstein, Baixa Saxônia, Baden, Brandemburgo e outros lugares.

8. USHMM Photo Archives nº59280.

9. Ibid., nº59254. Ver também Wolfgang Benz, "Exclusion as a Stage in Persecution: The Jewish Situation in Germany, 1933-1941", em *Nazi Europe and the Final Solution*, org. David Bankier e Israel Gutman (Jerusalém, 2003), p. 44.

10. Klaus Fischer, *Nazi Germany: A New History* (Nova York, 1995), p. 375.

11. Christine Keitz, *Reisen als Leitbild: Die Entstehung des modernen massen Tourismus in Deutschland* (Munique, 1997), pp. 248-49.

12. Joseph Walk, *Das Sonderrecht für die Juden im NS-Staat* (Heidelberg, 1996), pp. 153-54, 159, 162, 170, 185, 190, 198, 204.

13. Haig Bosmajian, *Burning Books* (Jefferson, NC, 2006), p. 166.

14. Michael Marrus, "Killing Time: Jewish Perceptions During the Holocaust", *The Holocaust: History and Memory: Essays in Honor of Israel Gutman*, org. Shmuel Almog *et al.* (Jerusalém, 2001), pp. 12-3.

15. Gretchen Schafft, *From Racism to Genocide: Anthropology in the Third Reich* (Urbana, IL, 2004), pp. 16-7.

16. Herbert Schultheis, *Die Reichskristallnacht in Deutschland nach Augenzeugenberichten* (Bad Neustadt, 1985), pp. 344-45.

17. Ibid., pp. 345-46.

18. Dirk Rupnow, *Vernichten und Erinnern: Spuren nationalsozialistischer Gedächtnispolitik* (Göttingen, 2005), pp. 114-18.

19. Walk, *Sonderrecht für die Juden im NS-Staat*, pp. 219, 221, 228, 235, 237, 244-45.

20. Joseph Goebbels, *Die Tagebücher von Joseph Goebbels*, org. Elke Fröhlich (Munique, 1994), vol. 1, § 4, p. 429.

21. Michael Wildt, "The Boycott Campaign as an Arena of Collective Violence Against Jews in Germany, 1933-1938", em *Nazi Europe and the Final Solution*, org. David Bankier e Israel Gutman (Jerusalém, 2003), p. 69.

22. Ulrich Baumann, *Zerstörte Nachbarschaften: Christen und Juden in badischen Landgemeinden, 1862-1940* (Hamburgo, 2000), p. 238.

23. Elfriede Bachmann, *Zur Geschichte der Juden in Zeven* (Zeven, 1992), p. 16.

24. Peter Fritzsche, *Life and Death in the Third Reich* (Cambridge, MA, 2008), p. 131.

25. Walk, *Sonderrecht für die Juden im NS-Staat*, pp. 62, 73, 105, 204, 245.

26. Siegfried Wittmer, *Regensburger Juden: Jüdisches Leben von 1519 bis 1990* (Regensburg, 1996), pp. 301-02.

27. Walk, *Sonderrecht für die Juden im NS-Staat*, p. 290.

28. Thomas Hofmann, Hanno Loewy e Harry Stein, orgs., *Pogromnacht und Holocaust: Frankfurt, Weimar, Buchenwald...* (Weimar, 1994), p. 50.

29. Martin Gilbert, *Kristallnacht: Prelude to Destruction* (Nova York, 2006), pp. 133-34. Ben Barkow, Raphael Gross e Michael Lenarz, orgs., *Novemberpogrom, 1938: Die Augenzeugenberichte der Wiener Library, Londres* (Frankfurt, 2008), pp. 429-30.

30. Evans, *Third Reich in Power*, 577; Wittmer, *Regensburger Juden*, p. 314; Wildt, "Boycott Campaign", p. 69; Hans Reichmann, *Deutscher Bürger und verfolgte Jude: Novemberpogrom und KZ Sachsenhausen 1937 bis 1939*, org. Michael Wildt (Munique, 1998), p. 19.

31. Barkow et al., *Novemberpogrom 1938*, p. 735.

32. Wilhelm Grau, "Die Geschichte des Judenfrage und ihr Erforschung", *Blätter für deutsche Landesgeschichte* 83, n° 3 (1937): pp. 167, 171-73. Ver também Dirk Rupnow, *"Judenforschung' im 'Dritten Reich': Wissenschaft zwischen Politik, Propaganda und Ideologie"* (Habilitationsschrift, University of Vienna, 2008); e Dirk Rupnow, "Racializing Historiography: Anti-Jewish Scholarship in the Third Reich", *Patterns of Prejudice* 42, n° 1 (2008): pp. 29-30.

33. Allan Steinweis, *Studying the Jew: Scholarly Anti-Semitism in Nazi Germany* (Cambridge, MA, 2008), p. 113.

34. Volkmar Eichstät, "Das Schrifttum zur Judenfrage in den deutschen Bibliotheken", *Forschungen zur Judenfrage* 6 (1941): pp. 253-64, citação em 264. Ver Rupnow, "Racializing Historiography", p. 37.

35. Steinweis, *Studying the Jew*, pp. 115-16.

4 Queimando o Livro dos Livros

Epígrafe: Ben Barkow, Raphael Gross e Michael Lenarz, orgs., *Novemberpogrom 1938: Die Augenzeugenberichte der Wiener Library, London* (Frankfurt, 2008), p. 525.

1. Ulrich Baumann, *Zerstörte Nachbarschaften: Christen und Juden in badischen Landgemeinden, 1862-1940* (Hamburgo, 2000), p. 240. Todas as estimativas do número de habitantes em Baden são para 1925 (207). Para a *Kristallnacht* em lugarejos de Baden, ver também Historischer Verein für Mittelbaden e.V., org., *Schicksal und Geschichte der Jüdischen Gemeinden Ettenheim, Altdorf, Kippenheim, Schmieheim, Rust, Orschweier, 1938-1988* (Ettenheim, 1988).

2. Barkow, Gross e Lenarz, *Novemberpogrom 1938*, p. 22.

3. Martin Gilbert, *Kristallnacht: Prelude to Destruction* (Nova York, 2006), p. 47. Barkow, Gross e Lenarz, *Novemberpogrom 1938*, p. 153.

4. Barkow, Gross e Lenarz, *Novemberpogrom 1938*, p. 222.

5. Gilbert, *Kristallnacht*, p. 59.

6. Dagmar e Clemens Lohmann, *Das Schicksal der jüdischen Gemeinde in Fritzlar, 1933-1945: Die Pogromnacht 1938* (Fritzlar, 1988), p. 28.

7. Barkow, Gross e Lenarz, *Novemberpogrom 1938*, pp. 146, 273.

8. Gilbert, *Kristallnacht*, p. 93; Mitchell G. Bard, *48 Hours of Kristallnacht: Night of Destruction / Dawn of the Holocaust; An Oral History* (Guilford, CT, 2008), p. 98.

9. Gilbert, *Kristallnacht*, 98; Bard, *48 Hours of Kristallnacht*, p. 135.

10. Barkow, Gross e Lenarz, *Novemberpogrom 1938*, p. 351.

11. Uta Gerhardt e Thomas Karlauf, orgs., *The Night of Broken Glass: Eyewitness Accounts of Kristallnacht* (Cambridge, 2012), pp. 36-7.

12. Barkow, Gross e Lenarz, *Novemberpogrom 1938*, pp. 380, 782.

13. Baumann, *Zerstörte Nachbarschaften*, pp. 241-42.

14. Barkow, Gross e Lenarz, *Novemberpogrom 1938*, p 449.

15. Baumann, *Zerstörte Nachbarschaften*, p. 241.

16. Citado em Saul Friedländer, *Nazi Germany and the Jews: The Years of Persecution* (Nova York, 1998), p. 278.

17. Heinz Lauber, *Judenpogrom: "Reichskristallnacht" November 1938 in Groß-deutschland: Daten-Fakten-Dokumente-Quellentexte-Thesen u. Bewertungen* (Gerlingen, 1981), p. 159; Wolfgang Benz, "The Relapse into Barbarism", em *November 1938: From "Reichskristallnacht" to Genocide*, org. Walter H. Pehle (Nova York, 1991), p. 14.

18. Allan Steinweis, *Kristallnacht 1938* (Cambridge, MA, 2009).

19. Para a historiografia, ver Wolf-Arno Kropat, *"Reichskristallnacht": Der Judenpogrom vom 7. bis 10. November 1938 — Urheber, Täter, Hintergründe* (Wiesbaden, 1997).

20. Dieter Obst, *"Reichskristallnacht": Ursachen und Verlauf des antisemitischen Pogrom vom November 1938* (Frankfurt, 1991), p. 349.

21. Richard J. Evans, *The Third Reich in Power* (Nova York, 2005), pp. 581, 583, 598.

22. Friedländer, *Years of Persecution*, pp. 277-78.

23. Angelika Schindler, *Der verbrannte Traum: Jüdische Bürger und Gäste in Baden-Baden* (Bühl-Moos, 1992), pp. 128-33. Ver também o mapa e fotos da marcha nas pp. 135-142; ver também http://www1.yadvashem.org/yv/en/exhibitions/kristallnacht/baden.asp.

24. Barkow, Gross e Lenarz, *Novemberpogrom 1938*, pp. 145, 157, 265, 273, 295, 352, 426, 428.

25. Bard, *48 Hours of Kristallnacht*, p. 124.

26. *Das ende der Juden in Ostfriesland: Ausstellung der Ostfriesischen Landschaft aus Anlass des 50. Jahrestag der Kristallnacht* (Aurich, 1988), pp. 50-1.

27. Citado em Friedländer, *Years of Persecution*, p. 277.

28. Dieter Albrecht, *Regensburg im Wandel: Studien zur Geschichte der Stadt im 19. und 20. Jahrhundert* (Regensburg, 1984), p. 227.

29. Siegfried Wittmer, *Regensburger Juden: Jüdisches Leben von 1519 bis 1990* (Regensburg, 1996), p. 329.

30. Lauber, *Judenpogrom*, p. 159.

31. Doris Bergen, "Nazism and Christianity: Partners and Rivals", *Journal of Contemporary History* 42, nº 5 (2007): p. 29.

32. Catherine Merridale, *Night of Stone: Death and Memory in Twentieth-Century Russia* (Nova York, 2002), pp. 137, 129.

33. Marvin Perry e Frederick Schweitzer, *Antisemitic Myths: A Historical and Contemporary Anthology* (Bloomington, IN, 2008), p. 177.

34. Victoria Newall, "The Jew as a Witch Figure", em *The Witch Figure*, org. Victoria Newall (Londres, 1973), p. 116.

35. Joshua Trachtenberg, *The Devil and the Jews: The Medieval Conception of the Jew and Its Relations to Modern Antisemitism* (New Haven, 1943), p. 240, nº 38.

36. Ruth Mellinkoff, *Outcasts: Sign of Otherness in Northern European Art of the Late Middle Ages*, vol. 1 (Berkeley, CA, 1993), pp. 103-04, 106.

37. Newall, "Jew as a Witch Figure", p. 109.

38. Ver os importantes livros de: Susannah Heschel, *The Aryan Jesus: Christian Theologians and the Bible in Nazi Germany* (Princeton, NJ, 2008), aqui 1-2; Richard Steigmann-Gall, *The Holy Reich: Nazi Conceptions of Christianity* (Cambridge, 2003); e Uriel Tal, *Religion, Politics and Ideology in the Third Reich: Selected Essays* (Londres, 2004).

39. Citado em Edward Kessler, *An Introduction to Jewish-Christian Relations* (Cambridge, 2010), p. 129.

40. Citado em Steigmann-Gall, *Holy Reich*, p. 41.

41. Precisamos saber mais sobre a história dos nazistas e a Bíblia; ainda não temos um estudo abrangente do tema. Uma história da Bíblia na Alemanha durante o nazismo (examinada dentro da cultura europeia mais ampla) nos permitiria situar as crenças religiosas no Terceiro Reich como misturadas a ideias raciais e lançar luz sobre o antissemitismo teológico e popular para além do totem da ideologia e da dicotomia nazismo vs. cristianismo. O excelente estudo de Jonathan Sheehan sobre o século XVIII, *The Enlightenment Bible: Translation, Scholarship, Culture* (Princeton, NJ, 2005), é um possível modelo. Sobre nazismo e religião, ver Heschel, *Aryan Jesus*; Steigmann-Gall, *Holy Reich*, e o debate sobre o livro num número especial do *Journal of Contemporary History*, 42, nº 1 (2007), especialmente os ensaios de Stanley Stowers e Doris Bergen; Kyle Jantzen, *Faith and Fatherland: Parish Politics in Hitler's Germany* (Minneapolis, 2008); Tal, *Religion, Politics and Ideology;* Kevin Spicer, *Hitler's Priests: Catholic Clergy and National Socialism* (DeKalb, IL, 2008) e Derek Hastings, *Catholicism and the Roots of Nazism: Religious Identity and National Socialism* (Oxford, 2010). Para Marcião, ver Adolf von Harnack, *Marcion: The Gospel of the Alien God*, trad. John Steely e Lyle Bierna (1921; Durham, NC, 1990). Sobre teologia e teorização bíblica, ver Shawn Kelley, *Racializing Jesus: Race, Ideology, and the Formation of Modern Biblical Scholarship* (Londres, 2002) e o importante estudo de Anders Gerdmar, *Roots of Theological Anti-Semitism: German Biblical Interpretation and the Jews from Herder and Semler to Kittel and Bultmann* (Leiden, 2009), que investigando o antissemitismo teológico do século XVIII à década de 1950 conclui que, longe de expressarem um desvio, os exegetas do nacional-socialismo "estavam meramente dando passos mais radicais numa trilha que já existia há muito tempo" (xv).

42. Citado em Heschel, *Aryan Jesus*, pp. 9-10.

43. Friedländer, *Years of Persecution*, pp. 296-98, 326-27.

44. Barkow, Gross e Lenarz, *Novemberpogrom 1938*, pp. 483-84.

45. Randall Bytwerk, *Landmark Speeches of National Socialism* (College Station, TX, 2008), p. 91.
46. Barkow, Gross e Lenarz, *Novemberpogrom 1938*, p. 143.
47. Lauber, *Judenpogrom*, p. 166.
48. Ibid., pp. 166-68.
49. Ibid., p. 174.
50. Para usar a noção do falecido micro-historiador italiano Edoardo Grendi, "Microanalisi e storia social", *Quaderni Storici* 7 (1972): pp. 506-20.
51. Sobre *Kristallnacht* e ritual, ver Frank Maciejewski, "Der Novemberpogrom im ritualgeschichtlischer Perspektive", *Jahrbuch für Antisemitismusforschung* 15 (2006): pp. 65-84; e Peter Loewenberg, "The Kristallnacht as a Public Degradation Ritual", *Leo Baeck Institute Yearbook* 33 (1987): pp. 309-23.
52. Wittmer, *Regensburger Juden*, pp. 327-28. Ver também Wilhelm Kick, *Sag es unseren Kindern: Widerstand, 1933-1945, Beispiel Regensburg* (Berlim/Vilseck, 1985), pp. 187-89; *"Stadt und Mutter in Israel": Jüdische Geschichte und Kultur in Regensburg*, Ausstellung Regensburg Stadtarchiv und Runtingersäle (Regensburg, 1989), pp. 102-06; e H. Simon-Pelanda e P. Heigl, *Regensburg, 1933-1945: Eine andere Stadtführung* (Regensburg, 1984), pp. 32-4.
53. Barkow, Gross e Lenarz, *Novemberpogrom 1938*, pp. 658, 660-61; Kurt Tohermes e Jürgen Grafen, *Leben und Untergang der Synagogengemeinde Dinslaken* (Dinslaken, 1988), pp. 30-6, 65-70; Kurt Tohermes, org., *Untersuchungen zur politischen Kultur der Dinslakener Juden zwischen 1869 und 1942* (Dinslaken, 1988), pp. 232-33; Jan-Pieter Barbian, Michael Brocke e Ludger Heid, orgs., *Juden im Ruhrgebiet: Vom Zeitalter der Aufklärung bis in die Gegenwart* (Essen, 1999), pp. 503-22; Adolf Krassnigg, "Juden in Dinslaken", em Rüdiger Gollnick *et al.*, *Dinslaken in der NS-Zeit: Vergessene Geschichte, 1933-1945* (Kleve, 1983), pp. 89-113; Fred Spiegel, *Once the Acacias Bloomed: Memories of a Childhood Lost* (Margate, NJ, 2004), pp. 25-8; *Fast vergessen? Erinnerungen an die "Kristallnacht" in Dinslaken am 10. November 1938*, compilação de Stadt Dinslaken, 3ª ed. (Dinslaken, 2003); "Mahnmal erinnert an die Nazi-Greueltaten", *Niederrhein Anzeiger*, 3 de novembro de 1993; Ralf Schreiner, "Mahnmal weist Spuren in schreckliche Vergangenheit", *Rheinische Post*, 22 de outubro de 1993.
54. Uwe Schellinger, org., *Gedächtnis aus Stein: Die Synagoge in Kippenheim, 1852-2002* (Heidelberg, 2002), p. 91.
55. Herbert Obenaus, org., *Historisches Handbuch der jüdischen Gemeinden in Niedersachsen und Bremen*, vol. 2 (Göttingen, 2005), p. 1602; Elfriede Bachmann, *Zur Geschichte der Juden in Zeven* (Zeven, 2002), pp. 21-2.
56. Por exemplo, Ulrich Herbert, "Von der 'Reichskristallnacht' zum 'Holocaust': Der 9. November und das Ende des 'Radau-Antisemitismus'", em *Arbeit, Volkstum, Weltanschauung: Über Fremde und Deutsche im 20. Jahrhundert* (Frankfurt, 1995), p. 75.
57. Agradeço ao dr. Andrea Zupancic do arquivo da cidade de Dortmund por esta informação.
58. Barkow, Gross e Lenarz, *Novemberpogrom 1938*, pp. 467-68.
59. Gilbert, *Kristallnacht*, pp. 29-30.
60. Lauber, *Judenpogrom*, p. 164.
61. Annemarie Haase, org., *Fragen Erinnern Spuren Sichern: Zum Novemberpogrom 1938 in Aachen* (Aachen, 1992), p. 39.
62. Evans, *Third Reich in Power*, p. 589.

63. Barkow, Gross e Lenarz, *Novemberpogrom 1938*, p. 26.
64. Haase, *Fragen Erinnern Spuren Sichern*, p. 38.
65. Wittmer, *Regensburger Juden*, p. 329.
66. Barkow, Gross e Lenarz, *Novemberpogrom 1938*, pp. 128-29.

5 A Vinda do Dilúvio

1. Heinz Lauber, *Judenpogrom: "Reichskristallnacht" November 1938 in Großdeutschland: Daten-Fakten-Dokumente-Quellentexte-Thesen u. Bewertungen* (Gerlingen, 1981), p. 138.

2. Ben Barkow, Raphael Gross e Michael Lenarz, orgs., *Novemberpogrom 1938: Die Augenzeugenberichte der Wiener Library, London* (Frankfurt, 2008), p. 342.

3. Frank Bajohr e Dieter Pohl, *Der Holocaust als offenes Geheimnis: Die Deutschen, die NS--Führung und die Alliierten* (Munique, 2006), p. 42.

4. Mitchell G. Bard, *48 Hours of Kristallnacht: Night of Destruction / Dawn of the Holocaust; An Oral History* (Guilford, CT, 2008), p. 185.

5. Martin Gilbert, *Kristallnacht: Prelude to Destruction* (Nova York, 2006), pp. 146-47.

6. Avraham Barkai, *From Boycott to Annihilation: The Economic Struggle of German Jews, 1933-1943* (Hanover, NH, 1989), pp. 136, 153. Ver também Gilbert, *Kristallnacht*, 146; Saul Friedländer, *Nazi Germany and the Jews: The Years of Persecution* (Nova York, 1998), pp. 280-84; e Wolfgang Benz, "Exclusion as a Stage in Persecution: The Jewish Situation in Germany, 1933-1941", em *Nazi Europe and the Final Solution*, org. David Bankier e Israel Gutman (Jerusalém, 2003), p. 50.

7. O texto original alemão está em *Stenographische Niederschrift (Teilübertragung) der Besprechung über die Judenfrage bei Göring am 12. November 1938*, em *Der Prozess gegen die Hauptkriegsverbrecher vor dem Internationalen Militärgerichtshof, Nürnberg, 14. November 1945-1. Oktober 1946*, vol. 26 (Nuremberg, 1948). Usei-o e usei com algumas modificações o texto do Yad Vashem: http://www.yadvashem.org/odot_pdf/Microsoft%20Word%20-%203284.pdf. Aqui, p. 4.

8. Ibid., p. 4.

9. Ibid., pp. 9-11.

10. Citado em Barkai, *From Boycott to Annihilation*, pp. 130-31.

11. Richard J. Evans, *The Third Reich in Power* (Nova York, 2005), p. 599; Barkai, *From Boycott to Annihilation*, p. 154.

12. Susannah Heschel, *The Aryan Jesus: Christian Theologians and the Bible in Nazi Germany* (Princeton, NJ, 2008), pp. 1-2.

13. Ibid., pp. 68, 99, 104.

14. Ibid., pp. 17, 28.

15. USHMM Photo Archives nº26834, nº 26835. Ver também o carro alegórico em Singen am Hohentwiel, que apresentava um voraz crocodilo que se alimentava de judeus: o "Devorador de Judeu" (nº95777).

16. Ibid., nº30733.

17. Paul Habermehl e Hilde Schmidt-Häbel, orgs., *Vorbei — Nie ist es Vorbei: Beiträge zur Geschichte der Juden in Neustadt* (Neustadt un der Weinstrasse, 2005), pp. 104-05, 118.

18. Joseph Walk, *Das Sonderrecht für die Juden im NS-Staat* (Heidelberg, 1996), pp. 255, 258, 260, 262, 268, 270, 275; Friedländer, *Years of Persecution*, pp. 280-91.

19. Claudia Koonz, *The Nazi Conscience* (Cambridge, MA, 2003), pp. 31, 38, 40-5.
20. Friedländer, *Years of Persecution*, pp. 310-11; Evans, *Third Reich in Power*, pp. 604-05, cuja tradução utilizo.
21. Friedländer, *Years of Persecution*, p. 310.
22. Koonz, *Nazi Conscience*, pp. 213, 245.
23. Friedländer, *Years of Persecution*, p. 292.
24. "Juden, Was Nun?" *Das Schwarze Korps*, 24 de novembro de 1938.
25. Friedländer, *Years of Persecution*, p. 319.
26. Walk, *Sonderrecht für die Juden im NS-Staat*, pp. 283, 285, 289, 290, 295, 297; Jonny Moser, "Depriving Jews of Their Legal Rights in the Third Reich", em *November 1938: From "Reichskristallnacht" to Genocide*, org. Walter H. Pehle (Nova York, 1991), p. 131.
27. Victor Klemperer, *I Will Bear Witness: The Diaries of Victor Klemperer* (Nova York, 1998), 1: pp. 263, 267.
28. Ibid., p. 302.
29. Chaim Kaplan, *Scroll of Agony: Hebrew Diary of Ch. A. Kaplan Written in the Warsow Ghetto [Rolo de Agonia: Diário Hebraico de Ch. A. Kaplan Escrito no Gueto de Varsóvia]*[em hebraico] (Tel Aviv, 1966), pp. 3-4. Uso em todo o livro a edição hebraica do diário, que foi originalmente escrito em hebraico. Uma edição em inglês, publicada pela primeira vez em 1965 e depois ampliada, em 1972, com material anteriormente perdido, é insatisfatória. O organizador, Abraham Katsch, encurtou de forma bastante substancial o texto original, mas deixou de indicar o texto omitido com três pontos, segundo a convenção. Ainda mais importante, a tradução é com frequência imprecisa e mostra uma tendência a atenuar e, na verdade, a censurar observações de Kaplan. Testemunha notavelmente sensível da calamidade que caía sobre a comunidade judaica polonesa, Kaplan formulava ideias consistentes acerca, entre outras coisas, de Deus, da autoimagem e comportamento judeus no gueto, das relações espirituais e históricas entre judeus e nazistas. Katsch amenizou essas observações e com frequência as omitiu. A razão parece ser, da perspectiva dos anos 1960, um desejo de evitar temas delicados que transformassem a visão do Holocausto em algo mais complicado que uma memória do sofrimento e heroísmo judeus. Chaim Kaplan, *Scroll of Agony: The Warsaw Diary*, trad. e org. Abraham Katsch (reedição, Bloomington, IN, 1999).

Além disso, há o problema do caráter incompleto de todas as publicações. Kaplan manteve um diário de 1933 até agosto de 1942; só o diário de guerra de Kaplan foi publicado. A edição hebraica do diário não inclui o período de abril de 1941 a maio de 1942 (cadernos 10 e 11); a edição inglesa de 1972 não inclui o período de abril de 1941 a início de outubro de 1941 (caderno 10). O Arquivo Moreshet, no Memorial Mordechai Anielevich de Giv'at Haviva, em Israel, tem uma cópia dos cadernos 10 e 11, que consultei aqui. Estou grato a Amos Goldberg por sua inestimável ajuda.

30. Kaplan, *Rolo de Agonia*, pp. 67-8.
31. Ibid., pp. 162-63. Ver o esclarecedor estudo de Amos Goldberg, *Trauma in Frist Person: Diary Writing During the Holocaust [Trauma na Primeira Pessoa: Escrevendo um Diário Durante o Holocausto]*[em hebraico] (Ou Yehuda, 2012).
32. Uso em todo livro a edição hebraica do diário completo: Emanuel Ringelblum, *Diary and Notes from the Warsaw Ghetto: September 1929—December 1942 [Diário e Notas do Gueto de Varsóvia: setembro 1939 — dezembro de 1942]* (Jerusalém, 1999), p. 285.

33. Yitzhak Arad, Yisrael Gutman e Abraham Margaliot, orgs., *Documents of the Holocaust: Selected Sources on the Destruction of the Jews of Germany and Austria, Poland, and the Soviet Union* (Jerusalém, 1981), pp. 185-86.

34. Klaus-Michael Mallmann, Volker Riess e Wolfram Pyta, orgs., *Deutscher Osten 1939-1945: Der Weltanschauungskrieg in Photos und Texten* (Darmstadt, 2003), p. 14.

35. Ringelblum, *Diary and Notes from the Warsaw Ghetto* [*Diário e Notas do Gueto de Varsóvia*], p. 19. Sobre a *Kristallnacht*, ver Bard, *48 Hours of Kristallnacht*, p. 107.

36. Jochen Böhler, *Auftakt zum Vernichtungskrieg: Die Wehrmacht in Polen, 1939* (Frankfurt, 2006), pp. 189-90.

37. Jacob Apenszlak, org., *The Black Book of Polish Jewry: An Account of the Martyrdom of Polish Jewry Under the Nazi Occupation*, 2ª ed. (Nova York, 1982), p. 5.

38. Doris L. Bergen, *War and Genocide: A Concise History of the Holocaust* (Lanham, MD, 2003), pp. 104-06.

39. William Hagen, *German History in Modern Times: Four Lives of the Nation* (Nova York, 2012), pp. 312-13.

40. Steve Hochstadt, org., *Sources of the Holocaust* (Houndmills, UK, 2004), p. 87.

41. Saul Friedländer, *Nazi Germany and the Jews: The Years of Extermination, 1939-1945* (Nova York, 2007), pp. 32-3.

42. Ibid., p. 82.

43. Ibid., p. 39.

44. Arad, Gutman e Margaliot, *Documents of the Holocaust*, pp. 178-79.

45. Ringelblum, *Diary and Notes from the Warsaw Guetto* [*Diário e Notas do Gueto de Varsóvia*], pp. 52, 87.

46. Richard J. Evans, *The Third Reich at War* (Nova York, 2008), p. 62.

47. Christopher R. Browning, "Nazi Ghettoization Policy in Poland, 1939-1941", em *The Path to Genocide: Essays on Launching the Final Solution* (Nova York, 1995), pp. 28-56.

48. Citado em ibid., p. 36.

49. Kaplan, *Scroll of Agony* [*Rolo de Agonia*], pp. 202, 367.

50. Oskar Rosenfeld, *In the Beginning Was the Ghetto: 890 Days in Łódź*, org. Hanno Loewry, trad. Brigitte M. Goldstein (Evanston, IL, 2002), pp. 50-1.

51. Marion Kaplan, *Between Dignity and Despair: Jewish Life in Nazi Germany* (Nova York, 1998), pp. 151-52.

52. Moser, "Depriving Jews of Their Legal Rights in the Third Reich," pp. 133-34; Walk, *Sonderrecht für die Juden im NS-Staat*, pp. 306-07, 320, 324.

53. Klemperer, *I Will Bear Witness*, 1: pp. 337-39.

54. Uwe Schellinger, *Gedächtnis aus Stein: Die Synagoge in Kippenheim, 1852-2002* (Heidelberg, 2002), pp. 167-72.

55. David Culbert, "The Impact of Anti-Semitic Film Propaganda on German Audiences: Jew Süss and The Wandering Jew (1940)", em *Art, Culture, and Media Under the Third Reich*, org. Richard Etlin (Chicago, 2002), p. 139.

56. Ibid., p. 148.

57. Ibid., p. 151.

58. Citado em Evans, *Third Reich at War*, p. 65.

59. Kaplan, *Scroll of Agony* [*Rolo de Agonia*], p. 392.

60. David Kahane, *Lvov Ghetto Diary* (Amherst, MA, 1990), p. 14.

61. *Every Day Lasts a Year: A Jewish Family's Correspondence from Poland*, org. Richard S. Hollander, Christopher R. Browning e Nechama Tec (Nova York, 2007), pp. 142, 159.

62. Kaplan, *Scroll of Agony* [*Rolo de Agonia*], p. 350.

63. Dirk Rupnow, "'Ihr müsst sein, auch wenn ihr nicht mehr seid': The Jewish Central Museum in Prague and Historical Memory in the Third Reich", *Holocaust and Genocide Studies* 16, nº 1 (2002): p. 42.

64. Dirk Rupnow, *Vernichten und Erinnern: Spuren nationalsozialistischer Gedächtnispolitik* (Göttingen, 2005), p. 113.

65. Susannah Heschel, "From Jesus to Shylock: Christian Supersessionism and 'The Merchant of Venice'", *Harvard Theological Review* 99 (2006): pp. 420-21.

66. Rupnow, *Vernichten und Erinnern*, pp. 108-10; Bernhard Purin, *Die Welt der jüdischen Postkarten* (Viena, 2001), pp. 50, 123; Gerhard Renda, "Judaica im Heimatmuseum — die Geschichte einer Bewahrung", *Anzeiger des Germanischen Nationalmuseums und Berichte aus dem Forschungsinstitut für Ralienkunde* (1989): pp. 49-56.

67. Kaplan, *Scroll of Agony* [*Rolo de Agonia*], p. 123.

68. Ibid., pp. 124, 394.

6 Imaginando uma Gênese

Epígrafes: Jeffrey Herf, *The Jewish Enemy: Nazi Propaganda During World War II and the Holocaust* (Cambridge, MA, 2006), p. 240 (grifado no original); Primo Levi, *Survival in Auschwitz* (Nova York, 1961), p. 107.

1. Klaus-Michael Mallmann, Volker Riess e Wolfram Pyta, orgs., *Deutscher Osten, 1939-1945: Der Weltanschauungskrieg in Photos und Texten* (Darmstadt, 2003), p. 70.

2. Walter Manoschek, org., *"Es gibt nur eines für das Judentum: Vernichtung": Das Judenbild in deutschen Soldatenbriefen, 1939-1944* (Hamburgo, 1995), p. 49.

3. Richard Bessel, *Nazism and War* (Nova York, 2004), p. 112.

4. Peter Longerich, "From Mass Murder to the 'Final Solution': The Shooting of Jewish Civilians During the First Months of the Eastern Campaign Within the Context of the Nazi Jewish Genocide", em *The Holocaust: A Reader*, org. Simone Gigliotti e Berel Lang (Malden, MA, 2005), pp. 207-12.

5. Ibid., pp. 198-99, 205.

6. Aryeh Klonicki e Malwina Klonicki, *The Diary of Adam's Father: The Diary of Aryeh Klonicki (Klonymus) and His Wife Malwina, with Letters Concerning the Fate of Their Child Adam* (Jerusalém, 1973), pp. 22-3, citado em Saul Friedländer, *The Years of Extermination: Nazi Germany and the Jews, 1939-1945* (Nova York, 2007), p. 214.

7. Mallmann, Riess e Pyta, *Deutscher Osten, 1939-1945*, p. 28.

8. Dieter Pohl, "Hans Krüger and the Murder of the Jews in the Stanisławów Region (Galicia)", *Yad Vashem Studies* 26 (1998), pp. 239-65; Friedländer, *Years of Extermination*, p. 282; Jonathan Nestel, *There Is an Apple in My Freezer: A True Story* (sem local de edição, 2004), pp. 15-8. Agradeço a Yossi Ofer por ter trazido o livro de Nestel à minha consideração.

9. Joseph Goebbels, *Die Tagebücher von Joseph Goebbels*, org. Elke Fröhlich (Munique, 1994), vol. 2, parte 2, pp. 199-200.

10. Herf, *Jewish Enemy*, p. 125.

11. Jonny Moser, "Depriving Jews of Their Legal Rights in the Third Reich", em *November 1938: From "Reichskristallnacht" to Genocide*, org. Walter H. Pehle (Nova York, 1991), pp. 135-38; Joseph Walk, *Das Sonderrecht für die Juden im NS-Staat* (Heidelberg, 1996), pp. 346, 352, 350, 354-55, 360.

12. Mark Roseman, *The Villa, the Lake, the Meeting: Wannsee and the Final Solution* (Londres, 2002), pp. 56-7.

13. Doris L. Bergen, *War and Genocide: A Concise History of the Holocaust* (Lanham, MD, 2003), p. 175.

14. Bessel, *Nazism and War*, p. 117.

15. M. Domarus, *Hitler — Reden und Proklamationen, 1932-1945: Kommentiert von einem Zeitgenossen*, vol. 2 (Neustadt/Aisch, 1963), parte 2, 1794-1804, citado em Friedländer, *Years of Extermination*, pp. 278-79.

16. Ver o artigo de Goebbels em Marvin Perry e Frederick Schweitzer, *Antisemitic Myths: A Historical and Contemporary Anthology* (Bloomington, IN, 2008), p. 192.

17. *Das Reich*, 16 de novembro de 1941.

18. Domarus, *Hitler — Reden und Proklamationen*, parte 2, 1828.

19. *Das Reich*, 21 de janeiro de 1945, citado em Herf, *Jewish Enemy*, p. 256.

20. Victor Klemperer, *I Will Bear Witness: The Diaries of Victor Klemperer*, 2 vols. (Nova York, 1998), 2:45 (grifos no original).

21. Ibid., 2:51, 63, 1:382.

22. Domarus, *Hitler — Reden und Proklamationen*, parte 2, 1844.

23. Yitzhak Arad, Yisrael Gutman e Abraham Margaliot, orgs., *Documents on the Holocaust: Selected Sources on the Destruction of the Jews of Germany and Austria, Poland, and the Soviet Union* (Jerusalém, 1981), doc. 161, p. 344.

24. Citado em Herf, *Jewish Enemy*, pp. 115-16.

25. Ibid., p. 146.

26. Goebbels, *Tagebücher*, vol. 2, parte 2, p. 431, citado em *ibid.*, p. 150.

27. Manoschek, *"Es gibt nur eines für das Judentum: Vernichtung"*, pp. 25, 45, 59, 61 (grifos no original).

28. Wilm Hosenfeld, *"Ich versuche jeden zu retten": Das Leben eines deutschen Offiziers in Briefen und Tagebüchern* (Munique, 2004), pp. 630-31, 719.

29. Goebbels, *Tagebücher*, vol. 7, parte 2, p. 454.

30. Oskar Rosenfeld, *In the Beginning Was the Ghetto: 890 Days in Łódź*, org. Hanno Loewry, trad. Brigitte M. Goldstein (Evanston, IL, 2002), pp. 105-06, 133-34.

31. Michael Marrus, "Killing Time: Jewish Perception During the Holocaust", em *The Holocaust: History and Memory: Essay in Honor of Israel Gutman* (em hebraico), org. Shmuel Almog et al. (Jerusalém, 2001), p. 28.

32. Emanuel Ringelblum, *Diary and Notes from the Warsaw Ghetto* (Jerusalém, 1999), p. 300; Rosenfeld, *In the Beginning Was the Ghetto*, p. 112.

33. Noemi Szac Wajnkranc, *Gone with the Fire* [em hebraico] (Jerusalém, 2003), p. 70.

34. Abraham Lewin, *A Cup of Tears: A Diary of the Warsaw Ghetto*, org. Antony Polonsky (Nova York, 1990), p. 97.

35. Fela Szeps, *A Blaze from Within: The Diary of Fela Szeps; The Greenberg Forced-Labor Camp* (em hebraico) (Jerusalém, 2002), p. 46.

36. Nehemia Polen, *The Holy Fire: The Teachings of Rabbi Kalonymus Kalman Shapira, the Rebbe of the Warsaw Ghetto* (Northvale, NJ, 1999), p. 112; ver também rabino Kalonymos Kalmish Shapira, *Sacred Fire: Torah from the Years of Fury, 1939-1942*, org. Deborah Miller (Northvale, NJ, 2000).

37. Polen, *Holy Fire*, pp. 34-5.

38. Hanna Levi-Hass, *Diary of Bergen-Belsen: 1944-1945* (Chicago, 2009), pp. 85-6.

39. Janusz Korczak, *The Warsaw Ghetto Memoirs of Janusz Korczak*, trad. E. P. Kulawiec (Washington, DC, 1979), pp. 54, 70.

40. Primo Levi, *Survival in Auschwitz* (Nova York, 1996), p. 106.

41. Manoschek, *"Es gibt nur eines für das Judentum: Vernichtung"*, p. 29.

42. Lewin, *Cup of Tears*, pp. 232, 133, 157, 183.

43. Karel Berkhoff, *Harvest of Despair: Life and Death in Ukraine Under Nazi Rule* (Cambridge, MA, 2004), p. 75.

44. Dan Diner é uma exceção. Ver Diner, *Beyond the Conceivable: Studies on Germany, Nazism, and the Holocaust* (Berkeley, CA, 2000).

45. Alexander Donat, *The Holocaust Kingdom: A Memoir* (Londres, 1965), p. 211 (grifos no original); Samuel Kassow, "Introduction", em *The Warsaw Ghetto Oyneg Shabes — Ringelblum Archive: Catalog and Guide*, org. Robert Moses Shapiro e Tadeusz Epstein (Bloomington, IN, 2009), p. xx.

46. Alexandra Garbarini, *Numbered Days: Diaries of the Holocaust* (New Haven, 2006), p. 5.

47. Já em 1944 Raphael Lemkin mencionou este evento no contexto de genocídio em seu *Axis Rule in Occupied Europe* (Clark, NJ, 2005), p. 85.

48. Philip Friedman, "The Fate of the Jewish Book During the Nazi Era", *Jewish Book Annual* 54 (1996-1997), p. 90.

49. Jacqueline Borin, "Embers of the Soul: The Destruction of Jewish Books and Libraries in Poland During World War II", *Librarians and Culture* 28 (1993), p 449.

50. F. J. Hoogewoud, "The Nazi Looting of Books and Its American 'Antithesis': Selected Pictures from the Offenbach Archival Depot's Photographic History and Its Supplement", *Studia Rosenthaliana* 26, nos 1-2 (1992), p. 162.

51. Donald Collins e Herbert Rothfeder, "The Einsatzstab Reichsleiter Rosenberg and the Looting of Jewish and Masonic Libraries During World War II", *Journal of Library History* 18, nº 1 (1983), p. 24.

52. David Shavit, *Hunger for the Printed Word: Books and Libraries in the Jewish Ghettos of Nazi-Occupied Europe* (Jefferson, NC, 1997), p. 49.

53. Collins e Rothfeder, "Einsatzstab Reichsleiter Rosenberg", p. 29.

54. Hoogewoud, "Nazi Looting of Books", p. 162; Collins e Rothfeder, "Einsatzstab Reichsleiter Rosenberg", p. 30.

55. Shavit, *Hunger for the Printed Word*, p. 51.

56. Dirk Rupnow, "'Ihr müsst sein, auch wenn ihr nicht mehr seid': The Jewish Central Museum in Prague and Historical Memory in the Third Reich", *Holocaust and Genocide Studies* 16, nº 1 (2002), pp. 23-53.

57. Hoogewoud, "Nazi Looting of Books", p. 161.

58. Rupnow, "'Ihr müsst sein, auch wenn ihr nicht mehr seid'", pp. 89-90.

59. *"Stadt und Mutter in Israel": Jüdische Geschichte und Kultur in Regensburg*, Ausstellung Regensburg Stadtarchiv und Runtingersäle (Regensburg, 1989), p. 118.

60. Friedländer, *Years of Extermination*, p. 266.

61. Os exemplos são do excelente ensaio de Frank Bajohr em Frank Bajohr e Dieter Pohl, *Holocaust als offenes Geheimnis: Die Deutschen, die NS-Führung und die Alliierten* (Munique, 2006), pp. 47-8.

62. Friedländer, *Years of Extermination*, p. 307.

63. Peter Fritzsche, *Life and Death in the Third Reich* (Cambridge, MA, 2008), p. 257.

64. Ibid., p. 253.

65. Klaus Hesse e Philipp Springer, *Vor aller Augen: Fotodokumente des nationalsozialistischen Terrors in der Provinz* (Essen, 2002), pp. 154, 159. Ver o livro para informações sobre outras localidades onde a deportação foi fotografada.

66. Franziska Becker, *Gewalt und Gedächtnis: Erinnerung an die national-sozialistische Verfolgung einer jüdischen Landgemeinde* (Göttingen, 1994), pp. 83, 91.

67. Moser, "Depriving Jews of Their Legal Rights in the Third Reich", pp. 136-37; Walk, *Sonderrecht für die Juden im NS-Staat*, pp. 334, 363, 371-72, 374, 379, 385, 389.

68. Bajohr e Pohl, *Holocaust als offenes Geheimnis*, p. 62.

69. Ibid., p. 62.

70. Klemperer, *I Will Bear Witness*, 2:28.

71. Ibid., p. 234.

72. Fritzsche, *Life and Death in the Third Reich*, p. 286.

73. Citado em Friedländer, *Years of Extermination*, pp. 337-38.

74. Hosenfeld, *"Ich versuche jeden zu retten"*, p. 630.

75. Bajohr e Pohl, *Holocaust als offenes Geheimnis*, pp. 66-7.

76. Klemperer, *I Will Bear Witness*, 2:156, p. 148.

77. Moser, "Depriving Jews of Their Legal Rights in the Third Reich", p. 138; Walk, *Sonderrecht für die Juden im NS-Staat*, p. 403.

78. Marta Baiardi, "A Deportação dos Judeus de Florença" [em italiano], *Museo e Centro di Documentazione della Deportazione e Resistenza; Loughi della memoria Toscana, Prato*, http://www.museodelladeportazione.it/modules/smartsection/item.php?itemid=33.

79. Michael Matsas, *The Illusion of Safety: The Story of the Greek Jews During World War II* (Nova York, 1997), pp. 83, 115-17; Irith Dublon-Knebel, compilação, *German Foreign Office Documents on the Holocaust in Greece (1937-1944)* (Tel Aviv, 2007), esp. pp. 188, 190, 208. Ver também Götz Aly, "Die Deportation der Juden von Rhodos nach Auschwitz", *Mittelweg 36* (2003), pp. 79-88.

80. Collins e Rothfeder, "Einsatzstab Reichsleiter Rosenberg", p. 33.

81. *Das Reich*, 16 de novembro de 1941.

82. *Das Reich*, 8 de maio de 1943, reproduzido em "German Propaganda Archive: Calvin — Minds in the Making", http://www.calvin.edu/academic/cas/gpa/rsi60.htm.

83. Manoschek, *"Es gibt nur eines für das Judentum: Vernichtung"*, p. 43.

84. Randall Bytwerk, "The Argument for Genocide in Nazi Propaganda", *Quarterly Journal of Speech* 91, nº 1 (2005), p. 52.

85. Chaim Kaplan, Diary, 2 de fevereiro de 1942, Arquivo Moreshet, Memorial Mordechai Anielevich, Israel. Grifos no original.

86. Christopher Sauer, "Rede als Erzeugung von Komplizentum: Hitler und die öffentliche Erwähnung der Juden-vernichtung", em *Hitler der Redner*, org. Josef Kopperschmidt (Munique, 2003), pp. 413-40.

87. Domarus, *Hitler — Reden und Proklamationen*, parte 2, pp. 1844, 1920, 1937.
88. Sauer, "Rede als Erzeugung von Komplizentum", p. 434.
89. Rüdiger Overmans, *Deutsche militärische Verluste im Zweiten Weltkrieg* (Munique, 1999), pp. 265-66.
90. Nicholas Stargardt, "Rumors of Revenge in the Second World War", em *Alltag, Erfahrung, Eigensinn: Historisch-anthropologische Erkundungen*, org. Belinda Davis, Thomas Lindenberger e Michael Wildt (Frankfurt, 2008), p. 383.
91. Klemperer, *I Will Bear Witness*, 2, p.415.
92. Stargardt, "Rumors of Revenge", p. 378.
93. Bajohr e Pohl, *Der Holocaust als offenes Geheimnis*, p. 66.
94. Stargardt, "Rumors of Revenge", p. 378. Era um equívoco, já que duas sinagogas foram destruídas.
95. Manoschek, *"Es gibt nur eines für das Judentum: Vernichtung"*, p. 75.
96. Bajohr e Pohl, *Der Holocaust als offenes Geheimnis*, p. 74.
97. Stargardt, "Rumors of Revenge", p. 377.

Epílogo: *Um Mundo com Judeus*

1. Gershom Scholem, *A Life in Letters, 1914-1982* (Cambridge, MA, 2002), p. 310.
2. Havi Dreifuss-Ben-Sasson e Lea Preiss, "Twilight Days: Missing Pages from Avraham Lewin's Warsaw Ghetto Diary, May-July 1942", *Yad Vashem Studies* 33 (2005), pp. 7-60.
3. Franz Kafka, *Briefe, 1902-1924* (Nova York, 1958), pp. 27-8.
4. Ver o estimulante livro de Yuri Slezkine, *The Jewish Century* (Princeton, NJ, 2004), esp. pp. 102-04.
5. Dirk Rupnow argumenta contra este ponto de vista, que tem sido formulado de diferentes maneiras por, entre outros, Aleida Assmann, Jean-François Lyotard e James Young. Dirk Rupnow, "'Ihr müsst sein, auch wenn ihr nicht mehr seid': The Jewish Central Museum in Prague and Historical Memory in the Third Reich", *Holocaust and Genocide Studies* 16, nº 1 (2002), p. 23.
6. Dan Stone, "Genocide and Memory", em *The Oxford Handbook of Genocide Studies*, org. Donald Bloxham e A. Dirk Moses (Oxford, 2010), pp. 102-19.
7. Carlo Ginzburg, "Distance and Perspective: Two Metaphors", em *Wooden Eyes: Nine Reflections on Distance* (Nova York, 2001), pp. 139-56.
8. Paula Fredriksen, *Augustine and the Jews: A Christian Defense of Jews and Judaism* (Nova York, 2008).

Créditos das Ilustrações

Os fotógrafos e as fontes do material visual estão listados abaixo. Foi feito o máximo esforço para fornecer créditos completos e corretos; se houver erros ou omissões, por favor entre em contato com a Yale University Press para que possam ser feitas correções em qualquer edição posterior.

57: A queima dos livros na Praça da Ópera em Berlim, 10 de maio de 1933 (cortesia do Bundesarchiv, Alemanha, foto: 102-14599/fotógrafo: Georg Pahl).

58: Praça da Ópera na queima dos livros em Berlim, 10 de maio de 1933 (cortesia do Bundesarchiv, Alemanha, foto: 183-R70324).

78: "É irrelevante no que o judeu acredita, pois o caráter velhaco se encontra na raça" (Was der Jude glaubt ist einerlei, in der Rasse liegt die Schweinerei), Bamberg, 18 de agosto de 1935 (cortesia de Stadtarchiv Bamberg).

78: "Conhecer o judeu é conhecer o Diabo" (Wer den Juden kennt, kennt den Teufel), Recklinghausen, 18 de agosto de 1935 (cortesia de USHMM Photo Archives).

79: "Conhecer o judeu é conhecer o Diabo" (Wer den Juden kennt, kennt den Teufel), cidade alemã não identificada, 1933-1939 (cortesia de Stadtarchiv Nürnberg).

95: "Eu, o judeu Siegel, nunca mais registrarei uma queixa contra os nacional-socialistas" (Ich der Jude Siegel werde mich nie mehr über Nationalsozialisten beschweren). Dr. Michael Siegel, Munique, 10 de março de 1933 (cortesia do Bundesarchiv, Alemanha, foto: 146-1971-006-02/fotógrafo: Heinrich Sanden).

100: "Eu violei uma mulher cristã!" (Ich habe ein Christenmädchen geschandet!), Marburg, 19 de agosto de 1933 (cortesia de USHMM Photo Archives).

101: Parada do Dia de Ação de Graças, Altenahr, Renânia, 1937 (cortesia de USHMM Photo Archives).

102: Parada do Dia de Ação de Graças, Altenahr, Renânia, 1937 (cortesia de USHMM Photo Archives).

108: "Judeus não são bem-vindos aqui" (Juden sind hier nicht erwünscht), Francônia, 1935 (cortesia de Bildarchiv Preussischer Kulturbesitz).

109: "Os judeus são nossa desgraça!" (Die Juden sind unser Unglück!), Düsseldorf, 1933-1938 (cortesia of Stadtarchiv Nürnberg).

109: "Quem compra de judeus está roubando os ativos da nação" (Wer beim Juden kauft stiehlt Volksvermögen).

110: "Os Judeus são nossa desgraça" (Juden sind unser Unglück), Mannheim, 1935-1939 (cortesia de Stadtarchiv Nürnberg).

110: "Judeus não são bem-vindos aqui" (Juden sind hier nicht erwünscht), entrada do Nürnberger Tor [Portão de Nuremberg] para a Universidade de Erlangen, 10 de novembro de 1938 (cortesia de USHMM Photo Archives.)

111: "Judeus não são bem-vindos em Tölz!" (Juden in Tölz unerwünscht!), 1935.

111: "Esta casa está e continuará livre de judeus" (Dieses Haus ist und bleibt von Juden frei), Grüne Tanne Guesthouse, Halle an der Saale, 1935-1939 (cortesia de Stadtarchiv Nürnberg).

112: "Este será o fim de todo membro da comunidade nacional que compra de judeus e de qualquer judeu que invada esta cidade!!" (So muß es jedem Volksgenossen gehen der bei Juden kauft und jedem Jude der diese Stadt betritt!!), 1935-1939 (cortesia de Stadtarchiv Nürnberg).

112: "Nas seguintes casas de Werl moram judeus" (In folgenden häusern in Werl wohnen Juden), Werl, 1933 (cortesia de Bildarchiv Preussischer Kulturbesitz).

113: "Temos 3 dúzias de judeus para mandar embora" (Wir haben 3 dtz Juden abzugeben), Reichenberg bei Würzburg, 1935-1939 (cortesia de Stadtarchiv Nürnberg).

113: Aldraba em prefeitura, Lauf an der Pegnitz, 1937 (cortesia de Stadtarchiv Lauf a.d. Pegnitz).

114: "Não Confie na Raposa em Prado Verde nem no Juramento de um Judeu!" (Trau keinem Fuchs auf grüner Heid und keinem Jud bei seinem Eid!), mural em agência dos correios, Nuremberg, 1933-1939 (cortesia de Stadtarchiv Nürnberg).

115: "Judeus não são bem-vindos aqui" (Juden sind hier nicht erwünscht), estrada Munique-Landsberg, 13 de maio de 1935 (cortesia de Bildarchiv Preussischer Kulturbesitz/Hanns Hubmann).

115: "Praia alemã Mainz-Ginsheim. Praia judia só no rio Jordão — 1933 quilômetros" (Deutsches Strandbad Mainz-Ginsheim. Jüdisches Strandbad nur am Jordan —1933 klm), Mainz, 1935-1939 (cortesia de Stadtarchiv Nürnberg).

116: "Façam suas trilhas longe daqui, judeus, fora! Não queremos vocês em Neuhaus!" (Zieh weiter Jud, zieh aus! Wir wünschen dich nicht in Neuhaus!), Rennweg am Neuhaus, 1935-1939 (cortesia de Stadtarchiv Nürnberg).

136: Os objetos da sinagoga são queimados na Praça do Mercado de Mosbach, em Baden, 10 de novembro de 1938 (cortesia de USHMM Photo Archives).

138: A sinagoga, em Euskirchen, com o rolo da Torá pendurado no telhado, 10 de novembro de 1938 (cortesia de Stadtarchiv Euskirchen).

143: "Deus, não nos abandone!" (Gott, vergiss uns nicht!). A parada dos judeus em Baden Baden, 10 de novembro de 1938 (cortesia de Yad Vashem Photo Archive).

158: "Êxodo dos judeus" (Auszug der Juden). A parada dos judeus na Maximilianstrasse, Regensburg, 10 de novembro de 1938 (cortesia de Yad Vashem Photo Archive).

159: Tropas de assalto posam para foto diante da sinagoga destruída em Münster, 10 de novembro de 1938 (cortesia de Stadtarchiv Münster, Fotosammlung Nr. 5168).

160: Civis rindo na frente da destruída sinagoga Hörder, em Dortmund (cortesia de Horst Chmielarz, arquivo particular, Dortmund).

171: Carnaval em Neustadt an der Weinstrasse apresentando um carro alegórico da sinagoga local em chamas, 19 de fevereiro de 1939 (cortesia de USHMM Photo Archives).

241: A deportação dos judeus de Regensburg, 2 de abril de 1942 (cortesia de Yad Vashem Photo Archive).

Índice Remissivo

Números de página em *itálico* indicam ilustrações.

Abissínia, invasão italiana da, 119
aborto, 45, 106
advogados, 42, 47, 67, 92, 127
Agostinho de Hipona, 27, 275
Ahnenpass (passaporte racial), 74
alemães,
    cristianismo e nacionalidade alemã, 20-1
    doutrinação dos, 196
    emoções e imaginação dos, 18
    protesto contra ações nazistas, 103-04
    queima da Bíblia e, 36-7
    temores de vingança judaica no final da guerra, 260-62
    transformação em assassinos, 21-2
    ubiquidade da propaganda antijudaica na vida diária e, 108-09
    viagem motorizada e turismo dos, 117-18
Alemanha Oriental, 264, 265
Alemanha, unificação da (1871), 80, 83, 90
aliança do Eixo, 120
Alliance Israélite Universelle, bibliotecas da, 236-37
Andersen, Hanns, 20, 78
Anos de Perseguição, Os (Friedländer), 139-40
antropologia, racial, 87-8, 121-22
"Antigo Judeu Universal" (Fischer), 88
Antigo Testamento, 36-7, 91, 150, 222
    eliminado das liturgias da igreja, 170, 203

Jesus como Messias e, 131. *Ver também* Bíblia, hebraica
    na Bíblia crista, 275
antissemitismo, 19, 22, 23, 62, 269
    cúmplices nos programas de, 103
    emoção e, 32, 158-59
    endurecimento do, 199
    motivos do, 125
    propaganda antijudaica na vida diária, 108-11, 109-14, 114, 115-16, 116-17
    propaganda em tempo de guerra, 238
    psicologia inconsciente do, 36
    racial, 19-20, 77, 80, 124
Appel, rabino Ernst, 121
Arendt, Hannah, 32
armênios, 274
arquitetura Bauhaus, 45
arquivo do Estado prussiano, 74
arquivo Oyneg Shabes, 182, 228, 229, 265
arte moderna, 106
Asch, Sholem, 58
Associação Nacional-Socialista de Estudantes Alemães [National Socialistische Deutsche Studenten Bund], 55, 56
Associação Nacional-Socialista de Professores (NS-Lehrerbund), 59, 153
ateísmo, 65, 106
Ato de Habilitação, 51

Auschwitz,
    campo da morte, 16, 21, 23, 94, 200
    conhecimento dos alemães de, 259
    deportações para, 240-41, 254-55
    encarado como processo industrial, 32, 216
    impossibilidade de imaginar, 177
    libertado pelos soviéticos, 259
    Mengele no, 87
    prisioneiros de guerra soviéticos mortos em, 214
    rumores sobre, 247, 251
Áustria, 121, 125-26, 179, 241
Autobahn (rede de rodovias), 117

Babi Yar, 177, 213, 233
Barbusse, Henri, 58
batalhão de polícia 209, 309
Bauer, Elvira, 111
Baviera, 75, 107-08
Behringer, Joseph, 55, 64
Bélgica, 241
Belzec, centro de extermínio, 216, 241
Bergen Belsen, campo de concentração, 231
Berlim, cidade de, 76, 165
    população judaica da Alemanha, 168
    restrições a judeus na, 193
    sinagogas demolidas em, 129-30
Berlin Alexanderplatz (Döblin), 69
Bertram, Ernst, 63-4
Bíblia, hebraica, 27, 70, 228, 230, 267, 272, 274. *Ver também* Antigo Testamento
Bíblia, hebraica,
    celebrada como nova identidade alemã, 162
    crianças como testemunhas da, 136
    Kristallnacht e, 135, 138-40
    motivações para, 154
    pactos e origens em relação à, 140-48
    queima da, 15-9, 35, 36, 71, 150-51
Bibliografia sobre a História da Questão Judaica (Eichstät), 131

Biermann, Fräulein, 103
biologia, 20, 74, 78, 84, 88
Bismarck, Otto von, 149
Boas, Franz, 58
bolcheviques e bolchevismo, 27, 29, 44, 45
    cristianismo atacado por, 147
    judeus identificados com, 97, 106, 125, 181-82. *Ver também* comunismo
Borges, Jorge Luis, 41
Brauschitsch, gen. Walther von, 120
Brecht, Bertolt, 53, 58
Breslau, cidade de, 42, 47, 91, 103
    comunidade judaica de, 73-4
    queima de livros em, 71
    restrições a judeus em, 193-94
Brilling, rabino Bernhard, 73, 74
Brod, Max, 58
Brown Book on the Reichstag Fire and the Hitler Terror, 70
Buffum, David, 145
Bulgária, 25-6

Cabaret (musical), 48
Calà, Fiorella, 254
campo de concentração de
    Dachau, 14, 47, 52, 144, 157
    Majdanek, 234, 241
    Sachsenhausen, 158
    Theresienstadt, 59, 260
campos
    da morte, 16, 219
    de concentração, 14, 52, 187, 218
    de trabalho, 16, 187, 191, 218
Capacetes de Aço [Stahlhelm], 56
Capela Sistina, 139, 272
capitalismo, 27, 45, 65, 97
Carnaval (Terça-Feira Gorda), 100, 101, 137, 164, 172
Catecismo Nacional Alemão (Deutscher Nationalkatechismus), 74, 84
Catedral da Anunciação (Kremlin), 139
    de Monreale (Palermo), 139

católicos e Igreja Católica, 34, 98, 100-01, 169, 275, 282 nota 47
    Hitler como católico, 147
    julgamentos de bruxas e, 105
    relações com o regime nazista, 149-50
    relações nazi-cristãs e, 152-53
    temas antissemitas no Carnaval e, 164, *171*
"Censo em Verdun" (A. Zweig), 69
Centro de Bibliotecas e Bibliotecários Alemães (Zentralstelle für das deutsche Bibliothekwesen), 59
centro de extermínio de
    Sobibor, 216, 241
    Treblinka, 216, 228, 230, 251, 265
Chamberlain, Neville, 126
Chelmno, centro de extermínio, 214, 241
Churchill, Winston, 195, 220
ciência,
    narrativa antropológica e, 87-9
    princípios racistas em ciências naturais, 86
    racismo nazista e, 86, 87-8, 102, 125, 146, 148-49, 268
    viés racional para antissemitismo e, 20
Círculo Kreisau, 52
coleções de cultura judaica, 202, 204, 237-38, 239, 255
colonialismo, europeu, 24-5, 152
"Começo Alemão, Um" (palestra de Bertram), 63
comunidade judaica polonesa:
    aniquilamento da, 241, 271
    genocídio da, 196
    guetização da, 182-83, 190-94
    radicalização da política nazista e, 182-90
comunismo, 27, 42, 45, 46, 65
    espetáculos judiciais stalinistas, 104
    judeus identificados com, 105-06
    Partido Comunista proibido na Alemanha, 49-51, 52
    queima de escritos e insígnias comunistas, 56, 58, 61-2
    Segunda Guerra Mundial e, 219-21
    violência nazista contra, 46-8
    concentração em Nuremberg, 77
Conferência de
    Líderes da Igreja Evangélica, 154
    Wannsee, 216, 218, 227, 240
Conselho Judaico, 238, 239
conservadorismo, 48-9, 106
Creglingen, cidade de, 42, 47
cristianismo, 16, 20, 26, 267, 274
    antijudaísmo e, 146
    antissemitismo e, 36
    conversão ao, 73, 74, 77
    judaísmo e, 36, 274
    passado compartilhado dos judeus com, 17, 26-7
    raízes judaicas do, 142, 147
    símbolos cristãos, 128
    vínculo com nazismo, 21, 33
"Crônica da Guerra de Bielefeld", 244
cubismo, 45, 47, 55
Cuhorst, Fritz, 185

dadaísmo, 45, 55
Davi (Michelangelo), 254, 272
Declaração de Godesberg, 154
Decreto contra a Camuflagem de Firmas Judaicas, 127
democracia, 45, 46, 47, 52, 64, 65,
deportações, 85, 86, 241, 242-46
Depressão (1930s), 76, 90, 118
"Desonra da Arte Alemã entre 1919 e 1933, A" (palestra de Behringer), 55
Diester, Wilhelm, 116
distintivo judaico, origens medievais do, 149
Döblin, Alfred, 69-71
Dos Passos, John, 58
doutores, 127
Doze Teses, As, 57, 66, 72
Dürkop, Johannes, 202-03, 205

Ebeling, cel. Ernst, 246-47
Ehrenburg, Ilya, 58
Eichmann, Adolf, 32, 216
Eichstät, Volkmar, 131-32
Einsatzgruppen (Forças-Tarefas), 187, 211, 248
Einsatzstab Reichsleiter Rosenberg [ERR] (Força-Tarefa Reichsleiter Rosenberg), 236-38
Einstein, Albert, 54, 58, 71
Eisler, Hanns, 53
Eisner, Kurt, 47
El Alamein, batalha de, 251, 252
Emanuael, Batya, 136-37
emoções, 76, 94, 249, 264
    atitudes com relação a assassinatos em massa e, 249
    contexto social e cultural das, 98-9
    em discursos de Hitler, 175-77
    história das, 32-3
    profecia de Hitler e, 257
    visibilidade pública das, 97
    empresa editorial Ullstein, 44
    envenenamento de poços, judeus acusados de, 122-24
Escritório Central de Segurança do Reich (RSHA) [Reichssicherheitsdiensthauptamt], 187-88, 196, 236
eslavos, política de extermínio para com os, 187
Eslováquia, 241
Estados Unidos, 174, 179, 220, 221
Estrela de davi (Estrela Amarela), 173, 190, 214, 242
    supressão da, 260
    uso obrigatório por judeus, 215-16, 245-46
    etnografia, 81
Evans, Richard, 80
Exército Vermelho, 210, 219, 252, 266
Exposição *Arte Degenerada* (Munique, 1937), 104
expressionismo, 45, 55

extermínio, 16, 21, 22, 29, 182
    como destino de elementos "associais", 85
    comunicados de Hitler sobre, 258
    da nação polonesa, 186
    decretos locais contra judeus e, 245-46
    fantasia como base do, 18
    guerra e, 119. *Ver também* Solução Final; Holocausto
    início do, 21
    libertação apocalíptica e, 34
    memória e, 270-74
    redenção e, 225
    rumores sobre, 248-51

Faulhaber, Cardinal von, 149-50
Fechenbach, Felix, 47
Federação das Associações de Mulheres Alemãs, 54
feminismo, 45, 54, 106
festivais,
    demonstrações antissemitas em, *101, 102-03*, 164
    nacionais alemães, 59, 60-1, 68
Feuchtwanger, Lion, 58
filologia, 82
Fischer, Eugen, 88, 263-64
Fischer, Hermann, 81-2
Flehinger, Arthur, 143
Florença, 13, 254
Foerder, Ludwig, 42, 47
folclore, 81
Forbes, *sir* George Ogilvie, 161
França, 46, 76-7, 119, 125, 178, 237
    conferência de Munique (1938) e, 126
    declaração de guerra à Alemanha, 183
    derrota alemã da, 188, 194-95
    judeus deportados da, 241
    zona de Vichy, 196, 201
Franco, Francisco, 119
François-Poncet, André, 49
Frank, Hans, 183, 188
Frank, Walter, 130, 263

Frente Alemã do Trabalho, 51
Frente de Ferro [Eiserne Front], 56
Freud, Sigmund, 35-8, 58, 69, 71, 268-69
Fricke, Gerhard, 59, 64, 65
Friedländer, Saul, 34, 139
Fritsch, gen. Werner von, 120
futurismo, 55

Garbarini, Alexandra, 235
gás Zyklon B, 214
genealogia, racial, 74-5
genocídio, 18, 46, 184, 218
    consciência alemã do, 199
    definição das Nações Unidas de, 187
    Holocausto e outros genocídios, 25-6, 269-70, 273-74
Gercke, Achim, 44
germanistas, 59
Gestapo, 122, 123, 124, 145, 158
    controle da informação e, 248
    deportações e, 244
    medo dos judeus da, 179
    quartel-general em Dresden, 260
Geyer, E., 122
Gide, André, 58
Ginzburg, Carlo, 35
Glaeser, Ernst, 62
Goebbels, Joseph, 53, 66, 92, 173, 235, 276
    deportações e, 243-44
    diário de, 127, 129
    em conferência sobre a questão judaica, 166-67
    filmes concebidos por, 196-97
    judeus responsabilizados pela guerra por, 221-22
    Kristallnacht e, 138
    política de extermínio e, 214, 255-56
    propaganda de guerra de, 252
    queima de livros e, 59, 62-3, 64, 67-8, 70
    sobre a dominação judaica do mundo, 224-25
    sobre punições a "comportamento amistoso com relação a judeus", 246
    suicídio de, 263
Göring, Hermann, 43, 119, 166, 168, 226, 263
Graber, David, 228
Grã-Bretanha, 119, 120, 179
    conferência de Munique (1938) e, 126
    declaração de guerra à Alemanha, 183
    na Segunda Guerra Mundial, 195-96, 210
Grande Biblioteca Talmúdica (Lublin), 235
Grau, Wilhelm, 130, 132
Grécia, 238
Grundmann, Walter, 169, 170, 264
Guerra Civil Espanhola, 119
"Guerra e os Judeus, A" (Goebbels), 255-56
Guerra Mundial, Primeira, 43, 54, 63, 90
    derrota da Alemanha na, 45
    monumentos a soldados caídos, 61
    patriotismo judeu-alemão na, 68-9
    represália alemã contra a França e, 195
    Tratado de Versalhes no fim da, 76-7
    veteranos de direita da, 56
Guerra Mundial, Segunda, 16, 36, 240
    ataques aéreos aliados à Alemanha, 242, 250, 259-60
    derrota da Alemanha na, 262, 263
    reviravolta da, 251-55
    vitórias iniciais alemãs, 194-95
guetização, 30, 33, 148-49, 168, 210
    em áreas soviéticas ocupadas, 201
    história cultural do gueto, 227
    na Polônia, 190. *Ver também* deportações; gueto de Łódź; Gueto de Varsóvia
gueto de Łódź, 191, 192-93, 200, 265, 227-28, 233
Gueto de Varsóvia, 182, 205, 226-27, 228, 255
    arquivos clandestinos no, 229
    deportações do, 232
    levante no, 247-48, 265
    orfanato Korczak no, 231-32
    sobreviventes do, 265

Gumbel, Emil, 55
Gundolf, Friedrich, 63
Gyssling, Walter, 94-5

Haber, Fritz, 54
Haffner, Sebastian, 49, 75
Harnack, Adolf von, 151
Heidelberg, cidade de, 55-6
Heimat (terra natal), 80-3, 89, 104, 203, 225-26, 244,
Heine, Heinrich, 58
Heinemann, Walter, 202, 203
Hemingway, Ernest, 58
Hermann, Max, 59
Herz, Heinrich, 93-4, 97
Heschel, Susannah, 170
Hettinger, Fritz, 157
Hettinger, Paul, 157
Heuss, Theodor, 58
Heydrich, Reinhardt, 166-67, 186, 187-88, 196
    na Conferência de Wannsee, 216
    ordens para executar civis judeus, 210
    política de extermínio e, 213-14
Himmler, Heinrich, 87, 174-76, 276
    política de extermínio e, 213, 214, 223, 224
    política racial na Europa oriental e, 187, 188
    suicídio de, 263
Hindenburg, Paul von, 47, 48, 49, 76, 120
hiperinflação (1922-1923), 90
Hippler, Fritz, 197
Hirschfeld, Magnus, 62
historiografia, 33
Hitler, Adolf, 23, 25, 26, 33, 47-8, 129, 276
    "aniquilamento" como objetivo de, 174, 177, 198, 255
    Anschluss austríaco e, 125-26
    boicote contra negócios judaicos e, 172-73
    consolidação do poder, 76-8
    declaração de guerra aos Estados Unidos, 220, 221
    diminuição de comunidades judaicas e, 142-43
    ditadura instituída por, 51-2
    exército alemão e, 119-20
    Igreja Católica e, 146-47
    incêndio no Reichstag e, 50
    Kristallnacht e, 138
    memória do extermínio e, 271-72
    nomeado chanceler, 41, 47-8, 49-50
    papado e, 70
    planos para a Polônia, 185-86
    popularidade de, 64-5, 77
    preparativos de guerra de, 118-19, 173-74, 178
    Problema Judaico e, 117
    profecia sobre o destino dos judeus, 196-97, 197-98, 214-15, 223, 255-60
    sobre características raciais dos judeus, 85-6
    suicídio de, 263
    tentativa de assassinato contra, 52
Holanda, 195, 220, 235-37, 241
Holocausto, 15, 216, 218, 248
    antigo antissemistismo e, 24-5
    burocracia e, 16
    compreensão e representação do, 232. *Ver também* extermínio; Solução Final
    explicação dominante do, 23
    memória e, 270-71, 272, 275-76
    relação com outros genocídios, 269-70, 273-74
    representação histórica do, 30-1
    teorização sobre, 226-27
    tradição de antijudaísmo e, 37
homossexualidade, 45, 106
Horovitz, rabino Jacob, 145
Horovitz, rabino Marcus, 145
"Horst Wessel" (hino nazista), 14, 69, 144
Hosenfeld, cap. Wilm, 226-27, 235, 249, 276

Hungria, 46
hutus, 274

identidade ariana, 45-6, 85-6, 128
  definição negativa da, 80
  documentação da, 73-4
  hierarquia racial e, 19
identidade nacional alemã, 38, 45-6, 116-17
  árvore de Natal como símbolo da, 42
  destruição de símbolos religiosos judaicos e, 141
  divisão protestante-católica e, 149-50
  judeus excluídos da, 145
  mistura de raça e cristianismo, 78-9
  queima de livros e, 58-62
  significados mutáveis da, 89-90
identidade, local, 82, 83, 243-44
ideologia racial, 15, 16, 24, 95-6, 216-17
  caráter redentor da, 269
  como ideologia nacional, 90
  destruição de símbolos religiosos e, 140-42
  doutrinação na, 19
identidades e, 19
  religião e, 78-9
igrejas, 21, 147, 148-50, 236, 261
imaginação nazista, 33, 34, 95-6, 165, 188-9, 269
imaginação, 31, 106
impressionismo (movimento artístico), 45, 55
Instituto
  da Biologia Hereditária e Higiene Racial, 87
  de Antropologia Kaiser Wilhelm, 87
  de Ciência Sexual, 58, 62
  do Reich para a História da Nova Alemanha [Reichsinstitut für Geschichte des neuen Deutschlands], 130
  para a Pesquisa da Questão Judaica [Institut zur Erforschung der Judenfrage], 202, 236, 255
  para o Estudo da Questão Judaica [Institut zum Studien der Judenfrage], 130, 201
  para o Estudo e Erradicação da Influência Judaica sobre a Vida da Igreja Alemã [Institut zur Erforschung und Beseitigung des jüdischen Einflusses auf das deutsche kirchliche Leben], 168-69, 202, 203, 264
Isherwood, Christopher, 48, 76, 180
Itália, fascista, 89, 119, 120, 178

Jan, Julius von, 156
Japão, 120, 220
Jaspers, Karl, 55
Jefferson, Thomas, 74
Jew Süss [Judeu Süss] (filme), 196, 197
Jogos Olímpicos (1936), 118, 120-21
judaísmo, 23, 73, 120, 161-63, 205
  apropriado pela identidade cristã, 204
  arquivos prussianos sobre história do, 75
  eliminação do, 219
  elo com história cristã e europeia, 271
  erradicação universal do, 199
  festas judaicas, 213
  Jesus e a destruição do, 170
  reescrita da história do, 235
  relação com cristianismo, 36-7, 149-50, 150-51
  rolo da Torá como imagem do, 141
  visado por medidas antijudaicas, 128
Judenfrei ou *Judenrein* ("livre de judeus"), 196, 211, 242
Judeu como um Criminoso, O (Keller e Andersen), 20, 78-9
Judeu Errante, O [Der ewige Jude] (filme), 197-98, 199, 200
Judeu Eterno, O (exposição em Munique), 121
"Judeus são Culpados! Os" (Goebbels), 221-22
judeus,
  casamento com não judeus, 180, 260

como cosmopolitas sem raízes, 46, 141
como inimigo principal dos nazistas, 27, 52-3, 107
como proprietários de grandes empresas, 44
comunismo associado aos, 44
conversão ao cristianismo, 20, 73
crimes atribuídos aos, 73, 92, 104-05, 106
da Europa oriental, 181
emigração da Alemanha, 122-23, 126, 179, 213-15
expelidos pela força de comunidades, 128, 241-242
franceses, 196-97
gama de opiniões alemãs acerca da política com relação a, 91-3
ideia "do judeu", 44-5, 46, 68
identidade alemã e patriotismo dos, 68-9, 92-4, 97, 179-80
monoteísmo e, 35
norte-africanos, 33
poder impressionante imputado aos, 27
população judaica da Alemanha, 108, 168
propaganda de guerra nazista e, 221
propostas de expulsão feitas pelos nazistas, 188-89
rações de alimentos para, 193
refugiados, 174
representados em desfiles festivos, 100--01, *101, 102-03*
sefarditas, 254
vidas de sobreviventes após a guerra, 264-66
violência contra, 42-4, *95*, 96, *100*
vistos como já pertencentes ao passado, 171-72
julgamentos de bruxas, no início da Europa moderna, 104-06
Julgamentos de Nuremberg, 263

Jung, Carl, 98
Juventude Hitlerista, 61, 129, 136, 199

Kafka, Franz, 266
Kahlke, Nikolas, 92
Kaplan, Chaim, 182-83, 200, 204-05, 213, 276, 289 nota 29
    morte de, 266
    sobre a profecia de Hitler, 256-57
Kästner, Erich, 62
Katsch, Abraham, 289 nota 29
Kautsky, Karl, 61
Keller, J., 78
Keller, Helen, 58
Khoroshunova, Iryna, 233
Kissel, Peter, 64
Klemperer, Victor, 179-81, 194, 222-23
    bombardeio de Dresden e, 260
    sobre deportações, 252-53
    sobre o levante do Gueto de Varsóvia, 247-48
    vida após a guerra, 265
Klonicki, Aryeh, 211
Koenekamp, Eduard, 190
Korczak, Janusz, 231-32, 276
Kracauer, Siegfried, 58
Kristallnacht, 15-6, 66, 124, 129, 175, 277 nota 4
    agindo por conta das emoções na, 157-63
    atitudes da igreja para com a, 153
    culpa alemã e temores de vingança, 260-62
    destruição da Bíblia hebraica e, 135, 138-40
    história local da, 169-70
    ideologia racial e, 141
    judeus poupados da violência da, 180
    profecia de Hitler e, 256-57
    simpatia alemã por judeus durante, 145-47, 155-56, 161
    tradição de ações antijudaicas e, 242-43
Krüger, Hans, 213

Kuh, oficial, 73-4, 75, 77-8
Kunde (conhecimento local), 81, 84

Leffler, Siegfried, 152-53, 170, 190, 264
legislação antijudaica, 66-8, 90-1, 127, 179, 193-94, 214-16
    deportações e, 245-46
    tendência da guerra contra a Alemanha e, 253-54
Lei
    contra a Superlotação nas Escolas, 67
    da Receita, 91
    de Armamentos, 127
    de Cidadania do Reich, 215-16
    do Inquilinato para Judeus, 179
    império da, 43, 45
    para a Restauração do Serviço Público Profissional, 54, 67
    sobre a Admissão ao Exercício do Direito, 67
    sobre as Parteiras, 172
    sobre os Editores, 67
Lenin, V.I., 58, 62, 89
Levi, Primo, 23, 31, 209, 231, 232
Levi-Hass, Hanna, 231, 276
Lewi, Liebe, 186
Lewin, Abraham, 229, 265, 276
Lewkowicz, Moishe, 265
libelo de sangue, 122-23
liberalismo, 27, 45, 46, 47, 65
    "espírito judaico" identificado com, 57
    judeus identificados com, 97, 106, 125
    Segunda Guerra Mundial e, 220
    sobre o mal como tirania política, 267, 268
    violência nazista contra, 46-8
    vitória nazista sobre, 72, 104
liberdade sexual, 45, 65, 106
"Libro, El" (Borges), 41
Liebknecht, Karl, 58
Liga
    Alemã para a Proteção da *Heimat*, 81
    das Nações, 119
    de Estudantes Alemães [Deutsche Studentenschaft], 55, 56, 57-8
    de Moças Alemãs [Bund Deutscher Mädel], 199
    Militante pela Cultura Alemã, 55, 59
Lilienthal, Joel, 157
limpeza étnica, 18
língua
    alemã, 73, 81, 169-70
    aramaica, 215
    hebraica, 72, 182, 186, 215
    iídiche, 67, 186, 233
    inglesa, 120
    polonesa, 186
Lippert, Julius, 167
"Literatura sobre a Questão Judaica em Bibliotecas Alemãs, A" (Eichstät), 131
Loerke, Oskar, 70
London, Jack, 59
Luta em Berlim [Kampf in Berlin] (Goebbels), 58
Lutero, Martinho, 60, 169
Luxemburgo, Rosa, 59

Mãe Alemã, Uma (livro infantil), 147
Mann, Thomas, 57, 59, 63
Mapu, Avraham, 236
Marcião de Sinope, 151
Marian, Ferdinand, 196
Marrocos, 26, 252
Marx, Karl, 59, 62, 71, 74
marxismo, 45, 47, 50, 106, 236, 268
Maschmann, Melita, 199, 200
Mein Kampf (Hitler), 14, 45, 57, 86, 144, 148
meio judeus, 80
"Memorando sobre o Tratamento de Judeus na Capital em Todas as Áreas da Vida Pública", 167
memória, 235, 239, 271
Mengele, Josef, 87, 263
Merecki, Siegfried, 137
modernidade, 27, 82

judeus como criadores de maléfica modernidade, 44-5
significados mutáveis da, 89-90
versão antiliberal nazista da, 46
Moisés e o Monoteísmo (Freud), 35, 38
Montgomery, marechal-de-campo Bernard, 251
morte pela fome, 85, 86, 179, 201, 210
Movimento Cristão Alemão, 169, 170
mudanças de nomes, 74, 121
Museu Central Judaico (Praga), 238
música, ix, 45, 53, 62, 66
Musil, Robert, 59
Mussolini, Benito, 89, 119, 178, 252

nacionalidade, 37, 60, 90
Nada de Novo no Front Ocidental (Remarque), 94
Não Confie na Raposa (livro infantil), 110
Não Confie no Judeu no Prado (Bauer), 110
Napoleão I, imperador, 60, 73
Naumann, Hans, 59, 68
nazismo (nacional-socialismo), 24, 26
    ambições imperiais do, 25
    bibliografia do, 33
    cenário de nazismo vitorioso, 270-73
    como meio de vida, 210
    como visão de mundo revolucionária, 89
    cristianismo e, 146-56
    derrota na Segunda Guerra Mundial, 259
    destinos de nazistas proeminentes, 263-64
    elo com cristianismo, 20-1, 33
    Estado unipartidário instituído, 52
    identidade e, 38
    ideologia racial do, 74-6
    império do tempo e, 29
nação alemã e, 37-8
    populismo do Partido Nazista, 47-9
    preparativos de guerra do, 118-19

rompimento com tradição judaica e cristã, 268-69
Neuhaus, Nathan, 99, 103
Neurath, barão Konstantin von, 120
Niemöller, Martin, 155
NKVD (polícia secreta soviética), 26
Noite das Facas Longas, 76
Novo Testamento, 36, 91, 151, 169, 205
    associado ao Antigo Testamento na Bíblia cristã, 275
    dejudaizado, 170, 203
    reescrita do, 272
Nuremberg,
    cidade de, 110, 129, 243
    Leis Raciais de, 66, 80, 88, 92, 117, 118, 173
Nussbaum, Grete, 107

Oechsner, Frederick, 164
Oppenheimer, Joseph Süss, 196
orfanatos, 14
Ossietzky, Carl von, 62

pacientes mentalmente enfermos, genocídio dos, 25, 26, 85
pacifismo, 65, 106
Pacto
    de Aço, 178
    de Munique (1938), 126, 178
Palermo, 139
Palestina, emigração para, 73, 179, 202, 229
Palfinder, Alexander, 191-92
papado, 51-2, 70
Papen, Franz von, 48
Partido do Centro Católico, 51
Partido Social-Democrata, 50, 51
Paulus, gen. Friedrich von, 252
Pequeno Conhecimento Nacional (Kleine Nationalkunde), 84
perseguição, 16, 27, 30, 53, 107, 177
    atitudes dos alemães para com os judeus poloneses e, 184-85

    como período de experimentação, 189
    compreensão judaica da, 182-83
    deportações e, 245
    Doze Teses e, 66
    emoções e, 99, 144, 158
    encarada como processo industrial, 32
    fantasia como fundamento de, 19
    liderança nazista e, 127
    medo de judeus e, 27
    memória e, 270
    origens judaicas do cristianismo e, 152
    preparativos de guerra e, 165
    queima de livros e, 65
    raízes históricas da, 37-8
    remoção de judeus da esfera pública, 120-21
    salto para o extermínio, 21, 90, 177
    sentimentos dos alemães justificando a, 103
    sistemática, 17
    visão nazista da modernidade e, 45-6
pessoas fisicamente incapacitadas, genocídio das, 85
Pflugbeil, general-de-divisão Johann, 209
Piazza della Signoria (Florença), 272
Pio XII, papa, 275
plano de
    expulsão da Sibéria, 188
    expulsão Madagascar, 188, 190, 197
    Quatro Anos, 119
Pohl, Johannes, 131, 132, 237-38, 264
política de educação, 121, 172
poloneses, 33, 186, 247, 274
Polônia, 86, 125, 209
    assentamento de alemães na, 189, 199
    Governo Geral, 183, 225
    guetos na, 200
    invasão da, 148, 183-85
    partilha nazi-soviética da, 178-79
    reorganização racial da, 186
pós-impressionismo, 45
povo hereró, extermínio do, 24-5

povo namaqua, extermínio do, 24-5
Prager, Oskar, 13
pressão de grupo, 22
programa "A Força através da Alegria", 118
programa de rearmamento, 77-8
protestantes, 33, 70, 91, 169, 264, 282 nota 47
    grupo pró-nazista em igreja protestante, 149
    Igreja Confessional, 149-50, 155
    judeus como convertidos, 179
    julgamentos de bruxas e, 105-06
    Movimento Cristão Alemão e, 169-70
    relações nazi-cristãs e, 151-53
    teólogos antinazistas, 155-56
Protetorado Tcheco (Boêmia e Morávia), 241, 242
psicanálise, 35, 37, 45, 106, 225, 268

"Que é uma Nação, O?" (palestra de Renan), 37-8
queima de livros, 30, 56-9, *57, 58,* 98
    atmosfera carnavalesca da, 97
    como cerimônia de purificação, 67-8
    em Heidelberg, 55-6
    esquadrões incendiários na Polônia, 235
    exclusão de judeus do espaço público e, 117
    extinção das chamas da, 72
    identidade nacional alemã e, 59, 59-62
    na história alemã, 59, 169
    reação de autores banidos à, 69-71
Questão Judaica, 20, 92, 172, 190, 209, 255
    Conferência de Wannsee e, 216
    conferência sobre, 166
    decidido extermínio na, 213-14
    discussão pública da opção de extermínio, 174-75

raça, 34, 89
    biologia e, 73
    colonialismo europeu e, 24
    como metáfora de origem, 83-5

definição nazista de, 73-6
religião e, 21, 116, 286 nota 41
Radbruch, Gustav, 55
"reassentamento", 214
Reichstag, 42, 49, 69-70, 222
Remarque, Erich Maria, 57, 59, 62, 94
Renan, Ernest, 37
Reno, remilitarização do (1936), 76-7, 119
Revolução
    Alemã (1848), 55
    de Novembro (1918), 45, 54, 89
    Francesa, 29-30, 45, 55, 63, 249
Ribbentrop, Joachim von, 120
Ribbentrop-Molotov acordo, 178, 183
Ringelblum, Emanuel, 191, 198, 213, 228-29, 276
    morte de, 265
    sobre as condições do gueto, 183-84
Röhm, Ernst, 76
rolos da Torá, 15, 129
    destruídos na Alemanha, 135-38, 140, 141-42
    destruídos na Polônia, 185
    usados como papel higiênico, 154
    usos nazistas para, 237
Roma, 26, 119, 149, 237, 254-55
romas, ciganos, 33
Rommel, marechal-de-campo Erwin, 251
Roosevelt, Franklin D., 220, 221
Roper, Lyndal, 105, 106
Rosenberg, Alfred, 59, 130, 202, 234, 236
Rosenberg, Edgar, 14-5
Rosenfeld, Arnold, 42, 47
Rosenfeld, Oskar, 193, 228, 229, 235, 265, 276
Rosenthal, Herta, 243
Roth, Joseph, 70, 71, 264-65
Ruanda, 274
Rússia e russos, 25, 29, 33, 46, 86, 274
Rust, Bernhard, 59, 105, 153

SA [Sturmabteilung] (camisas pardas), 14, 42, 44, 56, 99
    desconfiança das elites conservadoras da, 172-74
    expurgo da Noite dos Longos Punhais e, 76-7
    Kristallnacht e, 140, 159
    violência contra os judeus praticada pela, 95-6, 103, 125
Sacro Império Romano, 136
saudação *Hail Hitler*, 121, 122, 129
Schacht, Hjalmar, 120
Schieder, Theodor, 187
Schiller, Friedrich, 60
Schiller, Willy, 135
Schipper, Isaac, 234-35
Schnitzler, Arthur, 59
Schoenberg, Arnold, 53
Scholem, Betty, 41, 47, 92, 106, 264
Scholem, Gershom, 41-2, 92, 106, 264
Schultz, Franz, 59
Schuschnigg, Kurt, 125
Schwarze Korps, Das (jornal da SS), 86, 175, 262
Se questo è un uomo [Sobrevivência em Auschwitz] (Levi), 31, 209
Seifert, Ernst, 160
Serviço de Segurança [Sicherheitsdienst, SD], 92, 128, 166, 243
Shapira, Kalonymos Kalmish, 230-31
Siegel, Michael, 95, 96
Siena, 254
símbolo da suástica, 69, 91
sinagogas, 15, 120
    como objetos de museu, 201, 203
    demolição de, 129-30, *138*, *159*, *160*
    destruídas na Polônia, 185
    profanação de, 43
    ruínas de, 179, 196
sinagogas, queima de, 14, 30, 135, *136*, 140, 142-46, 162-63, 164

culpa alemã e temores de vingança, 260-62
esquadrões incendiários na Polônia, 235
judeus queimados vivos dentro de sinagogas, 209
Sinclair, Upton, 59
sincronização *(Gleichschaltung)*, 51
sindicatos, 46, 51, 56
Sínodo da Saxônia, 150
sintis, 33
sionismo, 42, 66, 143, 223, 227-28, 229, 264
socialismo, 45, 47
    judeus identificados com, 105-06
    queima de escritos e insígnias socialistas, 56, 59, 62
    repressão do, 50
    vitória nazista sobre, 72, 104
soldados alemães, 209-10, 225-26, 227-28, 276
    Gueto de Varsóvia observado por, 233. *Ver também* Wehrmacht (exército alemão)
    notícias de assassinatos em massa espalhadas por, 211-12
    profecia de Hitler e, 255-56
Solução Final, 33, 190, 210, 224-25, 238
    como ruptura e continuidade, 217
    compreensão da, 234
    estendida pela Europa, 240. *Ver também* extermínio, Holocausto
    solução militar desesperada da Alemanha e, 258
Spelter, Albert, 65
Spielmann, Friedrich, 196
SS [Schutzstaffel] (Esquadrões de Defesa), 43, 47, 56, 99, 175
    Escritório Central de Segurança do Reich (RSHA), 187-88, 196, 236
    exigências para identidade ariana, 73-4, 75
    expurgo da Noite das Facas Longas e, 76
    jornal oficial da, 86, 175, 262

Kristallnacht e, 159
    matança de judeus pela, 211-12
    política de extermínio e, 259
Serviço de Segurança (SD) da, 92, 128, 165-66, 243
Stalin, Joseph, 25, 26, 104, 220, 221, 269
Stalingrado, batalha de, 36-7, 259
Stammler, Gottfried, 204, 205
Stark, Johannes, 86
Stern, Hermann, 42, 47
Streicher, Julius, 132, 155
Stürmer Publishing House, 110
Stürmer, Der (jornal antissemita), 132, 155, 186
Sudetos, anexação dos, 121
Sudoeste Africano (Namíbia), 24-5
Szeps, Fela, 229, 266, 276

Tábuas da Lei, 148, 172
Talmude, 101, 123, 132, 237
Tchecoslováquia, 121, 126, 178, 237
Terceiro Reich, 15, 16, 21, 23, 140
    Áustria ingressa no, 121
    ciência no, 87, 102
    como tópico de história sobre o qual mais se escreve, 33
    cristianismo e, 170
    exército alemão e, 76
    identidade racial no, 78-80
    importância da ideologia racial no, 19
    na história europeia e cristã, 17-8
    novo passado inventado pelo, 29
    regiões polonesas anexadas ao, 183, 190-91, 198
    República de Weimar comparada com, 43-4, 45
territórios orientais ocupados, 236
Toller, Ernst, 59
trabalho escravo, 186, 201
trabalho forçado, 85, 86, 187
Tratado de Versalhes, 76-7, 119, 125
Troeltsch, Ernst, 55

tropas de assalto. *Ver* AS [Sturmabteilung] (Camisas Pardas),
Truman, Harry S., 220
Tucholsky, Kurt, 62
turismo, 118
tútsis, 274

ucranianos, 25, 211
União Soviética, 26, 62, 89, 187
    Berlim conquistada pela, 65
    invasão alemã de, 165, 188
    invasão da, 200-01, 210, 219-20, 221, 241
    matança de judeus em áreas ocupadas da, 210
    perdas na Segunda Guerra Mundial, 251
    tratado com Alemanha para partilha da Polônia, 178-79, 183-84
unidades de polícia, 47, 211
universidades, expurgo de judeus das, 54-5

Verschuer, Otmar von, 87, 263, 264
vida social, nazificação da, 52
violência, antijudaica, 42-4, 95-6, 99-104, 101
Völkischer Beobachter (jornal nazista), 148, 248
Volkswagen ("carro do povo"), 117

Wajnkranc, Noemi Szac, 228, 266
Walter, Bruno, 53
Weber, Max, 55
Wehrmacht (exército alemão):
    baixas na Segunda Guerra Mundial, 220, 251, 252
    batalhão de polícia 309, 209
    liderança nazista e, 76-8
    matança de judeus em áreas ocupadas da, 211
    matança de judeus pela, 209-10
    tenacidade suicida da, 259. *Ver também* soldados alemães,
Weill, Kurt, 53
Weimar, República de, 43, 45, 46, 52, 68
    bandeira da, 56, 61-2
    caos nos anos finais da, 76-7, 89
    constituição da, 51
    eleições para o Reichstag na, 49
    influência judaica e, 66
    últimos dias da, 48
    universidades na, 54-5
Wells, H. G., 59
Wildt, Michael, 103
Wilson, Woodrow, 221
Wimisner, Genka, 201

yeshivás (academias talmúdicas), 14
York von Wartenburg, Marion e Peter, 52

Zelkowicz, Josef, 233, 235, 265, 276
Zweig, Arnold, 62, 63, 264
    censo em Verdun e, 68-9
    sobre a queima de livros, 59, 60-1
Zweig, Stefan, 57, 59